教育研究论丛
JIAOYU YANJIU LUNCONG

DUOYUAN GONGCUN
LUN GUOJILIJIEJIAOYU

多元·共存

论国际理解教育

陶华坤◎著

吉林出版集团股份有限公司

图书在版编目（CIP）数据

多元·共存：论国际理解教育 / 陶华坤著. —长春：吉林出版集团股份有限公司，2016.3

ISBN 978－7－5581－0286－8

Ⅰ.①多… Ⅱ.①陶… Ⅲ.①多元文化－文化教育－研究－中国 Ⅳ.①G40－055

中国版本图书馆 CIP 数据核字(2016)第 034764 号

多元·共存：论国际理解教育

出 版 人	吴文阁
作 者	陶华坤
责任编辑	王　芳
封面设计	人文在线
开 本	710mm×1000mm　1/16
字 数	282 千字
印 张	15.75
版 次	2016 年 4 月第 1 版
印 次	2016 年 4 月第 1 次印刷
出 版	吉林出版集团股份有限公司（长春市人民大街 4646 号）
发 行	吉林音像出版社有限责任公司
	吉林北方卡通漫画有限责任公司
地 址	长春市泰来街 1825 号　　邮 编：130062
电 话	总编办：0431－86012893　发行科：0431－86012770
印 刷	北京市媛明印刷厂

ISBN 978－7－5581－0286－8　　定价：48.00 元

序　言

国际理解教育，旨在培养具有多元文化之间相互尊重、相互吸纳的精神与能力的"地球村民"，促进世界的持续和谐发展。国际理解教育是一种贯穿于所有课程的教育理念，被视为一种新的学习领域，是一种培养全球公民意识的终身教育。国际理解教育是高于知识与技能的教育，具有思想引领作用，是上位的、高层次的学习。国际理解教育具有一流教育的特征。

一、走出"国门"的教育

冲突·建构·融合。《教育规划纲要》指出："加强国际理解教育，推动跨文化交流，增进学生对不同国家、不同文化的认识和理解"。国家间不同的价值观和多元文化既冲突又融合，国际理解教育的理念根基是学会"理解"与"共存"，共创和平环境。国际理解教育就是通过教育，使学生理解其他国家的民族文化、宗教、信仰和价值观等，引导学生尊重多元文化，具有国际视野、全球共同生存发展的意识和理念。

"走出国门"体现文化张力。一个民族对世界的贡献，应看对世界输出了多少先进的思想、文化和科学技术。数字化时代的公民素养和责任同样重要。21世纪的学习意味着学生在精通知识内容的同时，能够从不同的学科视角出发，以一种理解和尊重文化多样性的方式，制造、整合、评估各种信息，汇聚向上的力量，在理性与经验间攀升。

二、视教育为改变社会的力量

教育是国家凝聚力形成的重要依托。教育就是传授社会共有的知识、价值、行为规范和信念，只有把和平文化作为学校教育的核心和组织原则融入到家庭、学校和社区中，才能从根本上夯实和平的文化根基。

不健康的学校教育将威胁到社会的生存。在日本，明治维新以后的学校就在不断强化效忠天皇、尚武和绝对服从、称霸亚洲的军国主义教育体制。据统计，

"二战"结束前夕，包括师范学校在内，当时高等教育机构的男女学生总数约28万人，其中18万人属于参战动员对象，大批青年学生走上前线，从而沦为法西斯主义的帮凶。

三、教育之道，道在心灵

教育是对人的灵魂的教育，是"以心灵感应心灵"的过程。人的心灵是一个极其宽广、复杂、多变的世界，"教育之道，道在心灵，而不是被动地知识传递和技能训练"。教育的全部秘密在于解放，在于尝试着放弃控制之心。"教育就是生长"。让我们在生长的教育过程中，抓住教育的道、教育的根，回归教育的本质。

思想力是人类行为的碑石。开辟的教育家是教育思想的传播者，脑际有星河宇宙，笔底涌万顷波涛。教育人怀着对教育的真诚情怀，为生活而教。教育是精神唤醒、潜能显发、内心敞亮、主体弘扬、个性彰显与灵魂感召。教师应具备多元文化教育素养，学校要采用知识管理建构新文化。本书以理论研究的范畴思维，准确理解和把握国际理解教育之本真："地球公民意识＋承继中华优秀文化"。搭建新的国际理解教育理论框架，能为建构我国的国际理解教育课程体系提供一种新的视角，是图书馆藏之珍品。

国际理解教育已成为教育改革的新亮点和教育发展的新生长点。国际理解教育注重"理解"，理解是注重认识和体验的心理过程。写作的过程是心灵和精神的炼狱，能够拓展国人的教育视野。本书穿越古今中外上下五千年，弘扬中华瑰宝，为读者留下拓展与思索的空间，享受思想的盛宴。在研究和撰写的过程中，汲取众多大师的智慧，得到很多仁人志士的帮助，谨致诚挚谢意！

陶华坤

2015.10

目 录

导 论 民族融合："共生"是人类发展的必然趋势 ………… 1

一、国际理解教育与教育国际化 …………………………… 1

二、"地球公民意识＋承继中华优秀文化" ………………… 4

三、探讨学校国际理解课程的理论框架 …………………… 8

第一章 天下大乱的根源在于没有共同的"义" …………… 11

第一节 全球视野——价值观认同 ………………………… 11

一、国际理解教育的起点和归宿 …………………………… 11

二、国际理解的意识与能力是衡量综合国力的一项重要指标 … 16

三、文化可以是一种有意识地被培养和操纵的工具 ……… 22

第二节 多元文化——五大学习领域 ……………………… 25

一、在自由的空间里培养自律意识 ………………………… 26

二、反对国际理解教育中的霸权主义 ……………………… 32

三、"和平文化"的核心是价值观 ………………………… 37

第三节 民主精神——呼唤"文化自觉" ………………… 43

一、民主、平等、自由的力量在于"目标一致" ………… 43

二、民族精神是支撑一个民族生存的基石 ………………… 50

三、教育需要"外行者来搅局" …………………………… 56

第二章 在阵痛中寻找国际理解教育的解药 ……………… 62

第一节 以事件作为加强国际理解教育的契机 …………… 62

一、治学者不纠缠说不清的学问 …………………………… 62

二、寻找国际性与民族性之间的平衡点 …………………… 69

三、可持续发展教育的概念本身是不断发展的 …………… 75

第二节 国际理解教育是高于知识与技能的教育 ………… 81

一、四大支柱：学知、学做、学会发展、学会共同生活 …………… 81

二、在课程里与世界"对话" ……………………………………… 86

三、基础教育面临国际化大考 …………………………………… 92

第三节 用"国际化思维"管理学校 ………………………………… 98

一、国际理解教育具有一流教育的特征 ………………………… 99

二、国际理解教育引领学校品牌建设 …………………………… 105

三、寻找教育改革的实践领袖 …………………………………… 113

第三章 构建国际理解教育的课程体系 …………………………… 120

第一节 将国际理解教育当作事业来推行 …………………………… 120

一、大学应成为多元文化交流的"聚合体" …………………… 120

二、一切文明成果，都是人类共同的财富 …………………… 127

三、课程研究：在选择中拓展，在拓展中发展 ……………… 135

第二节 课程文化指向："信仰"与"价值" ……………………… 142

一、中学生国际理解教育课程开发与建构 …………………… 142

二、将"国际化要素"渗透于课程之中 ……………………… 147

三、探索培养国际公民素养的有效途径 …………………… 153

第三节 国际理解教育贯穿人的一生 ……………………………… 160

一、梦想与责任：在学会合作中彰显个性 ………………… 160

二、再"长"的光荣榜也遮挡不住应试的"短" ………… 166

三、在成人中渗透国际理解教育的实践思考 ……………… 172

第四章 培养确立国民意识前提下的全球公民 ………………… 179

第一节 换位思考：创新思维方式 ……………………………… 179

一、先瞄准再射击：用远大理想来指导思维 ……………… 179

二、团队思维与个体思维——孙悟空斗不过白骨精的原因 … 186

三、重视法理的"契约精神" ……………………………… 190

第二节 兴趣培养：善于思考者终将成功 ……………………… 198

一、智力革命：在学术研究中自己培养自己 ……………… 198

二、形象思维的研究是"思维科学的突破口" …………… 203

三、考试的目的是大家一起求进步 ……………………… 209

第三节 习惯养成：生活在感恩的世界 ……………………… 214

一、商界领袖：政治是经济的集中表现 …………………………… 214

二、天公疼憨人：生活在感恩的世界 …………………………… 218

三、实现培养"中国人·世界心"的目标 ………………………… 225

结　语　社会和谐：在求同存异中生存与发展 ………………… 232

一、相互依存：世界靠冷静和智慧来维持 ……………………… 232

二、和谐世界：民主、和睦、公正、包容 ……………………… 235

三、合作共赢：大家不同，大家都好 …………………………… 238

思考题 ……………………………………………………………… 242

参考文献 …………………………………………………………… 243

导论 民族融合：
"共生"是人类发展的必然趋势

教育是人类的伟大实践。何为教育正义？何为公民身份？1995 年联合国教科文组织第 28 届大会通过了《和平、人权、民主主义的教育——综合行动纲领》，将民主、人权、自由视为人类必须坚持的价值原则。联合国教科文组织倡导世界各国要将国际理解教育这一专题纳入到中小学的课程计划和教师培训课程之中，使学生认识和懂得"为什么要学习这一课题""为什么要成为地球村的村民"。《中国教育改革与发展规划纲要》明确提出："加强国际理解教育，推动跨文化交流，增进学生对不同国家、不同文化的认识和理解"。

一、国际理解教育与教育国际化

教育是民族性事业，正确理解教育国际化，要从学术概念层面和学校办学实践层面深刻而务实地解读教育国际化，要处理好教育国际化与教育本土化、教育民族性、学校特色间的复杂关系，要从学校教育和学生发展两个角度审视教育国际化成效。教育需要的不仅是国际化的情感表达，更需要学术方面的解说和教育本质规律的解读，以此丰富我们在不同文化视野下的教育理解。

（一）国际理解教育的内涵

联合国教科文组织《第 44 届国际教育大会宣言》指出，在青少年中开展国际理解教育是为了使青少年在对本民族文化认同的基础上，了解别国历史、文化、社会习俗的产生、发展和现状；学习与其他国家人们交往的技能、行为规范和建立人类共同的基本价值观；学习正确分析和预见别国政治、经济发展状况及其对本国发展的影响；正确认识和处理经济竞争与合作、生态环境、多元文化共存、和平与发展等方面的国际问题；培养善良、无私、公正、民主、热爱和平、关心人类共同发展的情操；担负起"全球公民"的责任和义务。

1. 教改涌潮

中国到 2020 年基本实现教育现代化，基本形成学习型社会，进入人力资源强国。面向 2020，各发达国家教育愿景：

美国：美国教育部在《2004 国家教育技术计划》中提出：需要教育技术促进发展新的教育模式，用技术点燃学习的火焰，使今天的学生成为主动学习者，参与到未来教育的自主决策中，并为 21 世纪的全球化社会做准备。联合国的经济指数调查，将美国的教育水准列为世界第一，美国的许多高等院校有非常大的竞争力。在世界排名前 500 名大学中，美国占 168 所；

英国：确保教育世界一流；

日本：力争实现教育质量超过欧美主要国家；

澳大利亚：杰出而包容的教育体系领先世界；

新加坡：教育系统成为世界最优；

韩国：全景呈现学习型社会。

显著的共同政策取向：

· 重视早期教育，让所有儿童都拥有良好起点；

· 提升基础教育课程标准，优化学业评估体系；

· 高中教育注重与大学的衔接；

· 高等教育在进一步扩大入学机会的基础上追求质量卓越，引领国家创新；

· 注重对优秀教师的甄别、吸引、培养及奖励，扩大学校办学自主权，将信息技术作为推动教育改革的引擎。

2. 文化自信：批判中借鉴

现实世界存在着多种矛盾：人和自然的矛盾引起了生态危机，人和社会的矛盾引起了社会危机，人和人之间的矛盾引起了道德危机，人和自己的矛盾引起了心理危机；国家和国家之间的矛盾产生了安全的危机，文化和文化之间的矛盾产生了价值观的危机。

文化自信：批判中借鉴。我们的长处必须坚持，同时又能够批判地借鉴国际上的一些先进的理念、经验，发展我们的教育。国际理解教育就是要在相互批判中借鉴和吸纳，形成包容、多元共存文化，促进和谐可持续发展。

（二）教育国际化的特点

《教育大辞典》中，教育国际化被解释为"第二次世界大战后国际间相互交流、研讨、协作，解决教育上共同问题的发展趋势"。

1. 教育国际化有三个特点

特点 1：国际教育组织的出现与发展。

特点 2：国际合作加强，各国文化教育交流日益频繁，教师、研究人员交往增多，留学生增加，教材交流与合作增强。

特点3：各国均在改革学制的封闭与孤立状况，使本国与国际上的各级各类学校发展趋向一致。未来各国教育在对象、制度、内容、形式、方法等方面的共同点将日益增多，国际化趋势日益加强。

教育虽不是医治社会疮痍的灵丹妙药，但它可以"超越贸易、经济和金融的流通，融合心灵与智力"，这应该说是教育在全球化社会中最关键的作用。

2. 国际理解教育具有以下特征：

· 强调文化对话与交流；

· 注重基本价值观念的自我建构；

· 强调动态理解；

· 倡导回归生活教育；

· 提倡可持续发展的理念。

（三）国际理解教育的目标

教育必要的乌托邦。每个人都知道或应该知道历史是悲惨的。尽管第二次世界大战已经造成五千万人死亡，但我们怎能不再次提请人们注意，1945年以来，在柏林墙倒塌前后，已发生过一百五十次战争，造成两千万人死亡。

1. 国际理解教育的目标

培养国际理解的能力。即与各民族、各国家的人们交流、交往与合作的能力，在各民族、各国家从事工作并与当地人们和谐相处、共生共存能力。与国际理解能力的培养相适应的教育方式是在知识学习基础上的心灵体验。国际理解教育的核心是培养具有国际视野、国际交往能力和国际合作能力的新公民。

2. 国际理解教育的意义

教育的最高目标是改变更多的人，使人们彼此理解，相互包容，使不同文化背景的人走到一起，减少冲突，和平和谐发展。

（1）世界发展趋势是既竞争又合作，需要共同的游戏规则。

（2）建立"和平文化"是基础。

（3）"和平文化"的核心是价值观。价值观包括和平、民主、宽容、坦诚、明智等。

国际理解教育不是一般意义上的拓展型专题教育，它是一种立意更高的地球村民价值观教育。它将帮助学生面向未来，以维护地球生态文明的宽广胸怀，主动认识世界、关爱生命、学会合作，传承中华民族的优良传统，演绎年轻一代中国公民博大、宽容、健康、充满活力的天下情怀。

"国际理解"的目的是促进合作与和平，原则是促进不同社会文化背景的不同国家和人们之间的相互了解和尊重。国际理解教育是指基于上述目的与原则的终身教育，包括学校教育和成人教育等。

二、"地球公民意识十承继中华优秀文化"

社会发展的必然。当前国际理解教育迎来了积极的、广阔的国际社会背景：全球政治民主化、经济贸易国际化、文化交流与合作加强、信息技术的支持尤其是互联网的扩大及各国人民的不懈努力等因素越来越对开展国际理解教育产生有利影响。

"人类自有史以来，对彼此习俗和生活缺乏了解始终为世界各民族间猜疑与互不信任之普遍原因"。民族差异的存在、宗教派别的争端、经济发展差距加大、社会冲突突变性的呈现，导致世界大战因素的潜伏等现象将长期持续，因此，各国要加强国际理解教育，共同承担在全人类尤其是青少年心灵深处播种"理解"理念的重大使命。

（一）概念界定

"国际理解教育"，是指世界各国在世界教育改革和发展的背景下和国际社会组织的倡导下，以增进世界各国的共存与和谐，共同认识和处理全球社会存在的重大问题为目的，以"国际理解"为理念而开展的教育活动，旨在培养学习者的国际理解知识、能力与态度。联合国教科文组织协会世界联合会副主席陶西平说："国际理解教育，旨在培养具有多元文化之间相互尊重、相互吸纳的精神与能力的地球村民，来促进世界的持续和谐的发展。"

联合国教科文组织编写《国际理解教育指引》，对国际理解教育的目标进行了明确界定，认为国际理解教育的主要目标是："培养和平处事的人；培养具有人权意识的人；培养认识自己国家和具有国民自觉意识的人；理解并增进其他国家、其他民族及其文化；认识国际相互依存关系与国家共同存在的问题，形成全世界的连带意识；养成具有国际协调、国际合作的态度并能实践"。

（二）理论依据

依据1：马克思主义的国际主义理论。马克思在《共产党宣言》中指出："随着资本主义的发展，随着贸易自由的实现和世界市场的建立，随着工业生产以及与之相适应的生活条件的趋于一致，各国人民间的民族隔绝和对立日益消减了。"唯物辩证法认为，世界上没有任何孤立存在的事物，一切事物、一切现象都是相互联系的。

依据2：教育改变人心。《联合国教科文组织法》指出："既然战争是起源于人的思想，所以必须在人们的思想中树立起保卫和平的信念。"1994 年在日内瓦召开的第 44 届国际教育大会的主题"为和平、人权和民族的教育"，提出了"和平文化"的概念。教育的本质是诱发、引发、启发。

依据 3：可持续发展战略。可持续发展战略是指既满足当代人的需要，又不损害后代人满足需要的能力的发展。实现"教育面向现代化，面向世界，面向未来"，适应世界一体化的要求，培养出适应外在的、社会科技和经济发展的现代化人才，而全面的人才培养成为未来社会可持续发展的要求。

依据 4：《教育改革和发展规划纲要》明确指出，要加强国际理解教育，推动跨文化交流，增进学生对不同国家、不同文化的认识和理解；培养大批具有国际视野、通晓国际规则、能够参与国际事务和国际竞争的国际化人才，以适应国家经济社会对外开放的要求。所以，实施国际理解教育既是适应教育国际化发展的需求，也是深入实施素质教育的迫切需要。

依据 5：习近平总书记在 2015 年博鳌亚洲论坛上说，人类只有一个地球，携手迈向命运共同体——

各国相互尊重、平等相待、聚同化异。各国都是国际社会平等的一员，都有平等参与地区和国际事务的权利。

合作共赢、共同发展。只有合作共赢才能办大事、办好事、办长久之事。要摒弃零和游戏、你输我赢的旧思维，树立双赢、共赢的新理念，在寻求自身发展时促进共同发展。合作共赢的理念不仅适用于经济领域，也适用于政治、安全、文化等领域。

实现共同、综合、合作、可持续的安全。当今世界，没有一个国家能实现脱离世界安全的自身安全。要摒弃冷战思维，创新安全理念，走共建、共享、共赢的安全之路。

不同文明兼容并蓄、交流互鉴。要促进不同文明、不同发展模式交流对话，在竞争比较中取长补短，在交流互鉴中共同发展。

（三）研究内容："地球公民意识＋承继中华优秀文化"

国际人的培养：培养具有生存观念、开放性观念、独立自主意识、民主意识、勇敢、批判精神、交往合作能力、创新能力、实践动手能力的人。在各级各类学校开展国际理解教育的过程中，要秉承"面向世界，和平发展，合作共赢"的核心价值取向，在培养学生知、情、意、行各方面渗透国际理解教育和平发展的核心价值观。

1. 多元追求："以人为本，和谐发展"与国际理解教育的内涵和本质相契合。

科学思维本质上是一种创造性的发散式思维、逻辑化的理性思维。国际理解教育的内涵和本质与学校"以人为本，和谐发展"的办学理念和多元追求，重视实践能力、创新精神和批判性思维培养的办学特色非常契合。各类学校在推进教育国际化中，逐渐认识到课程对提高教育国际化的重要性和必要性，纷纷从课程着手，通过课程研发、编制、开设、实施等，进行了大量的探索，不仅达成了共识，而且形成了特色。

尽管各国的国际理解教育处在不同的发展阶段，但是其教材的开发，显示出某些相同的意识和趋势：一是所有国家的教材都把国际理解和本国的基本价值观联系在一起；二是国际理解教育是一种观念教育，将丰富的国际理解内容和活动作为载体，反复加深学生对核心观念的理解。

2. 系统的国际理解教育课程是学科渗透式教学的核心

（1）国际理解知识包括以下几方面

一是不同国家、民族和地区的政治、经济、历史、科技和文化等方面的情况，各种社会制度的不同与联系，国际格局和国与国之间的相互依存关系；

二是人类历史发展的基本趋势、特征和发展规律；

三是国际规则、国际法律、国际礼仪、国际机构、各国风俗等；

四是文化、和平、人口、人权、公正、环境、资源、气候等重大国际问题。

（2）课程是开展国际理解教育的载体

设置"独立式"或"单元式"课程，创生"融入式"课程，开设国际问题讲座课程，培植体现多元文化的人文课程，拓展外语类课程功能。其内容结构不仅包括全球视野的国际共同问题，还包括反映中国国情和地方特色的内容，并教给学生有效的学习方法。

开发构建国际理解教育课程，要遵循基础性、综合性、开放性、活动性、地区性等原则，以多元文化为主线，强调以活动、体验为主的教学方法，同时，探讨教学实施的诸多方面问题。

3. 教师的国际理解素养是国际理解教育有效开展的重要保障

（1）教材是基础

教材是进行国际理解教育教学的重要载体。因校制宜，加强国际理解教育校本课程的开发与设计，是国际理解教育教材开发的有效途径和普遍趋势。

亚太地区国际理解教育课程的框架：建议性矩阵

主题/内容	学习过程和教学方法	评估和鉴定：对照表
·全球化与社会公正 ·文化多样性，尊重与团结 ·可持续性 ·人权 ·和平与公正	·合作活动课程，课外活动 ·基于行动 ·态度形成 ·教师定位 ·认知与同感 ·解决问题 ·受文化影响的应答 ·民主课堂 ·包容 ·冲突解决与转移 ·合作学习 ·鼓励创新 ·小组学习 ·非语言方法 ·对和平与人权的敏感度 ·讲述故事	·提供参与机会 ·共同思考 ·对话 ·授权 ·价值观形成 ·教学实践 ·具有改革能力的知识 ·对和平与人权的敏感度 ·批判性世界观 ·语言敏感度 ·性别问题敏感度 ·原住民权利 ·事实 ·调查 ·成果

（2）教师是关键

国际理解教育的实施，要求教师拥有良好的国际知识和较好的国际交流技能及其国际视野与意识，这关系着国际理解教学的效果乃至成败。因此，相关教育部门和学校要有计划地组织教师进行国际理解教育的培训，提高教师的教学能力与教学艺术。

学校教育要敢于从知识教育向思维教育转变。面对"互联网＋"的冲击，学校教育与学校以外的教育应该有明显的分工，学校教育更多地承担起"授人以渔"的责任。而要想实现这一目标，学校教育就得在知识内容上删繁就简，将教育的核心从知识为主的教育向思维为主的教育转变。

（四）实施方式：将国际理解教育纳入终身教育体系

国际理解教育是终身教育，包括学校教育和成人教育。终身教育是贯穿人一生、面向全体社会成员的教育体系。终身教育则在终身学习理念的倡导下，立足于对每个人的生涯发展能起到促进作用的立场出发，促进个人的终身学习，使每个社会成员在一生中能持续地学习，以满足其在一生中各个时期各个阶段的各种学习需求。

在学校教育中：一是开设专门的国际理解教育课程，需要重视校本课程的开发与设计。二是在学科教学中渗透国际理解教育内容，挖掘现有教学内容中能够作为国际理解教育载体的内容，在教学中有机渗透国际理解教育。三是开展国际理解教育主题活动、研究性学习等，通过开设主题活动，增加学习的趣味性，让学生在活动中增长见识，积极思考，相互交流。四是开设虚拟课堂，利用互联网进行国际交流。

高中阶段是树立个人价值观的重要时期，学生已具备了一定的思考能力，开始逐步把握世界，并对社会现象做出价值判断。但这种判断具有强烈的自我意识，是片面的、肤浅的、非理性的、不深刻的，需要对它们加以引导。国际理解教育的最高层面的目标是让学生形成正确的和积极的国际理解态度，高中阶段是进行国际理解教育的关键时期。

三、探讨学校国际理解课程的理论框架

国际理解教育是一种面对差异、认识差异、试图化解差异所可能导致的危险的教育。《学会生存》中指出："如果教育要继续成为一个生机勃勃的有机体，能够运用智慧和精力去满足个人和社会发展的需要，那么，它就必须克服自满和墨守成规的缺点。教育必须经常检查它的目标、内容和方法。"

（一）走出"国门"的教育

陶西平认为，我们应积极推进国际理解教育，尤其是现在的中国。基于当今的时代主题——和平与发展、国家的发展目标——建设和谐社会、主流的哲学理念——和谐等方面的需要。国际理解教育一直贯穿在联合国教科文组织的各项活动中。国际理解教育必须将明天看作是属于所有人的，否则明天将不属于任何一个人。可持续发展教育是一体两翼，两翼之一是国际理解教育，之二是人口、环境与资源教育。

中国特色教育体系的价值追求体现为推动本土教育与世界教育的深度融合。要使中国教育走向世界，向全世界传播中国优秀教育文化传统，分享中国改革开放以来教育改革与发展取得的新成果与新经验，不断提升我国在国际教育事务中的话语权和影响力。

（二）搭建适合师生发展的"国际理解教育课程"架构

遵循理论建构－模式总结－载体铺设－效果分析的技术路线，构建探讨学校国际理解课程的理论框架：

——提出具有"国际视野""全球眼光""民族情结"和"中国元素"的校本

化"国际理解教育"课程理念、课程纲要。

——设立国际理解交流需要语言、文化、民俗的知识与技能；运用国际规则及礼仪的方法开展谦和、平等的科学与艺术交流；实现多元化课程、人格及思维方法的体验与提升的课程目标。

——架构由人文素养、科技精神、习惯养成、民族精神、行为礼仪在内的横向成列，纵向成序的课程内容。

——形成课堂教学、专题教育、现场体验的系统实施路径，搭建由师资培训，环境、课程开发，人、财、物等组合的支持保障系统。

——融合绿色指标的学生成长、教师发展和学校发展的课程评价体系。

国际理解教育研究既要"上天"又要"落地"：

"上天"：创造引导教育的教育理论，而不是注解教育的教育理论。

"落地"：创造适应教育的教育理论，而不是让教育适应教育理论。

（三）教育是促进文化与和平的手段

国际理解教育作为素质教育的重要组成部分，应成为中国教育改革的重要内容。素质教育要解决两个问题，一是培养什么人，二是通过什么途径来培养。

1. 学校进行国际理解教育的原则

由近及远：家庭－地区－国家－世界；

由浅入深：了解－尊重－共同生存－共同发展；

由表及里：知识－能力－情感－境界。

国际交往能力的培养可以通过三种途径进行：融入国家课程、地方课程、校本课程中；主题探究与社会实践；国际交流。

2. 国际理解教育有助于保卫和平

基础教育将传播理解的种子，通过容忍促进多元文化共存。在全球化时代，各国联系更加紧密。我们的着眼点不是区域，而是整个世界。

和平和经济发展不可分割。尊重多元文化，寻求共同点，一方面削减贫困，另一方面加强和平，已经成为全球任务，这也是国际理解教育的目标。国际理解教育是达到和平共处的一个手段，人们能通过相互理解来解决冲突。

第一章　天下大乱的根源在于没有共同的"义"

墨子认为，"天下大乱，原因在于人们各行其是，不愿朝着同一个方向眺望"。刘备说："天下大乱的根源在于人心的丧乱，欲安天下，先救人心。"

全球化社会，人们需要教育来提供一个地图，指引人们在陌生的全球化行动中穿行，在教育观念、教育目标、教育内容、教育方法、教育体制等方面亟需有所变革，以适应全球化时代的种种变化。

第一节　全球视野——价值观认同

在《美国 2000 年教育目标法》中，明确了培养具有全球视野和国际理解胸怀人才的具体要求，"督促学生善用头脑""成为具有生产力的有用之才""善尽公民责任"等。澳大利亚针对国际理解教育特别制定了《价值观宪章》，包含"适应性、同情心、合作精神、创造性、可持续发展的生态观、平等、合作精神"等诸多方面。

一、国际理解教育的起点和归宿

共同打造合作平台。2014 年博鳌亚洲论坛年会开幕会上，中国全面阐述了亚洲合作政策，并特别强调要推进"一带一路"的建设。"一带一路"规划，被认为是"中国版马歇尔计划"的战略载体。

中国是全球治理的贡献者。在世界上最广阔的大陆、海洋上，"一带一路"沿线 60 多个国家、44 亿人口，奏出梦想的交响曲。

发扬相互尊重、互信、包容、合作、共赢精神。"共同打造合作平台。一个好汉三个帮，一起做好事、做大事。""互联互通是一条规则之路，多一些协调合作，少一些规则障碍，我们的物流就会更畅通、交往就会更便捷。互联互通是一条心灵之路，你了解我，我懂得你，道理就会越讲越明白，事情就会越来越好办。"

（一）在竞争中合作，在合作中共赢

新型大国关系的主要特征是"挑战与利益同在""竞争与合作并存"，合作与共赢构成相互关系的主要方面。只有在竞争中合作，在合作中竞争，才能改变"非赢必输"的旧观念，做出有利于发展的"双赢"选择。

1. 人类社会的团结，都源于一整套共同的活动计划，也源于共同的价值观

教育是文化价值的传播工具，是有助于适应社会生活需要的环境的创造者，也是使共同计划成形的熔炉。在一个社会里，多元的非核心价值观能增进社会活力，统一的核心价值观能阻止社会分裂。所以说，能维持社会基本团结的价值观就是核心价值观。

例：习近平总书记2013年在20国集团领导人峰会上关于世界经济形势的发言。

发展创新——世界经济可持续增长的要求。单纯依靠刺激政策和政府对经济大规模直接干预的增长，只治标、不治本，而建立在大量资源消耗、环境污染基础上的增长则更难以持久。要提高经济增长质量和效益，避免单纯以国内生产总值增长率论英雄。要通过结构改革激发市场活力，增强经济竞争力。

增长联动——世界经济强劲增长的要求。一个强劲增长的世界经济来源于各国共同增长。各国要树立命运共同体意识，相互帮助不同国家解决面临的突出问题是世界经济发展的客观要求。让每个国家发展都能同其他国家增长形成联动效应，相互带来正面而非负面的外溢效应。

利益融合——世界经济平衡增长的需要。平衡增长不是转移增长的零和游戏，而是各国福祉共享的增长。各国要充分发挥比较优势，共同优化全球经济资源配置，完善全球产业布局，建设利益共享的全球价值链，培育普惠各方的全球大市场，实现互利共赢的发展。

2. 教育应以"理解"为基石，构建相互交流与合作的桥梁

（1）教育促进人与社会可持续发展的整合

现代社会要求人们能转变观念，由对抗转向和睦、由自私转向公正、由眼前转向长远。譬如，从追求物质生活，转向注重精神生活，以求物质生活与精神生活的协调统一；从强调生存竞争，转向注重生态平衡，人与人、人与自然和睦相处；个人与社会同步发展、可持续发展等。

在人的"类生存"意识处于危机之际，教育应以"理解"为基石，构建相互交流与合作的桥梁，促进人类跨过鸿沟，走向共同进步繁荣的明天。

（2）教育传播政治意识，倡导主流政治价值观

教育需要思辨与实践。把教育看作是一个人为的事物，其功能是在"期望"的、"潜在"的和"现实"的三个不同的功能存在形态上开展的。"期望"的功能存在于人的意识和愿望之中；"潜在"的功能存在于教育的实际结构之中；"现实"的功能存在于教育的实践之中。

现代社会，民主、平等的观念成为主流思想，教育在传播民主、平等思想意识方面的作用尤其受到了重视。在推进社会政治民主化，培养公民的民主、平等意识和习惯的过程中，教育的作用虽然不是根本性的，但也是极其重要且显而易见的。

（二）在国际理解教育过程中，价值观的树立对于教育活动的开展具有根本性的引导意义，它决定着国际理解教育的起点和归宿。

教育在任何时候都不是一个孤立的系统。它不仅受到内部诸要素的影响和制约，而且更受到系统之外的政治、经济、军事、文化因素的制约。

1. 学校教育国际化的标准

中国基础教育要实现 9 个国际化：办学理念与目标的国际化；课程与教学方法的国际化；学校管理与运营的国际化；员工管理与发展的国际化；学生服务方面的国际化；资源管理与使用的国际化；社区关系方面的国际化；学生发展与管理的国际化；学校评估和认证的国际化。

（1）成功办学的四个条件

有了国际化的视野后，还要制订国际化标准。深圳南山区提出教育国际化"五个一"目标，即每所学校至少与境外一所学校建立姊妹学校，每所学校至少有一个国际交流与合作项目，每所学校引进或自主开发一门国际理解课程，建立区域国际化教师培训平台，制订区域国际化学生评价指标体系。

成功办学的四个条件：一是要有共同分享的理念；二是共同合作；三是学校领导阶层要听从所有教师的意见；四是有实际意义的反思。

（2）从发展指数看我国农村教育的亮点与差距

据中国教育报报道：中国已于 2011 年在全国通过国家级普及九年义务教育和扫盲检查验收，青壮年文盲率降至 1.08%，在 9 个发展中人口大国，率先全面落实了千年发展计划。

亮点 1：中国农村教育总体发展水平居 9 个发展中人口大国首位。

亮点 2：农村教育发展各级指数呈增长状态。

亮点 3：教育发展城乡差异状况趋于好转。

亮点 4：城镇化推动农村教育整体水平提高。

9 个发展中人口大国农村教育发展总指数排名：中国、墨西哥、巴西、埃及、印度、尼日利亚、印度尼西亚、孟加拉、巴基斯坦。

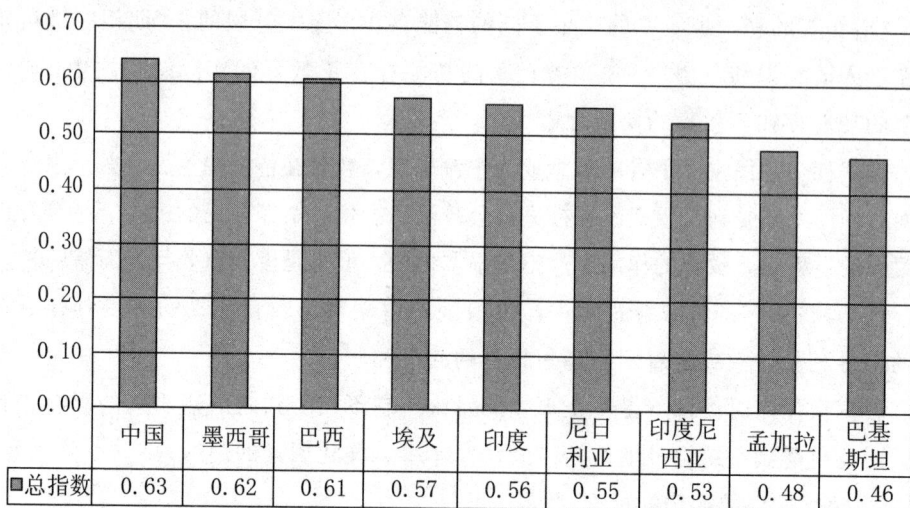

	中国	墨西哥	巴西	埃及	印度	尼日利亚	印度尼西亚	孟加拉	巴基斯坦
■总指数	0.63	0.62	0.61	0.57	0.56	0.55	0.53	0.48	0.46

（3）全方位关注农村学校

在推进城镇化的进程中，农村教育要改革适应，更要超前布局。

·在确保教育公平基础上走内涵发展之路

·农村教育先行缩小省际间教育发展差距

·将农村教育作为教育工作的重中之重

"发展乡村教育，让每个乡村孩子都能接受公平、有质量的教育，阻止贫困现象代际传递，是功在当代、利在千秋的大事。"

2. 基础教育国际化的重点

（1）理念

培养具有国际视野、通晓国际规则、能够参与国际事务和国际竞争的国际化人才，在坚守本国优秀文化传统、坚持国际化教育本土化实践的同时，通过与不同国家的教育机构或国际组织进行合作交流、合作研究、合作办学、合作培训，开展国际理解教育或国际教育援助，不断创新学校的理念与目标、课程与教学、评价与管理等，提高教师队伍素质和学生的国际素养。

（2）开展区域国际化探索

（3）基础教育国际化改革应该是全方位的

（4）以课程改革为突破口

（5）把提高教师的国际化素养放在核心地位

培养国际化人才是核心。学校要深入研究和掌握国际化人才标准，注重培养学生的好奇心、想象力、创造性和批判性思维，培养学生的实践能力、沟通与合作能力、终身学习与发展的能力，培养学生的规则意识、法律意识和诚信意识，培养学生的全球化意识、民族情怀和社会责任感，培养学生的灵活性、适应性和多元文化理解与交流能力，从而把学生培养成为具有国际视野、通晓国际规则、能够参与国际事务和国际竞争的国际化人才。

（三）国际教育组织的价值取向

取向 1：教育是全球社会取得可持续发展的有效途径。

取向 2：教育是国家发展的关键因素。

取向 3：注重以人的发展和人类共同发展为中心。

1. 世界共存教育的"八项目标"

1950 年，联合国教科文组织成立工作组，提出"世界共存教育"的八项目标：

· 开展全球教育，缔造一个与联合国宪章精神相一致的社会；

· 各成员国无论存在何种差异，都有权力和义务在国际机构中合作；

· 世界文明来自许多国家的共同贡献，所有国家之间都相互依存；

· 不同人们在生活方式、传统习惯、个性特征方面存在的问题及解决问题的方法等有所不同，但各自都有存在的理由；

· 人类在历史上、公民素养上、智力上和技术上的进步逐渐成为全人类的共同遗产，尽管世界仍被冲突的政治利益和紧张局势所分割，但是人们之间相互依赖日益明显；

· 国际组织成员国所制定的条约要各国人民积极支持，就会发挥重大作用；

· 人们尤其是青年人在心灵上要有全球和平的责任意识；

· 发展儿童健康的社会态度，为增强国际理解与合作奠定基础。

以上八项目标成为推动国际理解教育的重要原则，并产生过持久影响。

2. 国际理解教育在新千年的发展动向

第一，联合国教科文组织对国际理解教育的发展将继续起着重大推动作用，主要表现在不断发展国际理解教育的理念；积极引导各国关于国际教育的政策与制度；大力推行国际理解教育的行动计划以及支持和帮助各国开展国际理解教育的实践活动。

第二，国际理解教育迎来了积极的广阔的国际社会背景：全球政治民主化、经济贸易国际化、文化交流与合作加强、信息技术的支持尤其是互联网的扩大以及各国人民的不懈努力等因素越来越对开展国际理解教育产生有利影响。

第三，民族差异的存在、宗教派别的争端、经济发展差距加大、社会冲突突变性的呈现，导致世界大战因素的潜伏等现象将长期持续，因此，各国要加强国际理解教育，共同承担在全人类尤其是青少年心灵深处播种"理解"理念的重大使命。

第四，国际理解教育既反对狭隘的民族主义，又反对大国霸权主义。它是在民族自尊基础上的国际主义和国际理解基础上的民族主义思想的统一体现。

第五，各国在开展国际理解教育过程中，一方面将持有共同的教育目标，接受国际社会的指导，另一方面将根据各自国情选择适当的方法和内容。

第六，各国将普遍关注国际和平问题与教育、国际环境问题与教育、国际人权问题与教育、多元文化与教育、全球问题与教育、国际化问题与教育、青少年问题与教育、国际价值观问题与教育、世界人口问题与教育等国际理解教育的重要领域。

二、国际理解的意识与能力是衡量综合国力的一项重要指标

衡量一个国家、地区教育先进与否的终极性指标在于教育在人才培养的能力上。德洛尔说："首先，我对教育的信仰是，教育可以在不同程度上改善人与人之间、社会与社会之间、国家与国家之间的相互关系；其次，我对国际组织作用的信仰是，它们可以把最值得称颂的观念传播到全世界人民的意识中，不断地向理解他人的方向迈进。"

（一）开启民智：穷人缺什么

康德说"启蒙就是……有勇气运用自己的理智"，就是用理性之光照亮蒙昧的心智。世界是由两部分组成的。一部分是物质世界，一部分是精神世界。世界上的穷人也有两种，一种是物质上的穷人，一种是精神上的穷人。世界上的富人也有两种，一种是物质上的富人，一种是精神上的富人。精神的富人是心灵平静的程度，是善的高低。

1. 穷人缺什么

（1）世界金融市场的一体化越强，生活在其中的金融知识丰富的人机会越多，而金融文盲趋于贫穷的风险越大。

· 穷人表面上缺资金，本质缺野心，脑子缺观念，机会缺了解，骨子里缺勇气，改变缺行动，事业缺毅力。

· 年轻是本钱，但不努力是不值钱。

· 富就富在不知足，贵就贵在能脱俗。贫就贫在少见识，贱就贱在没骨气。

每个人都想摆脱贫困成为富人，是什么造成了穷人和富人惊人的差别？不同的人有着不同的理解。没有人天生就该是穷人，穷人和富人的不同只在于想法的不同而导致的行动和后果的惊人不同。停下忙碌的脚步，认真思考一下再行动，

也许你会更快地迈向富人的行列。

（2）劳动力是穷人的主要财产

对一个国家经济的持续增长来说，教育是至关重要的因素。世界银行的教育战略支持，能提高劳动力的有效使用，劳动力是穷人的主要财产。将优质的教育体系作为进步和经济增长的关键之一。

投资于民。世界银行在几十年的发展中总结了一个重要经验：即在提高发展中国家人民的生活水平方面，最直接的方式就是投资于人民的福祉。健康和受过良好教育的国民不但能保证提高他们自身及其家庭的生活质量，而且还能对社会的富足和进步做出贡献。

（3）穷人偏离了主流社会，存在一种穷人的"亚文化"

贫困文化的概念最早由美国的社会学家、人类学家刘易斯提出，简言之，它是指一套穷人共有的规范和价值观。贫困文化对它的成员有独特的形态和明显的社会心理影响。

从全社会的角度看，贫困文化是一种亚文化，即穷人意识到按照社会上所推崇的标准去获得成功已不可能，于是索性放弃这种努力而信奉一种不求进取的价值观念。

从社区层次上看，贫困文化主要体现为一种贫民窟的特殊文化现象。

从家庭层次上看，贫困文化体现在特定的家庭关系、结构方面，如穷人未婚同居的比例较高，家庭结构松散，家庭中常有暴力行为，抛弃妻子、子女的现象屡屡发生。

从个人层次上看，作为贫困文化典型代表的个人，通常知识贫乏、眼界狭窄，只关心眼前的利益和个人事情；生活无计划，有及时行乐的倾向；相信"宿命论"，有自暴自弃的倾向。

工人、农民、普通百姓的愿望，是意识形态的基础。尊重这个阶层的愿望，就受人民拥护。中国的老百姓把国泰民安写在对联上，这就是他们的意愿。中国历代农民到了实在过不下日子时，就造反，他们喊的是什么？喊的是"均田地"，是《好汉歌》里唱的："你有我有全都有"。传统的农民起义所提出的最有号召力的口号是"平均"。平均是他们的强烈愿望。均田免粮是一种，打土豪、分田地是一种，吃大锅饭是一种。在中国文化中，大家就把这个平均看作是"公平"。

2. 国际理解教育的"六大中心概念"

我们生活在一个相互依存的时代。相互依存意指"社会的相互渗透""世界经济中不同国家政策的相互联系"。相互依存既是"一种条件"，也是"一个过程"，它不是目标，但它凸显了"国内政治在国际关系中的重要性"，它"对国家的利益和目标既提供了限制，又提供了机遇"。

概念1：相互依存性。

从全球教育意义上讲，人类所面临的共同问题没有国际协作是难以克服的，要使学生认识与理解每个人和每个国家的作用对于整个地球和世界的影响，确立相互依存的意识和观念。中国的发展离不开世界，世界也离不开中国。

概念2：文化多元性。

价值观、信念、习惯、传统、言语、技术、制度等文化具有多元性、多样性特征。要立足地球的视野和地域的角度，使学生掌握价值、规范、生活方式等概念，认识和了解其不同特质。

概念3：社会公正性。

公正是人类社会所应该追求的基本理念。教育就是要广泛普及有关个人、地区、国家等地球规模的公平或者人权，改变地球社会的不公正、不平等，使学生树立为了世界的公正应该尊重所有人的权利，保障必要的最低限度的生活水准的意识。

概念4：纠纷性。

因价值观不同而产生对立和纠纷，纠纷包含了产生在个人、集体、国家等各种层面上的不一致、紧张、对立、抗争等。要使学生把握与纠纷相关的概念，明晰纠纷的原因，从国家地域的视野使学生了解本国与邻国之间应该解决的诸问题，寻求解决问题的对策。

概念5：变化性。

变化是所有生命体和事物的普遍现象，是学科领域中不可回避的概念。与变化相关的概念，是使学生认识原因和结果、信息化、公正等。变化从国家的角度来讲，应该使学生了解本国社会以及所处的社区、学校发生的变化。

概念6：稀少性。

稀少性是针对人类需求的无限性与满足人类资源的有限性之间的矛盾而言的。稀少性是基本的经济概念，它是所有经济问题的基础，是认识和理解开发问题、环境问题等不可缺少的概念。地球资源的稀少和奇缺，要求我们增强珍惜资源、保护资源的意识和观念，为人类的生存和未来着想。

（二）国际理解的意识与能力是衡量综合国力的一项重要指标

在全球化时代的今天，公民的国际理解意识、知识、技能和态度已成为衡量一个国家综合国力的一项重要指标。

1. 和平是宝贵的，和平也是需要维护的。

在全球化背景下，传统大国不称霸，新兴大国不争霸，两者能够做到既竞争、又合作，和平共处。

例：独行快，众行远——2014年习近平总书记在澳大利亚联邦议会上的演讲。

第一，坚持和平发展，决心不会动摇。中国最需要和谐稳定的国内环境与和平安宁的国际环境，任何动荡和战争都不符合人民的根本利益。两千多年前中国的先人就认识到"国虽大、好战必亡"的道理。中国维护和平。和平是宝贵的，和平也是需要维护的。大家都只想享受和平，不愿意维护和平，那和平就将不复存在。

第二，坚持共同发展，理念不会动摇。坚定不移奉行互利共赢的开放战略，坚持正确的义利观，发展开放型经济体系，全方位加强和拓展同世界各国的互利合作。中国正在加快推进新型工业化、信息化、城镇化、农业现代化，新的经济增长点将不断涌现，为国际和地区伙伴提供更广阔的市场、更充足的资本、更丰富的产品、更宝贵的合作契机。

第三，坚持合作发展，政策不会动摇。坚持与邻为善、以邻为伴，践行亲诚惠容的理念，倡导共同、综合、合作、可持续的安全观。各国不论贫富、强弱、大小，一律平等。坚持通过对话协商以和平方式处理有关国家的权益争端。

2. 和平是人类发展进步的基础，没有和平稳定的外部环境，任何国家、任何民族是不能顺利进行发展的。

从传统的视角来看，人们往往将战争看作和平的对立面，然而，随着时间的推移，和平的参照物由战争扩大到冲突、暴力、屈辱、饥饿、贫困等。和平教育则指通过传授暴力冲突相关的知识、能力、价值观，使得儿童、青少年及成人能够预防暴力冲突、非暴力解决暴力冲突。在个人、集体、国家、国际以及自然之间创造有利于和平的环境。作为促进和平的重要途径之一，和平教育逐渐受到人们的关注。

和平教育包括国际组织推行的以下5个主要的教育：

国际教育	人权教育	冲突解决教育	环境教育	发展教育
战争	种族仇恨	人与人之间的冲突	环境破坏	结构性暴力
世界公民	多元文化理解	技能构建、创造和平	生态可持续发展	和平的构建

3. 联合国将和平文化定义为一种态度、价值、传统、生活方式及行为模式。

其基础：

（1）尊重生命、终止暴力，提倡由对话、教育合作促进非暴力行为。

（2）完全尊重并保障一切基本自由与人权。

（3）在完全尊重国家主权独立、疆域完整的原则下，配合国际法及联合国宪章处理各国国内事务。

（4）努力满足发展与环保需求。

（5）和平解决纷争的决心。

（6）尊重并保障发展权。

（7）尊重并保障人的言论自由、信息自由。

（8）尊重并保障男女权益及机会平等。

（9）符合民主、自由、正义、团结、宽容、多元文化差异、合作，以及社会各层面间与国际间对话与相互理解的原则；并建构各国国内国际环境，有利于和平文化发展。

和平文化是一个多层面、广泛的复合概念，它意味着要有各种意识形态、文化和信仰之间的相互认可和相互尊重的精神。

（三）国际理解教育是"地球公民意识＋承继中华优秀文化"

和平与非暴力教育融合到课程、教学与行动的方方面面，包括教育机构的日常组织和决策……学校不应该成为孤岛，而是社区中开展公民生活的中心。

1. 判断教育国际化成效的标准应从学校教育和学生发展角度来审视

学校教育角度：教育国际化的实践必须要促进学校教育的发展，要"成事"。从这一角度判断教育国际化的成效，就是要分析通过教育国际化的实践，学校所提供的教育服务是否具有世界水准。换言之，就是要看概念层面的教育国际化在学校办学实践中的"落地生根"情况。具体讲，就是要看学校在教育目标、教育观念、课程体系、教学模式、教师发展、办学资源配备、学校管理、国际交流与合作的国际化方面做了哪些实践探索，这些探索整合起来使得学校提供的教育与世界主流国家的教育质量相当，同时与世界主流国家高一级学校实现衔接。

学生发展角度：教育国际化实践必须要促进全体学生有质量的发展，要"成人"。从这一角度判断教育国际化的成效，就是要分析学生是否具有国际适应能力和国际竞争力。换言之，就是要看概念层面的教育国际化在学校"落地生根"之后，是否真正"开花结果"，在学生的成长过程和发展结果上体现出来。国际适应能力使学生具有国际视野，能够理解国际事务和国际通用规则，能够开展国际交往与国际合作。国际竞争力使学生能够与来自世界各国的同龄人同台竞争，争取更多、更好的发展机会。

2. 注意本土化的实践原则

（1）文化是一个民族生存的样式，文化的最大特性是民族性

在学校教育国际化的过程中，要坚守本民族的优秀文化传统，坚持国际化教育的本土化实践，加强本国教育与传统文化的输出与传播，提高本国教育文化的影响力。同时，文化又具有发展性，要吸收世界一切文明的优秀成果来发展我们的民族文化，创造新的文化。

学科课堂教学渗透。充分挖掘国家课程中各学科"国际理解教育"的教育元素，进行有意识的渗透培养，是实施国际理解教育的有效途径之一。

让世界成为我们的教科书。新课程注重"四基"：基础知识、基本技能、基本活动经验、学科基本思想。应该说，"四基"强化了国际理解教育思想在人文学科中的地位。围绕着国际理解教育的几个主题——人权、和平、全球化、可持续发展、文化多样性，开展形式多样的活动。形式不拘一格，参与社区活动、调查访问、制作旅游地图、装扮校园、排练舞台剧、跨国实地交流等，成果呈现多种多样。但是，这些活动的设计都是以激发学生主动参与、动手探究为基本原则的。很多活动都涉及到个体、小组和全班的集体活动，使得学生有机会与不同群体互动，发展他们的社交能力、反思和批判能力。相比知识而言，国际理解教育更注重发展学生的相关态度、情感、技能与行动。因而，它更关注学生的课外活动与生活，鼓励师生采用创造性游戏来发展能力，如讲述故事、模拟生活，实施"行动－外化－观察－反思－内化"等。

（2）国际理解教育是"地球公民意识＋承继中华优秀文化"

在国际教育界，国际理解教育并非新事物。国际理解教育，是培养当今国际化人才、提高中国国际竞争力的重要课题。目前国际理解教育的内涵在中国主要包含两方面：

一方面，教育学生以宽容的态度，理解尊重地球上不同的文化，培养地球公民意识和素养。根据联合国教科文组织的倡导与建议，让学生了解世界的基本问题、世界国际组织及其活动、各国文化及多元文化的共存、交流与合作等。

另一方面，要让人们认同、继承和发扬中华优秀的传统文化，培养民族情感与国家责任。这是当今国际理解教育的基础，也是最为重要的内容。

3. "地球村"中共存

"学会共存"教育所倡导的基本理念："承认与社会责任感相结合的人权，重视社会公正和民主参与决策及国家事务管理，对文化差异和文化多元持理解和宽

容态度，关心他人，团结互助精神，事业心，创造性，尊重男女平等，思想开放迎接变革，对保护环境和可持续发展要有责任感等。"

在21世纪，全球化和数字化已经把世界变成地球村。文化的发展将不再是各自封闭的，而是在相互影响中共存。一个民族对人类文化贡献的大小，越来越取决于它吸收外来文化的能力和自我更新的能力。中国将继续致力于改革开放，用和谐的方式实现经济繁荣和社会进步。

在地球村里，任何一个民族的利益都不能离开人类的共同利益。当今世界的政治、经济、生态的发展都是全球性的，人类在互爱中共存，在互仇中俱损。发达国家与发展中国家，都要互相依赖。同样道理，同一地区相近或相邻的各国各族之间，也是共同利益大于它们之间的分歧与矛盾。和则两利，斗则两伤。真正为本民族利益着想的人，必定是主张睦邻友好的人。

三、文化可以是一种有意识地被培养和操纵的工具

强调基本价值观的自我建构：语言是一种社会建构。文化不是固定不变的，而是历史的产物，它随着环境、机构中的领导者和公民抉择的改变而改变，这些抉择有着自己的政治逻辑。

（一）语言不仅呈现世界，还产生主体间意义，建构世界

任何人的脑海里都有一套被一定文化所植入的刻板印象。一个理想社会体现的是一种多元化的理想的人的生存状态，人的价值和地位是完全平等的。

1. 语言可以展现出一个国家、一个民族独特的价值观和思维习惯，是国家和民族间相互了解的途径。

国际关系在很大程度上是通过语言建构起来的，不同的语言会产生不同的"世界"，构建出不同的社会现实。一方面，语言是社会事实的载体和文化的载体，统治者可以通过语言来传播、宣传自己的思想，维护自己的统治。另一方面，语言本身也是一种建构工具，体现一种话语的权力结构，政治家们可以用词语来建构出自己可以利用的社会"现实"。

教育家与政治家们一直认为，教育是人类在同灾难赛跑，良好的教育能够使人间太平、世界和谐发展。但是历史已经证明，并非所有的教育都能为此做出贡献。二战之中的法西斯主义教育，不但没有使人达到和平与发展的理想，反而给人们种植了无数的偏见、歧视、仇恨与暴力，使人类陷入史无前例的灾难之中。

2. 不同的语言会产生不同的"世界"

作家龙应台在一篇题为《纳粹》的文章中，写到了在狱中等候死亡的纳粹第

二号人物戈林。"人之将死，其言也善"，在生命的最后时刻，罪行累累的戈林对人民与领袖之间的权力从属关系，说过一番深刻的话："一般人当然都不愿有战争，不论是俄罗斯、英国、美国，或德国，那是当然。但是，做决定的总是政治领袖，把人民拖着走是个简单不过的事，不管是民主还是法西斯专政，不管是议会制度还是共产独裁。不管有没有声音，人民是很容易被领袖使唤的。你只要告诉他们外面有敌人威胁，然后把反对战争的人全打为'不爱国'或说他们使我国陷于危机，就行了。这一招，可是在哪个国家都一样啊"！

人心是可以诱导的。曹操在争夺天下的过程中，经常碰到一个头疼的问题，那就是军粮供应严重不足。在军队里，军需官是一个很重要的职务，一般都由首长的亲信或者同乡担任。曹操任命军需官也是这样。有一次大战在即，却军粮短缺，曹操就私下命令军需官减少士兵每天的口粮，士兵们饿得头昏眼花，怨气冲天。战斗马上就要开始了，曹操把军需官叫到他的营帐里，说："我现在碰到一个难题，只有你能帮助我。"军需官一听，说："只要您用得着我，万死不辞。"曹操说："现在士兵们士气低落，我想借你人头一用。"军需官一听大惊失色，曹操一声令下："把这个贪污倒卖军粮的家伙拖出去斩了。"曹操把军需官的人头悬挂示众，当众宣布："从即日起，大家敞开肚皮吃饱喝足。"士兵们高呼千岁，高呼丞相英明。

（二）文化可以是一种有意识地被培养和操纵的工具

文化可以是一种有意识地被培养和操纵的工具。可以把文化概念的核心成分嫁接到战略领域。美国的兵力才140多万，光靠这点军力根本无法维持其"世界超级大国"地位。可以说，美国的"世界第一超级大国"地位无法靠武力维持，以GDP为代表的硬实力仅是基础条件，由价值观、文化渗透力、对国际制度的影响力等组成的软实力才是重要因素。

1. 价值冲突理论认为，所有的社会问题都是源于"文化价值上的冲突"

正是由于在社会生活中存在着群体间价值观念的差异，才导致一系列社会问题的产生。奥努弗认为统治就是比较有效地实施自己的影响。他们主要通过操纵符号，控制供给和使用暴力来获取自己想得到的东西，实施统治，并使自己的优势制度化。其中，操纵符号是最重要的，即宣传。精英们都在试图建构出有益于扩大自己影响的环境。牧师、教师、宣传人员和学者等在这个过程中起重要作用，这些人通过自己的语言在传播信息、解释世界，建构世界。

"对话理论"认为，"对话"不仅仅作为一种交往方式而存在，它被看作是生活的本质、思想的本质，"一切都是手段，对话才是目的"，"对话"已被上升为一种世界观和方法论的哲学高度，而哲学的意义正是可以站在一个统领性的高度，对其他学科和思想领域进行概括和指导。

2. 警醒历史，珍惜今日之幸福生活

二战期间，日本天皇仅掌握有限的权利，是国家"天人合一"的象征，而政权真正掌握在政阀军阀手中。所以说，日本侵华战争真正的罪魁祸首是法西斯军政统治者，而广大人民只是怀着对天皇的"自然表现"做了他们"不该做"的事情，成了法西斯军政府的玩偶。因此，看待这场战争，应持"国际理解教育"的观点，区别对待不同人的立场，不能"一棍子打死一群人"。

古人云："生于忧患，死于安乐。"桑塔亚的不朽警句：忘记过去的人注定会重蹈覆辙。现在最需要的是稳定发展的和平环境。日本少数人的行为的确令人愤恨，参拜供奉着二战甲级战犯的靖国神社，日本的历史教科书公然篡改历史，一改再改《和平宪法》，谋求政治和军事的扩张！当务之急是要把我国的科技实力搞上去，把国家建设得更强大。

3. 国家公祭日：习近平总书记 23 次提"和平"

和平像阳光一样温暖、像雨露一样滋润。有了阳光雨露，万物才能茁壮成长。有了和平稳定，人类才能更好实现自己的梦想。

历史不容忘却，77 年过去了，中国对此依旧刻骨铭心。在 2014 年国家公祭日的讲话中，习近平总书记历数了当年中国人民所遭受的深重苦难："30 万同胞惨遭杀戮，无数妇女遭到蹂躏残害，无数儿童死于非命，三分之一建筑遭到毁坏，大量财物遭到掠夺"；"经过 8 年艰苦卓绝的浴血奋战，中国人民付出了伤亡 3500 万人的沉重代价"。

"历史不会因时代变迁而改变，事实也不会因巧舌抵赖而消失。南京大屠杀惨案铁证如山、不容篡改"。警醒人们"和平是需要争取的，和平是需要维护的。只有人人都珍爱和平、维护和平，只有人人都记取战争的惨痛教训，和平才是有希望的。""和平"一词，在这篇 2100 余字的讲话中 23 次被提及，"和平"贯穿始终。

日本侵略者制造的南京大屠杀惨案震惊世界，震惊了一切有良知的人们。中国人民也要庄严昭告国际社会：今天的中国，是世界和平的坚决倡导者和有力捍卫者，中国人民将坚定不移地维护人类和平与发展的崇高事业，愿同各国人民真诚团结起来，为建设持久和平、共同繁荣的世界而携手努力！

（三）对话的语言是共同学习关系与民主主义实践的必备条件

不论是从日常生活的通俗层面，还是从理论思辨的哲学层面，"对话"概念的内涵与外延在人类历史的演进过程中都在不断地丰富和延展。

1. 建构主义既是一种认知理论，更是一种学习哲学

建构主义教育观：知识是人们对客观世界的一种解释或假说，而不是说明世界的真理（不确定性）。学习是知识的建构（同化与顺应），是有意义的社会协商，学习者的建构是主动的、多元的。相互倾听为对话奠定了语言基础，对话的语言是共同学习关系与民主主义实践的必备条件。

危机的时代也是改革的时代。真正的社会控制就是要养成一定的心理倾向，就是理解事物、事件和动作的一种方法，使我们有效地参与联合的活动。只有为对付别人的抵抗而产生的冲突才会得出这样的看法：只有强行与自然倾向相反的动作，才会出现社会控制的方法。

2. 建构主义的一个重要特点是从过程的、动态的角度看待社会现象，在建构主义者眼里没有一成不变的"社会事实"。

所谓社会事实，基本上是人们经由特定过程建构出来的，并且总是处于不断地变化之中。结构功能主义非常强调共同价值观与信仰对于社会运行与社会秩序的重要性。建构主义理论将注意力的焦点放在认知问题上，提出知识是发展的，是内在建构的，是以社会和文化的方式为中介的。学习者在认知、解释、理解世界的过程中建构自己的知识，学习者在人际互动中通过社会性的协商进行知识的社会建构。

当今国际秩序存在着政治中心、权力中心、强势文化和强势教育的关系格局下，世界存在单一化和一元化的危险，保持民族教育传统和本国特色的努力会相当艰难。教育的国际化既给世界各国的教育发展带来了机遇，也带来了挑战，机遇与挑战并存，关键取决于各国政治家和教育家的观念、眼界和行动策略。世界是多元的，是由不同民族、文化、宗教、历史、种族和社会制度构成的，只有相互理解和尊重才符合和适应时代发展的要求。

第二节　多元文化——五大学习领域

"文化是人类本性的决定因素，如果我们希望理解人，我们必须理解他们的

文化。"价值观、信念、习惯、传统、语言、技术、制度等文化具有多元性、多样性特征。要立足全球的视野和地域的角度，掌握价值、规范、生活方式等概念，认识和了解其不同特质。

一、在自由的空间里培养自律意识

建立一个真正民主国家最为根本的途径是教育而非军事，唯有教育才能改变人心，才能实现真正的正义与自由的理想。

（一）让教育植根于"和平文化"之中

所谓"和平文化"，是一种广泛的、多层面的和总的概念，它"意味着要有各种文化、意识形态和信仰之间的相互尊重和相互接受的精神"。

1. 根据联合国教科文组织的倡导与建议，国际理解教育内容可分为五大学习领域：

领域1：民族文化理解。

认同本民族文化，形成民族平等意识和民族团结合作精神等。包括本国文化对世界文化的贡献、本国与世界其他国家的交流与合作。

领域2：异域文化理解。

不同民族、国家和地区的文化是有差异的，应以宽容、开放的视野去正视差异，尊重、理解不同的文化和价值观。

领域3：人权教育。

人权教育是关乎人类尊严的教育，通过人权教育，不断探索、尊重人类尊严的行为法则，使人们认识到个人尊严和尊重他人的重要性。

领域4：和平教育。

社会的可持续发展需要和平的国际环境，需要国际社会的沟通与合作，和平氛围的创造是以对人的尊重以及对主权国家的理解、团结和宽容为前提的，人类实现持久和平的根本途径，就是通过教育的途径，培养人类"真正理解"的理念、追求和平的理性。

领域5：环境教育。

环境教育是以人与环境的关系为着眼点，实现人—环境—社会的和谐发展。

2. 为和平而学习，为科学创造而学习

在中国传统哲学中，"和"是一个与"同"相对的概念，它指的是"不同事物或不同因素的结合，是差异性的统一"，它强调对差异性的尊重。"和平文化"是国际理解教育的核心概念，而和平文化与中国传统文化的精髓是一致的，但又反映出新时代的特点。

（1）团结出效益、团结出干部、团结出成绩

团结是什么？团结是大家高度认同目标的结果，团结是每个人情商表现突出的结果，团结才能带来优异的工作成效，团结才能带来大家共同进步的局面！

团结出凝聚力、出战斗力、出新的生产力，也出干部。在团结问题上，"一把手"更应带好头，起好表率作用。只有靠"众人拾柴"和"三个臭皮匠"之力，靠大家帮衬，才能做好工作。

在现实社会中，一个人想孤立于社会之外而成功地做好自己要做的事情是不可能的，一个人离不开来自父母兄弟、姐妹的关爱，离不开领导的关爱、朋友的支持。任何群体都是由若干人所组成的一个有机整体，群体中的每个人都有自己特定的思想、文化、技术、年龄、性别、志趣、爱好，从而有自己对事物特定的想法和看法。尤其是不同的人处在不同的位置上，对某一事物的想法与看法也是不会相同的，有时还可能发生尖锐的对立。只有双方目标一致，行为默契，才能达到预期的目的。

（2）你不树敌，就没有敌人

"政治，乃经济利益的延伸！"在国际社会中，"中国成为美国人新选中的'敌人'"的说法也沸沸扬扬。说美国以世界救世主自居，善于树敌练兵，在苏联解体、俄罗斯衰落后，没有敌人的美国很是寂寞，而日益崛起的中国是美国敌人的最佳"国选"，所以挑衅不断。有句谚语说："当你把某个人当敌人时，他就会成为敌人。"在民间，好战者显然已经坐不住了。而与此同时，我们也听到一个冷静的声音响起："美国不是把中国当敌人，而是当对手"。

要么是标杆榜样，要么是相当对手。在你中有我、我中有你的全球化背景下，敌意是不可取的。无论如何，首先要多些善意，是对手，不是敌人，没必要两败俱伤，中国生意场上自古都有"和气生财"之说；然后找对对手，当对方不是一个路子、不在一个平台同一个规则下，就无以交手；也不要自以为敌。

（3）4个小"3"大于"大王"

斗地主的感悟："小王都会被大王拍死，说明副职没有实权。""4个小'3'炸掉'大王'，说明群众的力量大于天。"

找最"硬"的那个柿子捏。梁实秋说的骂人艺术中非常重要的一条是：无骂不如己者。你骂"大人物"，就怕他不理你，他一回骂，你就算骂着了。不要害怕"敌人"，要用敌人来挑战自我，用战胜敌人来提高自己、超越自己。

思考1：和平是在平行的轨道上实现自己的价值。

思考 2：合作存在于人们为同一目标而携手奋斗之时。

思考 3：团结的伟大之处在于每个人都受到尊重。

（二）民主教育是教人做主人，做自己的主人

民族主义的核心是"一个具有共同血缘和区域生活传统的人们对自己的利益有着共识，这种共识意味着只有共同利益的人们才会结合在一起并为这种共同的利益而奋斗"。

1. 用创造的生活来充实民主的内容

在长期的教育实践中，陶行知越来越清晰地认识到：中国社会最缺少的是民主，所以在他人生的最后一段时间，不仅在社会上积极参与民主运动，也大力倡导民主教育。主张："民主教育是教人做主人，做自己的主人，做国家的主人，做世界的主人。民主教育是人民的教育，人民办的教育，为人民自己的幸福而办的教育。"为实现创造的民主和民主的创造，提出"六个解放"：

解放眼睛。敲碎有色眼镜，教大家看事实；

解放头脑。甩掉精神的裹头布，使大家想得通；

解放双手。剪去指甲，甩掉无形的手套，使大家可以执行头脑的命令，动手向前开辟；

解放嘴。使大家可以享受言论自由，谈出真理来；

解放空间。把人民从文化鸟笼里解放出来，飞进大自然、大社会去寻觅丰富的食粮；

解放时间。把人民从劳碌中解放出来，使大家有点空闲，想想问题，谈谈国事，看看书，干点于老百姓有益的事。

有了这"六个解放"，创造力才可以尽量发挥出来。提出五项修养：为博爱而学习，为独立而学习，为民主而学习，为和平而学习，为科学创造而学习。用创造的生活来充实民主的内容，用民主来解放大多数人的创造力，把创造力发挥到最高峰。

2. 民主教育，就是以教育为公器、教人做主人的教育

陶行知在《民主教育》中指出：所谓民主教育，就是以教育为公器、教人做主人的教育。"民主教育应该是整个生活的教育"，这种生活是健康、科学、艺术、劳动与民主织成的和谐的生活，因此民主教育也是"和谐的教育"。由此可见，要建立和谐社会，就应该用民主教育取代传统教育，用和谐教育取代应试教育。因为前者是培养人才、孕育创造力的鸟巢，后者是培养奴才、扼杀创造力的鸟笼。"先生创造学生，学生创造先生，学生先生合作而创造出值得彼此崇拜之

活人"。

（1）学习陶行知教育思想和实践，可获许多镜鉴。

镜鉴1："若无真正之公共教育，真正之民国即不能存在"。

镜鉴2："非试验的教育方法，不足以达救国之目的也"。

镜鉴3："要用四通八达的教育，创造一个四通八达的社会"。

镜鉴4："民主教育是教人做主人，做自己的主人"。

（2）列宁说："文盲是被排斥在政治之外的。"这说明，参与政治生活的水平是以文化知识水平的高低为基础的。

陶行知，"新中国的教育之父"。毛泽东誉其为"伟大的人民教育家"，他毕生追求真理、追求民主，教育为公以达到天下为公，全民教育以实现全民政治使大家各得其所，从而实现真正的民主，是他追求的目标和理想。陶行知主张教育要始终做到"以民为贵，人民第一""要胸怀天下，文化为公"。人民至上，为人民办教育，办人民需要的教育。

教育民主是指教育活动过程中的民主，主要指教育活动中所发生的交际的民主、语言的民主、行动的民主。教育民主的目的：通过民主的教育方式，启蒙孩子的民主意识，雕琢其自主的性格，使之培养成为充满民主激情，积极参与民主生活的个人。

3. 民主教育的特征：爱心、个性、自由、平等……

民主教育是充满爱心的教育。充满爱心的民主教育，就是充满人性、人情和人道的教育。

民主教育是尊重个性的教育。这里的"个性"，与"共性"相对，指的是人在天赋、智慧、能力、兴趣、气质、行为等方面表现出来或潜在的独特性。

民主教育是追求自由的教育。自由精神当然不是民主教育所独有的内核，也不是民主教育的全部内容，但没有自由精神的民主教育，便不是真正的民主教育。

民主教育是体现平等的教育。平等，不仅仅是人与人之间尊严的平等，更重要的是人与人之间权利的平等，特别是学生受教育权利的平等。

民主教育是重视法治的教育。"民主"不是一个美丽的口号，民主是一种制度和程序，其核心意义是对公权力的监督和限制。它的实现是有一定条件的，首先是有宪法的保证，这就是"法治"，"法"高于任何掌权的人或政党。另外必须建立在公众有充分的知情权和表达权的基础上。尽管"法治"是一种治理国家的方式，但其精神实质无非是依靠体现公共意志的规则来实施管理，而且所有人都必须遵守统一的规则。正是在这一精神实质上，民主教育与法治精神得以沟通——民主精神同时也就是法治精神。

民主教育是倡导宽容的教育。陶行知曾把宽容作为"民主运用在教育上的三个要点"之一。当然，宽容不仅是教师对学生的宽容，也包括学生对老师的宽容，更包括学生之间的宽容。

民主教育是讲究妥协的教育。"妥协"和"宽容"一样，也是现代文明社会公认的民主准则之一。

民主教育是激发创造的教育。民主是对人的本质的解放，而人的本质在于创造。发展学生的创造精神，是民主教育的使命。

（三）找到心的方向：走出错误的怪圈

教育是一种社会现象，教育的发展要受社会发展的规律制约。社会的愈益复杂化决定了教育发展的多元化、多样化。世界各民族的交融和国际化的迅速发展，使得多元文化教育正成为一股势不可挡的潮流。越来越多的国家关注多元文化教育，并将其不断地制度化。

1. 文明人·现代人·世界人

文明人：是从动物到人进化历程中的一个相对概念，是在一定历史阶段，生理、智力、心理、行为各方面均处于先进水平的人，能为生产力发展做贡献，代表人类社会文明进步方向的高素质的人。社会文明建立在每个人文明程度的基础上。任何社会、各个人的文明程度不可能完全一致。文明在哪里？文明不是什么宏大宣言，也用不着赌咒发誓。文明就是细节，把日常生活的基本细节做到位，就是文明。

文明人的标准：

生理形态标准。文明人应具有现代人的体质形态，具有健全的肌体、强健的体魄，能适应多变的自然环境。

知识技能标准。文明人应掌握丰富的自然科学、社会科学和哲学知识，熟练掌握相关专业的具有先进水平的生产技术、操作技能，能代表先进生产力的发展方向。

思想行为标准。文明人应具有科学的世界观、人生观和思想、情操；能全心全意为人类的进步、生产力的发展做贡献，能适应各种社会环境。

文明人必须完全达到以上三方面标准。文明人的标准，不是财富多少，不是地位高低，也不仅是能力大小；而是具有科学世界观、人生观、创造性、健康的体魄和高尚的情操，为人类生产力发展具有无私奉献精神的人。

世界并不遥远，把自己放在世界的眼光和高度来谋划，这样才是真正的人生。"世界人"是21世纪新人类的生存方式。在时间概念上，已经跨世纪；在空间概念上，必须跨国际——做一个时髦的"世界人"！

2. 灵魂战争：真正的军人不是打打杀杀，而是"止杀"

找到心的方向：走出错误的怪圈。佛家讲："慈悲为怀"，其实就是主张一种善念。善念就像是一缕清风，它可以除去人际间的烦躁；善念就好像一泓碧水，它能够润泽情感中的隙缝。人们无不渴望善，人际间无不需要善。因而多些善念便是多了一份慈悲，给喧嚣的尘世添一份舒坦惬意，给复杂的人生带来一丝诚挚与温暖。

(1) 弥勒佛的精神——大肚能容，容天下难容之事；开口便笑，笑世间可笑之人。

弥勒佛精神强调以下几点：

无限的慈心。有无尽的爱心、耐心与包容，受万亿次挫折也不退志的大慈。

无数的慈行。想尽种种妙法、提供一切方便，助人成功不图回报。

无尽的慈容。始终给人欢喜、给人信心，为服务众生，受冤受辱受骂也依然欢喜承受。

(2) "家文化"

"小胜靠智，大胜靠文化。"有人说，家是一种文化；有人说，家是一段时光；也有人说，家是一种情怀。还有人说……家，是什么，又不是什么。拥有它时，它平凡如柴米油盐酱醋茶；失去它时，掏心掏肝也找不回。家是一种归宿，是心灵停泊的港湾。它可以给任何一个人温暖的感觉。家，绝对不单单指能吃饭、睡觉的处所。曾经有人这样给家做过解释："家的含义——有爱的地方才叫家。"中国人较重视"家"的建设。家是缩小的国，国是变大的家。

"互助""创新""坚持""自我"，是"家文化"的主要元素。家之序：秩序与制度。一个有序的组织才有效率，一个有效率的组织才能发展。家之责：责任与奉献。企业和社会有一种无言的契约。"家"对中国人有着特殊的意义，从家庭到家族、到国家、到家天下，中国人以"家"为纽带，安身立命、构建社会、管理国家、治理天下，世代传承。

3. 在自己身上装一台属于自己的发动机

罗斯福有句话值得品味，他说，没有自由的秩序如没有秩序的自由，同样具有破坏性。法国哲学家弗洛娜说，责任并不是一种由外部强加在人身上的义务，而是我需要对我关心的事情做出的反应。

人生是枚硬币，一面是选择，另一面是责任。这则谚语是想告诫我们，只要你选择了，你就要为此负起责任，其实，它也告诉我们另外一个道理，从选择中更容易找到人们的责任。教育缺失了一个东西，就是选择，只有当学生有权利为自己的未来选择自己感兴趣和有意思的课程时，他们才有可能在自己身上装一台属于自己的发动机。

二、反对国际理解教育中的霸权主义

有人说，世界的不同，源于你用什么样的眼光去看。视野是一个人的历史，由于每个人都有自己的经验和精神世界，所以他必定有视野，有"地平线"。

（一）文化是人类精神的"原子弹"

拿破仑竭尽全力更新教育机构，以缔造一个焕然一新、改弦更张的新法国。尚未称帝之前，他就创建了大学，将其作为培养精英的学校。培养教师的师范学校与培养工程师的技术学校是为了保证使法国无法回到大革命前的社会与政治中。他们要给法国带来一个富有才智的统治阶层——这个阶层不是由贵族组成，他们反对僧侣统治，提倡民族主义。直到今日，大学仍在塑造着法国的统治精英，并通过他们塑造法国政府与社会的基本价值观念与思想境界。

1. 光有文化底蕴是不够的，必须用现代意识去激活古老的文化元素，这样古韵与今风才能合鸣。

（1）问题是如何去"激活"

朱永新教授直言不讳地说，文化本身并不直接影响竞争力，当一个城市的领导阶层以及民间都有了强烈的"文化自觉"之后，文化价值才能得以"激活"，在此根基上生长起来的人文精神才能成为竞争力的重要组成部分。

例：俄罗斯百本图书百部电影进校园。

"文化贫血"要从教育抓起。普京尖锐地指出，青年"文化贫血"是具有高风险的问题，解决这个问题需要从教育领域抓起。他指出，"中小学校、学前教育机构以及高校不仅仅是传授知识和专长，也应培养个性、判断能力、独立思考和明辨是非的能力。"

唤起对祖国文化和精神财富的兴趣。俄罗斯文化部、教育部开始实施推荐100部电影和100本优秀图书进校园的计划，以丰富学生对俄罗斯民族、历史、文化方面的知识。向读者推荐一些能够陶冶情感、心灵，提升伦理认知的书籍和作品，有助于帮助读者形成正确的世界观、宗教观和审美标准，对于他们今后的专业选择、身心健康均有益处。

（2）讲好中国故事

莫言自称"一个讲故事的人"。因为故事讲得好，他获得了诺贝尔文学奖。正是通过他的一个个精彩故事，让世界各地的人越来越多地了解中国。现在的中国最令人担忧的是：过于注重外力而忽视内生力量。内生精神和内生力量不断削弱，这样发展下去，经济和社会就会出现另一种畸形。而内生力则是来自先进的人文力量。

人文精神是城市的灵魂，一个人文精神匮乏的城市，无疑也是灵魂贫瘠的城市。呼唤城市"文化自觉"的过程，其实也正是给城市"还魂"的过程，而没有灵魂的城市，又何来恒久的竞争力和生命力。"越是民族的就越是世界的"。

2. 用"和平文化"代替"战争文化"

时任联合国教科文组织总干事马约尔指出，我们必须发展一种以所有各种文化所共同认同的价值观为基础的"和平文化"，以便"成功地实现从战争文化向和平文化的过渡"。

（1）"冷战"：美苏冷战，西方似乎赢了，苏联国家解体

冷战指的是从 1947～1991 年间，以美国及英国为首的自由主义阵营和以苏联为首的共产主义阵营之间长期的政治对抗。在二战结束后，原先结盟对抗纳粹德国的美苏两国成为世界上仅有的两个超级大国，但两国持有不同的经济和政治体制：美国及北约代表了自由民主制的资本主义阵营，而苏联和其他铁幕国家则代表了一党专政的共产主义阵营，两方也因此展开了数十年的对立。冷战的名称来自于双方从未正式交战的特点，因为在冷战期间，美苏双方所持有的大量核武器，为两国带来相互能够毁灭对方的能力。

例："和平演变"：埋葬苏联。

上世纪 80 年代戈尔巴乔夫上台后，大力推行激进的政治体制改革，提出"新思维"、推动"自由化"。这一时期，苏联意识形态管控的松动，为非政府组织急速发展、传播西式"自由""民主"、推进"和平演变"提供了契机，导致苏联社会舆论一度失控。

据苏共前莫斯科市委第一副书记尤里·普罗科菲耶夫回忆，戈尔巴乔夫时期，西方情报机构利用各种非政府组织，在苏联成功组建了主要由知识分子构成的"第五纵队"。一时间，"改革斗士"的言论充斥报端，反苏反共成为社会思潮。

当时，很多苏联民众对所发生的一切盲目欢迎，全然不知其实质，也没有意识到严重后果，这正是非政府组织想要达到的目的和多年经营的结果。

（2）"凉战"：中美冲突会两败俱伤

"凉战"，是冷战的延续，其目的是为了在不引发"热战"的情况下不停出击，同时让热战变得更不可取甚至没有必要。"凉战"，来源于美国戴维·罗特科普夫于 2013 年 2 月 20 日刊发在《外交政策》杂志网站的《凉战》一文。文章称，人们在 2013 年正处在所谓"凉战"之中，它是冷战的延续。

竞争中的大国关系应该是用"和平文化"代替"战争文化"，既竞争又合作，在竞争中合作，在合作中竞争。

（二）不给当局的坏人做文化上的装饰品

有个调侃国民党军队的小段子：说的是国民党军队为什么会败给共产党军队，原因就在于指挥官在冲锋陷阵之时喊的是："弟兄们，给我冲！"而共产党指挥官喊的是："同志们，跟我上！"一字之差，让我们感悟到靠前指挥的意义。

1. 毛泽东：为人民而"论"

毛泽东是一位公认的深谙论文之道的语言大师，其大作行文，历来倍受推崇。其一切为了人民、为了人民的福祉！

第一，视点贴近社会。"谁是我们的朋友，谁是我们的敌人，这个问题是革命的首要问题。"一篇《中国社会各阶级分析》，把敌我友分析得清清楚楚。《论持久战》分析了中日力量的对比，提出了抗战的三阶段，为中国人民指明了胜利的方向。

第二，语言平易而生动。毛泽东的论文写得让不识字的人听了懂能明白。"我们的共产党和共产党领导的八路军、新四军，是革命的队伍。我们的队伍是完全为着解放人民的，是彻底地为人民的利益工作的。"《矛盾论》《实践论》，上到政治领袖，下到平民百姓，都能读得懂，都能从中明白做事的方法。

第三，内容完全是为了广大人民的。"人民，只有人民，才是创造世界历史的动力"，是他老人家一生为人民的内心体现。

毛泽东坚持"实事求是"与"为人民服务"的"信仰"，坚持辩证唯物主义世界观，使他成就了"人民领袖"的历史地位。

2. 司马迁受腐刑著《史记》

司马迁有文人傲骨，没有拍当权者马屁。司马迁活着为《史记》，死也为《史记》。一时强弱在于力，千秋胜负在于理。再有权力的帝王都是一时的。很多人总是不明白"战胜自己"的意义，自己就是自己，难道还有另外的自己吗？并没有另外的自己，只是自己心理上的两种力量的冲撞：一种力量要束缚，一种力量要突破；一种力量要保守，一种力量要开放；一种力量阴暗狭隘，一种力量光明磊落。扶植那突破的力量、开放的力量、光明磊落的力量，让它主导自己的心灵，就能获得一个超越的自己。

刘小川在《品中国文人：司马迁》中说，对今天的中国人来说，万里长城和《史记》，究竟哪个更伟大？我认为是后者。如果没有司马迁写下的《史记》，那么，遍及全球的十几亿炎黄子孙，将发生"身份"认同的危机。五千年文明从哪儿来的？从司马迁来的。是他远在公元前，就挥舞书写历史的巨笔，将华夏文明上溯三千年。《史记》——鲁迅称之为"史家之绝唱，无韵之离骚"。

3. "为国家做诤臣，为政府做诤友"。

韩非子《孤愤》中反映的极为激烈的政治斗争，在战国后期具有典型性，它所表达的思想，对新兴政治势力争取政权、巩固政权的斗争有很大启发。

韩非子极为重视唯物主义与效益主义思想，提出重赏罚，重农战，反对儒、墨"法先王"（效法古代君王对国家的管理），主张变法改革。韩非子的文章构思精巧，描写大胆，语言幽默，于平实中见奇妙，具有耐人寻味、警策世人的艺术风格。

胡适"远离政治，好好研究学问"。作为自由知识分子，珍视自由、独立，并非仅出于个人的信仰追求，而是着眼于国家利益。他说："我在野——我们在野，是国家的、政府的一种力量，对外国、对国内都可以帮政府的忙，支持他，替他说公平话，给他做面子……"胡适们认为报效国家的方式是"为国家做诤臣，为政府作诤友"。这是胡适那一代知识分子的精神追求和处事准则。

（三）哲学意义上的发展是一个矢量，即发展具有明显的方向性

恩格斯说，历史不是单个人意志的产物，而是许多力量按照平行四边形法则所形成的"合力"。历史是合力的结局，每个人的意志、努力都是其中的一个分力，而合力的方向就是历史的规律。它不以任何个人的意志为转移。每个人的意志都不为"零"，都会对合力做一份贡献，但只是合力方向上的投影是合力的结局，而不会精确地到达。

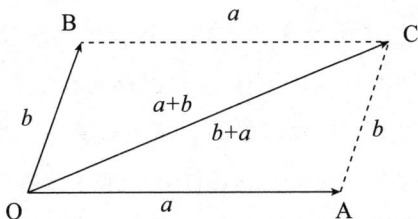

1. 恩格斯："一个民族想站在科学的最高峰，就一刻也不能没有理论思维。"

理论思维以揭示一事物从它事物中相对独立出来的客观机制为首要任务；其次，理论思维为人们的实践活动提供正确的行动路线。最后，理论思维为人们的

实践活动提供现实的奋斗目标。马克思说："理论一经群众掌握，也会变成物质的力量。理论只要说服人，就能掌握群众；而理论只要彻底，就能说服人。"

大智慧出于对自己的大安排。人生实际上是需要安排的，但我们往往不会按照自己真实的愿望而是根据别人的需要来安排，所以这是个智慧。思想高度集中，这是做学问的一个基本状态，就像亚里士多德讲的"沉思"。沉思是一种快乐的境界，这种快乐像孤独者一样。没有成功的学者是很不幸的，但是要成为一个学者，必须要有这样的放弃，持续的兴趣意味着大的放弃。学者的精神和愿望是当今中国社会中非常难得的东西。现在提倡科学发展、和谐社会，就是提倡理性的力量。而理性的力量就是学者的精神和能力的一个重要体现。

人生就像足球比赛，球员在场上的分工或者说在场上所站的位置是很明确的，个人有个人的职责，有属于自己的领域。对于所有球员而言，愿望只有一个就是进球，而要完成这个目标，并非人人都要去进球，由于个人的能力差异，每个球员的位置都不一样，但他们所起的作用都是不可替代的。所以说，一个球队的好坏，就要看每个队员对自己的位置把握得准不准，是不是在需要你出现的时候刚好出现并在你应该的位置上采取了必要的行动。人生也就如此，拥有一个理想，站好自己的位置，用实际行动来实现理想，实现自我的价值。

2. 文明对话之路

法国思想家莫寒认为：世界没有能力成为世界，人类没有能力成为人类。所以对话成了希望的寄托，人们指望从它开始进入理解，缓和冲突，进而寻找人类共同的价值底线或讨论在同舟共济中各自的责任。反省现实世界就能发现，体现良好愿望的"对话"具有极大的复杂性。完全公平合理的对话机制是不会预先以完备的形态出现在对话之前的，也不能在谈判桌上从容完成，只有实践斗争才能促成"对话"的合理性的实现。

儒家思想在全球对话中的意义："以开放的肯定性为基本态度，以修己、复礼为基本方法，以对人生的价值确认为基本立场，儒家为'和'的世界的实现提供了明确的原则内容和富有建设性的方法，并为世界各文化传统留有讨论、交流、切磋，以及在这个过程中各自得到充分发挥的余地。"

今天，对话是呼吁和平、排除战争的。其最重要的就是起草一份新的"社会契约"所需要的形式和标准。这个问题可作为跨国区域联盟的建立依据，因为这样的计划是基于消除暴力的渴望而构想的。人类必须从简单朴素的现代性思维转向反思内省的全球性思维，从而进行全球性理念与制度的重建。全球化进程所带来的全球性问题促进了人类共同体的全球主义意识，使人类由"独自"走向"对话"，由"独断"走向"共识"。

3. 全新的时代命题："包容性增长"

中国文化对"包容"的崇尚其实早已存在。从这个概念本身看，"包容性增长"汲取了经济学、社会学、政治学等多门社会科学的成果。实现包容性增长，根本目的是让经济全球化和经济发展成果惠及所有国家和地区、惠及所有人群，在可持续发展中实现经济社会协调发展。要实现包容性发展，要坚持社会公平正义，促进人人平等获得发展机会，坚持以人为本，着力保障和改善民生。

包容性增长——中国发展模式的新方向。包容性增长包括以下一些要素：让更多的人享受全球化成果；让弱势群体得到保护；加强中小企业和个人能力建设；在经济增长过程中保持平衡；强调投资和贸易自由化，反对投资和贸易保护主义；重视社会稳定。

中国青年应具备全球化的视角去包容和学习多元文化，并且发展一个全球化的社交圈，在复杂的社会中，每个人都不是独立的个体。遵循社会规律的包容性发展，是社会和谐稳定的发展。要把改革力度、发展速度与社会可承受程度统一起来，准确把握改革发展稳定的"平衡点"，寻求"最大公约数"。

三、"和平文化"的核心是价值观

狭义的文化特指意识形态所创造的精神财富，文化是凝结在物质之中又游离于物质之外，能够被传承的宗教、信仰、风俗习惯、思想情操、学术及科学技术、文学艺术、各种制度等。

（一）认识文化差异

文化是形成区域差异的主要因素。了解文化差异，学会从多个角度寻找文化差异的原因（生活习俗、宗教、地理环境、艺术表达方式、追求等），尊重差异，明了文化差异背后的文化统一性。

1. 实施国际理解教育首先要认识文化差异

国际理解教育的基础建立在国际间不同国家、不同民族、不同宗教背景、不同区域的人群之间存在文化或文明上的差异的基础上。

（1）差异构成事物的多样性，但是也形成不同事物间不同的认同观念

龙凤在我国代表什么？龙凤指才能优异的人。龙是图腾的形象，汉民族素以"龙的传人"自称，以"龙的子孙"自豪。凤是一种神异的动物，与龙、龟、麒麟合称四灵。凤在中国还指优良女子。

龙凤在西方是什么含义？在西方，龙是罪恶和邪恶的代表。魔鬼就是个长得

很像龙的怪物。凤是再生复活的意思。在我国，夸奖一个人才能超群，可以说他是人中之龙、人中之凤。但如果对西方人表示赞美千万不可用龙凤等。

任何一个民族的生活习俗都代表着这个民族对待自然的态度、对生活的认识及长期积累的生活经验，都有其合理性。这些文化只有差异，没有优劣之分。

（2）中国龙形象的由来

按照《史记》记载，龙的图腾始于黄河部落联盟盟主黄帝，黄帝统一南方部落以后，为了照顾到多个部落的图腾，就把各个较为强势部落的图腾的想象特征综合在一起，又避免后世雷同传之不远，就创造了中国龙非鹿非马、非蛇非鱼的四不像形象。实际上黄帝部落的图腾在此之前是狗熊，西周开国功臣姜尚其母梦见飞熊入梦而有身孕，生姜子牙，意思是姜子牙就是狗熊神的子孙。按照流传，凤凰就是黄帝的两个王妃参照这一思路，分为一雄一雌的怪鸟形象创造而来作为补充的图腾形象，随着黄帝统一南方，这两个形象就成为中国的形象标志传之后世。

中国文化强调精神向虚，西方文化强调物质性，对子虚乌有的东西本来就质疑，而且在西方人眼里，龙的形象哪里有中国龙的腾空而起呼风唤雨的人格化本事和情感，而是和恐龙大嘴长牙长尾的丑陋凶恶等同起来。要知道中国人和西方人生活习惯的不同，就得承认文化基因的不同，思维习惯的不同。

2. 国际理解教育的障碍

国际理解教育是一种面对差异、认识差异、试图化解差异所可能导致的危险的教育。因此，只有分析差异的实质，才能真正理解国际理解教育的意图，才能有效地开展国际理解教育，以实现其目标。

差异的存在是造成人们相互间理解障碍的主要原因。而真正成为国际理解教育障碍的差异，并非事物本身具有的多样性意义上的差异，而是人们为确立自身，在建立自我意识过程中，有意构筑并传承的差异。

牛津大学前校长、大英图书馆前主席克林·卢卡斯说过，"差异十分必要。差异之所以必要，因为它在整个世界起着纠正作用。差异是必要的，还因为差异是人类的固有元素，它也是创造力的核心。没有创造力，提高全球福祉的能量将衰竭。差异是必要的，因为保持特性是社会稳定和健康的一个根基。"

3. 多元文化的实施措施

加强本国文化与语言教育。母语是种族认同的重要标志，教育中任何忽视和削弱母语的做法都是不可取的。

加强外国语言文化教育。突出外语教育中的文化内涵，将有助于减少"文化独白"，有助于改变"自言自语"的封闭状态，有助于推动文化间的交流、理解与融合。

加强学校内多元文化渗透。课程应注重科学文化与生活文化的融合。加强校园文化建设，使学生在开放的校园中更多地接触他国文化与国际文化。

加强信息技术教育，提高文化信息沟通能力。国际理解教育的实质是一种思想对话和文化理解。军事、经济力量的强大不一定与文化繁荣成正比。

（二）地域文化决定思维方式上的差异

《晏子春秋》中说，"橘生淮南则为橘，生于淮北则为枳，叶徒相似，其实味不同。"其实，任何一项并非根源于本土的教育实验，都不可能一开始就表现出对本土教育环境的适切性。"所以然者何？水土异也。"

1. 美国宪法规定"美国人民有推翻暴政的自由"

美国宪法赋予公民合法持有枪支的权利，其法理在于假定国家出现了坏政府，民众有权推翻它，为此不能让民众手无寸铁。当然，这只是一个法理上的假设，只是道理上讲讲的，美国迄今并未真正出现过需要民众揭竿而起的局面，因此没有实际效应，但美国的暴力犯罪尤其是使用枪支实施暴力和凶杀的犯罪率一直都高于其他发达国家。因此长期以来屡有政客呼吁修改法律，收缴民间枪支。

任何管理措施都存在利弊两面，都存在矛盾。公民普遍有持枪权利也有两面性。两百多年来，美国没有产生独裁政权，没有产生寡头统治，没有产生精英垄断的政府，没有产生一个无限权力的中央集权。美国已成为世界上教育和文化、科技和经济最发达的并有完善的社会福利保障的国家，美国已成为近两百年来世界上内战和内乱最少的稳定国家。

中美两国的思想文化以及社会基础不同，对于枪支管理的态度以及持枪与保护公民权利的关系有着不同的认识和规定。美国宽松的枪支管理制度在保证公民权利得到及时保护的同时也带来了校园枪击案频发等惨剧，中国严格的枪支管理制度更加有利于保护公民的合法权益。因此，美国应当加强枪支管制，我国应当通过科学的社会管理方式，建设更加完善的社会安全保障体系，更好地保护公民的合法权益。

2. 预言？还是谎言？——中美教育考察团互访报告

1979 年 6 月，中国曾派访问团去美国考察初级教育，回国后写了一份三万字的报告：

——学生无论成绩优劣，无不趾高气扬、踌躇满志。

——小学二年级的学生大字不识一斗，加减法还在掰手指头，就整天奢谈发明创造。在他们手里，让地球掉个头儿好像易如反掌。

——重音体美，轻数理化。

——课堂几乎处于失控状态。学生或挤眉弄眼，或谈天说地，或翘二郎腿，更有甚者如逛街一般，在教室里摇来晃去。

结论：美国的基础教育已经病入膏肓，再用 20 年，中国的科技和文化必将赶上并超过这个所谓的超级大国。

在同一年，作为互访，美国也派考察团来中国。他们看了北京、上海、西安的几所学校后也写了一份报告：

——小学生在上课时喜欢把手端在胸前，除非老师发问举起右手，否则轻易不改变；幼儿园的学生则喜欢把胳臂放在身后，室外活动除外。

——学生喜欢早起，7 点前在大街上见到最多的是学生，并且他们喜欢边走边吃早点。

——学生的"家庭作业"，是学校作业在家庭中的延续。

——把考试分数最高的学生称为学习最优秀的学生，他们在学期结束时，一般会得到一张证书，其他人则没有。

结论：中国的学生是世界上最勤奋的，起得最早，睡得最晚。他们的学习成绩和任何国家同年级学生比较都是最好的。可以预测，再用 20 年时间，中国在科技文化方面，必将把美国远远甩在后面。

结果 25 年过去了，上帝开了一个玩笑：结论都错了！美国"病入膏肓"的教育制度培育了 43 位诺贝尔奖获得者和 197 位知识型亿万富翁，中国还没有哪一所学校培养出这样的人才。

思考1：中国的教育专家高估了管制和纪律的作用，低估了自由和权利的价值；高估了整齐共性的作用，低估了个性张扬的价值；高估了知识训练的作用，低估了创造精神培育的意义。

思考2："把你的思维带到你从来没有去过的地方"。真正学习好的标志是什么？中国人认为懂得的东西越多越好，学到的东西越多越好，而西方人尊崇新知，即新的发现、创造或创新。

3. 全球多元文化教育对于每种文化，都是一种知彼知己和达成共识的过程

（1）全球多元文化教育包括相互联系的三方面内容

第一，本国本民族的文化教育，培养公民对本民族文化的自信和文化自觉。

第二，他国、他族文化的教育，培养公民对他国、他族文化的尊重、包容和欣赏。

第三，跨文化共生教育，提升公民跨文化交往能力，实现文化共生与繁荣。

（2）全球文化教育应追求八项目标

目标1：处理好人际关系。

目标2：避免人类冲突。

目标3：消除种族和民族间的偏见和歧视，解决如何评估人类成功的价值。

目标4：确定行为素养标准。

目标5：协调人类环境与经济的相互依存关系。

目标6：探讨如何培养良好的公民素质。

目标7：探讨如何发展和提升移民素质等。

目标8：多元文化教育可以维持社会差异与社会一体化过程处于平衡与发展之中。

以教育为途径的文化传承与沟通，同样需要建构在一定的共同价值基础上，因而，寻找共同的价值基础，引导和帮助人们认识到某种共同价值的存在，对于人类社会发展与文明传承而言，具有重要意义。

（三）寻求东西方的中间地带：文化中的文化

以"公正"和"共生"为目标的国际理解教育强调，"共生"在于尊重人间的差异性，"公正"在于追求人间的平等性。"学会共存"成为国际社会"发展"对人性的一种呼唤。

1. 多元文化与文化尊重

平等对待和欣赏异域文化要"存异""求同"。不同文化要实现和平共处，需要通过文化对话反思自身局限性，求大同存小异，既要"各美其美"，更要"美人之美"，惟其如此，才能将事实上的相互依赖变成有意识的团结互助，实现"美美与共，天下大同"。

国际理解教育中的文化框架

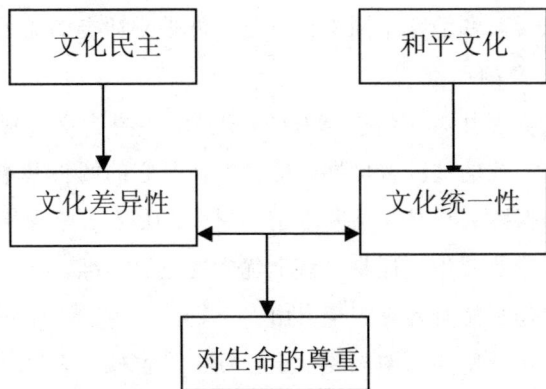

每个人都渴望自己生活的世界是和平的、公正的，然而诸如战争、贫困、开发、差别、环境等不遂人愿的问题却时有发生，"国际理解教育"其实就是针对地球人面临的这些问题，通过"了解世界现状；意识到这些问题所在，思考解决问题的方案；尽自己所能，参与问题的解决"这样一个过程来实现教育的目的，这其中需要的不光是见识、知识，更需要思考力、执行力。

2. 多元文化教育的目标和内容可从三方面来认识

从认知与技能角度：多元文化教育力图增进个人对自己所属文化的认识与了解，提高自我意识和自我尊重；使学生正确认识不同民族、社会群体间的文化差异、文化特征与文化演变历史，承认各国家民族在语言、信仰、宗教、生活方式、传统文化存在的合理性；认识不同国家民族文化的平等性，理解并尊重所有民族及他们的文化、文明、价值观与生活方式，能客观地评价自身文化与其他文化；树立全球意识和国际观念，增强民族与国家之间日益增长的相互依赖的意识，理解国际合作的必要性。

从情感、态度、价值观角度：使学生在了解各国文化的基础上，学会接纳、珍惜、容忍和尊重不同的文化形态和多民族的风俗习惯，因为人类的经验和传统是丰富多彩的，所以应承认文化的多样性与互通性，愿意与其他文化进行沟通交流，关心人类共同的话题，使学生具有较高的国际意识和国际责任感，形成宽广的人文精神，促进人类文化的共同繁荣。

从过程与方法角度：在多元文化教育过程中，应该使学生树立正确的文化价值观，学会选择能够接受的文化观念、生活方式、信仰习惯；使学生获得同各民族相处和欣赏各民族文化的能力；能够分析文化进步的因素及文化间的异同，能够区分事实和偏见，形成观察、分析、评价、对待自身文化及其他文化的科学方法，增进跨文化间的合作关系；形成国际文化交流中的良好生存能力、合作能力、协作能力以及缓解和消除不同文化背景可能带来冲突的能力。

3. 人权：对生命的尊重

人权是指"人，因其为人而应享有的权利"。主要含义：每个人都应该受到合乎人权的对待。人权的这种普世性和道义性，是它的两种基本特征。在当今的国际社会，维护和保障人权是一项基本道义原则。是否合乎保障人权的要求已成为评判一个集体无论是政治上还是经济上优劣的重要标准。

（1）权利与责任平衡时才有完全自由

民族国家建立在众所周知的三要素上：领土、主权、人民。全球治理是一种多主体的治理方式，民族国家、联合国、非政府组织、跨国机构乃至公民个人等都在全球舞台上发挥作用。

"自由自在"是说处于一种心灵自由的状态。《共产党宣言》里面说："……在那里，每个人的自由发展是一切人的自由发展的条件。"不仅仅强调人的自由发展，而且强调每个人的自由发展。

（2）自由存在于精神和心灵之中

《世界人权宣言》指出："对人类家庭所有成员的固有尊严及其平等的和不移的权利的承认，乃是世界自由、正义与和平的基础"；"对人权的无视和侮蔑已发展为野蛮暴行，这些暴行玷污了人类的良心，而一个人人享有言论和信仰自由并免予恐惧和匮乏的世界的来临，已被宣布为普通人民的最高愿望。"所以，公民首先作为人享有人权。只有享有人权，才能保证公民有尊严地生活；只有享有人权，才能免于人类的野蛮暴行，使世界走向自由、正义与和平。

（3）对人权的正确认识

"人权"首先是生存权和发展权。应强调权利与义务不能分离，强调不能把种族中心主义的人权观强加于人，强调应与各国的实际情况和文化传统联系起来。人权是具体的、相对的，不是抽象的、绝对的。

人权只是一个框架，一个理论模式。不同的时期、不同的阶级、不同的文明、不同的人，描绘出了千变万化的"人权"，并对此展开了旷日持久的争论。但这并不影响人权作为一种广为接受的标准。

第三节　民主精神——呼唤"文化自觉"

罗素说：只有中国、中华民族、中华民族文化，经历人类五千多年文明史的风风雨雨，不仅没有消灭亦从未中断，而且还在不断地向前发展。

一、民主、平等、自由的力量在于"目标一致"

民族精神是一个国家和民族保持昂扬向上的精神动力。毛泽东在《新民主主义宪政》中说："中国缺少的东西固然很多，但是主要的就是少了两件东西：一件是独立、一件是民主。这两件东西少了一件，中国的事情就办不好。"

（一）"独乐乐不如众乐乐"，中国以开放的姿态，向世界解疑释惑，以发展为纽带，将"中国梦"与"世界梦"联系在一起。

明代陈眉公说："如何是独乐乐？曰：无事此静坐，一日是两日，如何是与人乐乐？曰：与君一席话，胜读十年书。如何是众乐乐？曰：此中空洞原无物，何止容卿数百人。"众乐乐是一种胸襟，一种气度。共赢就是因为"众乐乐"的气度，因为"天人合一"的大胸怀。

1. 铸建中华民族的精神支柱

中国梦，是中国共产党十八大以来的重要执政理念，"中国梦"定义为"实现中华民族伟大复兴，就是中华民族近代以来最伟大梦想"，并且表示这个梦"一定能实现"。

"中国梦"的核心目标可以概括为"两个一百年"的目标：到 2021 年中国共产党成立 100 周年和 2049 年中华人民共和国成立 100 周年时，逐步并最终顺利实现中华民族的伟大复兴；具体表现是国家富强、民族振兴、人民幸福；实现途径是走中国特色的社会主义道路、坚持中国特色社会主义理论体系、弘扬民族精神、凝聚中国力量；实施手段是政治、经济、文化、社会、生态文明五位一体建设。

2. 美国梦的共性是"民主、自由、人权"

所谓的美国梦，有广义和狭义之分，广义上指美国的平等、自由、民主；狭义上是相信只要在美国经过不懈的努力奋斗便能获得更好生活的理想，亦即人们必须通过自己的勤奋工作、勇气、创意和决心迈向繁荣，而非依赖于特定的社会阶级和他人的援助。通常这代表了人们在经济上的成功或是企业家精神。许多欧洲移民都是持着美国梦的理想前往美国的。

（1）美国梦的共性就是"民主、自由、人权"

"民主"是一种政治制度，它是美国梦的土壤；一个国家如果没有好的制度，那国民只能做"白日梦"，任何美好的梦想就很难实现。"自由"是实现美国梦的方式，体现了美国梦对公民个体的尊重以及"以人为本"的治国理念；每个人可以有自己的梦想，可以用自己喜欢的方式实现自己的梦想；没有言论、出版、集会、结社、游行、示威、罢工、宗教信仰、通信等自由，就斩断了由梦想通向梦想成真的桥梁。"人权"是美国梦的内容，它包括生存权、受教育权、工作权、自由迁徙权、选举权和被选举权以及批评政府和追求幸福的权利等。美国学者普遍认为，《独立宣言》是美国梦的根基，自由女神像是美国梦的象征。

（2）美国人无不将自由视为人生的最高价值

美国梦的特点，最重要的是建立在个人奋斗的基础上。美国社会流行一个说法：美国是儿童的天堂，青年人的战场，老年人的坟墓。

美国人在制定宪法和法律时始终保持着对权力的高度警惕，极力防止公共权力的膨胀腐败，防止其对公民权利的侵犯。三权分立、权力制衡和权利法案等的设计都是为了在建立一个高效政府的同时，对权力加以限制，使其相互制约。每逢社会出现问题，总会引起全国性的公开辩论，正反观点得到充分表述。通过争辩，国民明确了问题的所在，探讨了解决的方案，然后通过妥协和立法来加以改革。

3. 追寻"俄罗斯梦"，实现公正社会

《环球时报》报道：伟大的俄罗斯梦想用一个词即可概括。这个词便是"公正"。这既可以理解为"高层次"的理想国家制度，也可以理解为老百姓自身能够多劳多得，拥有平等的机会。

普京崇拜彼得大帝，在办公室悬挂彼得大帝肖像，一定程度上透视了他实现强国梦的精神寄托或偶像。《彼得大帝》传记，记载了彼得当上皇帝后，曾经说过，"与其在这里做皇帝，还不如到荷兰去当学徒"。果然，1696 年 12 月初，一个持续 18 个月的"高级使团"出访西欧，有个化名米哈伊洛夫的下级军官打扮、坐在最后一辆马车上的"志愿者"，就是彼得。出访时通信使用的特别玉玺上有这样的话："我的身份是学生，我需要老师的教导！"

在他统治的后期，官员腐败较为突出。他悬赏 1000 卢布，举报著书攻击自己的人，却举报了贪得无厌、荒淫无度的亲信缅希科夫，尽管彼得夫人为其说情，但最终还是被撤销其作战院负责人的职务，非法所得被没收。副首相沙菲洛夫大量侵吞国家资财，被判处执行假处斩之后，改为终身流放。皇后叶卡捷琳娜滥用地位谋取私利，彼得下令查封管理财产的机构，下令不得执行她的任何指示或建议等。

他"以一条破船为基础，建立起令整个欧洲发抖的庞大的海军舰队"，将俄国领土从内陆一直扩张到了波罗的海，使俄国这个因无出海口而备受困扰的内陆国家，成为自由出入大洋的海上强国。俄罗斯几代人的梦想在他手里成为灿烂的现实。被称为"俄罗斯的国父""睁眼看世界的第一人""俄罗斯帝国当之无愧的第一人"，被恩格斯称为"真正的伟人！"

（二）和平教育的人性论争

与"和平教育"相关的人性论争执主要集中在暴力是否源于人的本性上。教育要发挥促进人类永久和平的功能，需要重新定位学校角色，以培育和平文化为核心，推动和平教育在学校的广泛开展。把维护人类和平的信念根植于每个人的心中，人类永久和平的理想就有可能实现。

1. "乌托邦"与现实的碰撞

"乌托邦"是人们基于对社会变革的责任和义务而超越于给定的现实社会，并对不可能最终实现的、终极性的社会理想状态的一种构想或设计，代表着人类对某种社会理想的目的性追求和期待。

尽管联合国教科文组织在推行国际理解教育的过程中力求在全球范围内确立某些共同价值，但是对于人类来说，普遍价值的追求似乎是永远的乌托邦。作为国际理解教育实施主体的各国，都从本国的政治经济制度、国际社会中的地位、实施国际理解教育的必要性等角度出发，确定国际理解教育的目标与方向。此外，随着近年全球化进程的加快，各国均感到有必要进行与全球化相关的教育。

作为国际理解教育实施主体的各个国家都是从本国的实际情况出发确定国际理解教育的目标和实施策略。即使在美国，1948 年全美教育协会发表的《美国学校中的国际理解教育》报告中同样强调国际理解教育应培养"好"的美国市民，对于应该培养"全球公民"还是"合格国民"的问题一直存有广泛争议。

尽管韩国的国际理解教育较为紧扣教科文组织的精神，但同样具有鲜明的国家色彩。以解决全球化给韩国带来的国内问题为出发点，促进国家的发展。韩国认为，"全球公民"以"合格国民"为前提，把"合格国民"和"全球公民"的培养作为韩国国际理解教育的两个轮子。

泰戈尔说，最好的东西不是独来的，它伴了所有的东西同来。在教育改革的路上，走出"乌托邦"，才能真正去拥抱美好。

2. 不健康的学校教育将威胁到社会的生存

教育是国家凝聚力形成的重要依托。《21 世纪和平和正义海牙议程》指出："当全世界的公民都理解全球问题和掌握解决冲突的技巧，愿意为正义而进行非暴力抗争，以保护人权和平等的标准而生活，尊重地球和每一个人时，和平文化才会被接纳。这种学习只有通过系统的和平教育才能获得。"教育就是向下一代传授社会共有的知识、价值、行为规范和信念。只有把和平文化作为学校教育的核心，作为一种教学方法和组织原则融入到家庭、学校和社区之中，才能从根本上夯实和平的文化根基。

日本和德国的法西斯主义教育最为典型。在日本，明治维新以后的学校就在不断强化效忠天皇、尚武和绝对服从、称霸亚洲的军国主义教育，最终确立了军国主义教育体制。据统计，"二战"结束前夕，包括师范学校在内，当时高等教育机构的男女学生总数约 28 万人，其中 18 万人（占 64%）属于参战动员对象，大批青年学生走上前线，充当了战争炮灰。针对日本军国主义开展的教育活动，一些基督教组织和进步的社会活动家曾提出过和平教育的口号，但立即遭到日本政府的残酷迫害。与此相似，纳粹时期的德国学校通过鼓吹国家社会主义思想，灌输日耳曼民族绝对优越于其他民族的信念，强化学生为"元首"和民族奋勇献身的理念，从而沦为法西斯主义的帮凶。

在杜威看来，教育的根本目的在于帮助学生理解所处的环境并控制环境，而不是被环境所控制。在这之后，另一位持进步主义教育观点的学者乔治·康茨更大胆地提出"学校能否敢于建构一个新世界"口号，认为不健康的学校教育将威胁到社会的生存，教育是改变社会现实并建构美好未来的关键要素。

3. 质疑：日本政府在一些国际性事件中的态度

1947 年日本《教育基本法》中写道："我们已表示决心，首先制定日本国宪法，建设既有民主又有文化的国家，为世界和平和人类福利事业做出贡献。这一理想的实现，从根本上来说是取决于教育的威力。"

质疑 1：回避对第二次大战中的战争责任。连德国人也斥之为"这是一个倒退"。日本极力回避对话战争的性质和责任，蓄意淡化和掩盖日军的侵略暴行，刻意强调日本遭受美国原子弹轰炸的事实，过分渲染日本民众遭受核打击的凄凉与悲惨，企图凭借日本民众支持战争来揭示战争的正义性。

政府官员参拜靖国神社，无视国际社会的指责。

质疑 2：谋求日本文化的霸主地位。日本统治集团极力宣扬日本文化有其政治意图。就是在"世界文明衰落"的今天，用"优秀的日本文化"拯救世界文明。日本积极倡导"东洋文化"，主张建立以日本文化为代表的"东洋文化圈"，其目的就是迎接世界文明中心向亚太地区转移，谋求日本在这一地区的霸主地位。

质疑 3："岛国的劣根性"。日本是一个岛国，宽阔的海洋将日本与大陆分割开来，长期的封闭环境造就并纵容了某种文化劣根要素的畸形发展，出现了"岛国根性"。日本军国主义教育的流毒使一些年轻人将其他民族视为劣根民族。比如，称中国为"支那"而拒绝称"中华"。

（三）宗教和科学是"对人类具有影响的两种最强大的普遍力量。"

宗教宽容思想是各种宗教间最重要的交汇之处。对它的进一步发掘和发扬，无疑会对宗教理解与教育活动的开展产生积极的推动作用。

1. 三大宗教教义中的和平箴言

信仰教育。信仰是人对理想境界的永恒憧憬和追求。信仰是心灵的归宿。

基督教是西方宗教传统中唯一基于和平、爱、非暴力训示的宗教。

佛教对内心的和平最为强调。所谓"圆寂"可以解释为"圆满的和平"，无有众苦、无有挂碍、无有恐怖、得大自在、得大安乐，这是佛教徒所追求的最高境界，是真正圆满的和平境界。

伊斯兰教认为，和平是安拉的一个内在属性。在阿拉伯语中，"伊斯兰"指的就是和平与顺从真主，强调人要按照《古兰经》的经文和传统去过有益的生活以求内心平和，并在精神上顺从真主的意愿去履行社会和家庭的义务。

（1）教堂即市民学堂，基督教可"超越精神"与"跨文化对话"

宗教既是一种上层建筑，又是一种有组织的社会实体，也是一种社会文化现象和文化载体。无论哪一种宗教，都是人类的一种特定的感情和体验，是人类利用形象思维创造的一种超越现实的领域。宗教不仅使人们心灵深处的痛苦得到安抚，而且可以让人们树立起对生活的勇气。

儒家认为："万物并育而不相害，道并行而不相悖"。这也是我国开展宗教理解教育的思想基础。宗教作为人类历史上一种悠久而普遍的社会现象，是人类持有的精神生活的组成部分。

无论一个人是否有宗教信仰，无论一个人信的是什么教，生命的真正使命，就是去追求幸福，我们生命的每一个举动，都是在往幸福之路前行。

（2）宗教宽容也是许多宗教所遵从的基本精神

宗教本身就是一种超自然、超人间的力量，来满足人们的心理需求。一方面，宗教宽容的精神表现在，它将神恩赐予那些虔诚的、严于自律的信奉者。另一方面，则是作为一种宗教思想而提出，或是在其发展过程中总结出来的。在西欧，16世纪的宗教改革运动，使宗教宽容的思想取代了天主教对"异端"的残酷惩罚。1598年法国亨利四世颁布"南特敕令"，在欧洲历史上首次肯定了宗教宽容的原则。它确认了胡格诺教派的宗教和政治经济权力，缓和了几乎失控的法国政局和宗教战争。这一宗教宽容的原则虽然只表现在基督教内部，但它是在经历了血腥的宗教冲突之后，得出的唯一有效的思想和方法。"其效果也是树立起了思想独立和自由的原则。"另外，与世界各国宗教相比，中国宗教在其历史发展中形成的"儒家、佛教、道教"互补的特点，是十分突出的，可以说是各类宗教关系处理的典型。

（3）宗教、科学与人文精神是人类认识世界的三种不同原则与方法

宗教的真理观以道观道，科学的真理观以知识为基础（知识论、方法论），人文精神的真理观以生活世界为基础（人道主义）。三者在不同语境中同时展开了对各自真理观的不同方式的关注与探索：

宗教主要可以提供某种方向性思维：合理（合规律合目的）愿望中的"先导

性假设"——某种信念；

科学主要可以提供手段——具体方法与工具；

人文精神主要可以提供生活世界，以人为本的价值取向。人文精神的最重要特征：坚持人的价值以及宇宙自然规律中的真善美。

就人类文明史的发展渊源而言，宗教和科学是"对人类具有影响的两种最强大的普遍力量"。人类是全体成员都相互依赖的大家庭；全世界的各大宗教应当停止为寻求高地位而相互争斗，应为人类的福祉进行合作，通过不同宗教间持续的和创造性的对话，将其密切联系在一起作为共同的精神追求，放弃分裂的教条和排他主义。

2. 民意，是一颗璀璨夺目的珠宝

斯大林选定马林科夫做自己的接班人，用心良苦。"斯大林的个人独裁建立在三种力量平衡的基础上。这三种力量是党内官僚、镇压机构和实际上管理着经济工作的懂技术的领导人。"唯有倡导科技治国的人当政，才能给苏维埃政权带来一丝希望。倡导科技治国的马林科夫接手了斯大林的工作，便锐意图强。他认为：国家的首要事业是农民的复兴！在取消农业赋税的同时，还允许农民把自留地扩展4倍。于是群情振奋，当时民间流传的谚语颂扬说："马林科夫上了台，大饼天上掉下来……"。

改革的实质是一个调整利益分配机制的过程。一旦触犯了某些权贵和既得利益者，他们怎么会善罢甘休呢？反对马林科夫的密谋终于变成了互相勾结的联盟，1955年2月，马林科夫被解除了部长会议主席的职务。那进行了为期两年的改革，变成了昙花一现。

人心的冷暖是政治家操纵不了的。马林科夫倡导的改革，深深地赢得了民心。人民对于领袖的喜爱与否，是对政治家功过的历史评判。即使你口号喊得再漂亮，喇叭吹得再响，人心的冷暖是绞尽脑汁也操纵不了的！

3. 协商民主：一种新型的民主形态

协商民主理论，是20世纪晚期兴起的一种民主理论，它吸收了各种民主理论的合理成分，是民主制度的一项新设计。它强调公民是民主体制的参与主体，主张公共政策必须经由公共协商的过程，在自由、平等的公民之间进行讨论、对话和争辩，在此基础上形成决定，从而让公共政策在实质上符合更多公民的利益，而不只是在表面上体现了公民的意志。

（1）黄炎培和毛泽东"窑洞对"：跳出这个周期律

1945年7月4日下午，毛泽东邀请黄炎培到他家里做客，整整长谈了一个下午。黄炎培说："我生六十年，耳闻的不说，所亲眼看到的，真所谓'其兴也勃，其亡也忽'。一人、一家、一团体、一地方、乃至一国，不少单位都没能跳出这个周期律的支配。""大凡初时聚精会神，没有一事不用心，没有一人不卖力，也许那时艰难困苦，只有从万死中觅取一生。继而环境渐渐地好转了，精神也渐渐放下了，有的因为历时长久，自然的惰性发作，有少数演为多数，到风气养成，虽有大力，无法补救。也有因为区域一步步地扩大了，它的扩大，有的出于自然发展，有的为功业欲驱使，强求发展，到干部人才渐渐竭蹶、艰于应付的时候，环境倒愈加复杂起来，控制力不免薄弱了。一部历史'政怠宦成'的也有，'人亡政息'的也有，'求荣取辱'的也有。总之，没有能跳出这个周期率。"

黄炎培这一席耿耿诤言，掷地有声。毛泽东高兴地答道："我们已经找到了新路，我们能跳出这个周期律。这条新路，就是民主。只有让人民来监督政府，政府才不敢松懈；只有人人负责，才不会'人亡政息'。"

（2）协商民主把协商从政治手段上升为制度安排

协商是一种交往形式，通过共同商量寻求共识、达成协议、协调行为的途径。作为一种政治运作手段，协商一直存在于各种政治活动中。协商民主把公民公共意志的协商放在首位，公民不仅拥有平等的投票权，还拥有平等有效地参与集体决定过程的机会。协商不再局限于政党、利益集团、政治精英，而扩展到整个社会，普通民众在一定意义上获得了平等的话语权。

协商民主建立了较为包容、平等、公正、自由的讨论沟通机制，以求达成在公共利益基础上社会成员广泛接受的共识。公民在协商过程中分享彼此的观点，分析彼此产生分歧的原因，不断修正自己的观点，从而达成更大的共识。

协商民主以和谐为核心价值观，以求同存异、体谅包容为原则，以建立平等协商、对话、协调的机制为保证，以达成各方利益表达、各种矛盾化解为重点，以实现公共利益最大化为取向。

二、民族精神是支撑一个民族生存的基石

民族精神是反映在长期的历史进程和积淀中形成的民族意识、民族文化、民族习俗、民族性格、民族信仰、民族宗教，民族价值观念和价值追求等共同特质，是指民族传统文化中维系、协调、指导、推动民族生存和发展的精粹思想，是一个民族生命力、创造力和凝聚力的集中体现，是一个民族赖以生存、共同生活、共同发展的核心和灵魂。

（一）留取丹心照汗青——文天祥

民族英雄是指维护国家领土、领海、领空主权完整，保障国家安全，维护人

民利益及民族尊严，在历次反侵略战争中，献出宝贵生命和做出杰出贡献的仁人志士。

1. 文天祥：宋末著名的民族英雄

文天祥是中国人的精神代表，中国人要是人人都像文天祥，那么谁也不敢来侵略。文天祥在宋末的时候，本来想保护宋朝，令它不致于灭亡，可是他的力量没能做到。有人会说："既然他没有成功，我们为什么要效法他呢？"天下事本来就是有的能成功，有的不能成功。虽然他没有成功，不能保住南宋，可是他的精神是永远存在的，他的正气是永远不朽的，他这种硬骨头是值得人人钦佩的。

文天祥那首千古不朽、气壮山河的《正气歌》，也就是在这种情况下写出来的，为炎黄子孙留下永恒的遗产！

文天祥威武不屈，不为名利所惑，视死如归。文天祥慷慨成仁，就义的第二天，文夫人在他的衣带间发现一篇赞："……孔曰成仁，孟云取义，惟其义尽，所以仁至。读圣贤书，所学何事？而今而后，庶几无愧！宋丞相文天祥绝笔。"文天祥这种崇高气节，连元世祖都不禁称赞他为真男子！

陶渊明是有骨气的，他宁可"采菊东篱下，悠然见南山"，也不为五斗米而折腰。司马迁是有骨气的，被宫刑之后，写下流芳千古的《史记》。文天祥是有骨气的，被俘虏之后，拒绝投降，愤然写下万世绝唱《过零丁洋》——人生自古谁无死？留取丹心照汗青。

2. 一个杰出人物若能有宽广的胸怀，就会涌现出千万个杰出人物

（1）20世纪的中国，站在时代前列的三位伟人——孙中山、毛泽东、邓小平。在他们身上集中体现的精神：

——救国救民，追求民主共和的革命精神、民主精神。

——胸怀祖国，忧国忧民，为振兴中华而奋斗，强烈的历史使命感、社会责任感，天下为公的爱国精神。

——不怕挫折，意志坚强，顽强斗争，勇往直前，永不言败，愈挫愈勇的不屈不挠精神。

——与时俱进，积极进取的开拓精神。

中外历史上涌现出的对历史进程产生重要影响的历史人物，他们的杰出贡献，为社会进步和人类文明的发展，起了重大推动作用。这些杰出历史人物的出现，既顺应了社会发展的需求，同时又与个人勇于开拓创新以及高度的社会责任感和使命感是分不开的。

（2）何为思想

"思"是思考，"想"是思索。"思想"就是经过思考和探究而产生的思维结果。思想本身似乎就带有一种悲壮的色彩。只有那些富有叛逆精神的思想家，才敢于冲破禁忌，以高屋建瓴的异常思想启人心智，唤醒民众。思想力是人类行为的碑石，是一个人经过成功和失败的洗礼后形成的。

思想堪称永恒的智慧。关于思想力的作用，有人比喻说，个人勇猛善战，是个好士兵；带领人勇猛善战，是个好将领；鼓动人勇猛善战、不畏牺牲，是个好统帅，而这就是思想家的本事。

（二）俯首甘为孺子牛——鲁迅

"孺子牛"出自《左传·哀公六年》中记载的一个典故，原意是表示父母对子女的过分疼爱。后来伟大文学家鲁迅《自嘲》中的"横眉冷对千夫指，俯首甘为孺子牛"名句使"孺子牛"的精神得到升华，人们用"孺子牛"来比喻心甘情愿为人民大众服务、无私奉献的人。

1. 中国科大"孺子牛"雕塑

"孺子牛"雕塑是中国科学技术大学的文化象征物之一。它因而成为20世纪80年代科大人的精神图腾———科大人将骨子里的追求卓越、攀登科学高峰的雄心壮志，通过一个昂扬的雕塑进行了一次含蓄的抒发。

"孺子牛"雕塑给了无数科大人鼓舞和启迪。有人描述道："看着这孺子牛，你仿佛感到它周身有奔涌的热血，感到它喘息喷吐的热气，听到它短促而振聋发聩的咆哮。昏庸的，在这里头脑清醒；软弱的，在这里挺直腰杆；忘本的，在这里记起过去。做孺子牛，吃进草，挤出奶，负重远行；做孺子牛，鞠躬尽瘁，死而后已。"

耶稣为门徒洗脚。耶稣是什么样的王、什么样的主呢？耶稣为门徒洗脚，他说"谁愿为大，就必做你们的用人，谁愿为首，就必做你们的仆人，正如人子来，不是要受人的服事，乃是要服事人，并且要舍命，做多人的赎价"。不但没有一点作威作福的意思，反过来，是要为天下的人舍命。

2. 鲁迅的方向，就是中华民族新文化的方向。——毛泽东

毛泽东主席《在延安文艺座谈会上的讲话》中说："鲁迅的两句诗：'横眉冷对千夫指，俯首甘为孺子牛'，应该成为我们的座右铭。'千夫'在这里就是说敌人，对于无论什么凶恶的敌人我们决不屈服。'孺子'，在这里就是说无产阶级人民大众。一切共产党员、一切革命家、一切革命文艺工作者，都应该以鲁迅为榜样，做无产阶级和人民大众的'牛'，鞠躬尽瘁，死而后已。"极其精当地阐述了诗中这一联的正面意蕴，也画龙点睛地揭示了全诗的主题。这对于我们正确深刻

地理解鲁迅诗中表达的思想无疑很重要。

鲁迅以笔代戈，奋笔疾书，战斗一生，被誉为"民族魂"。"横眉冷对千夫指，俯首甘为孺子牛"，是鲁迅一生的真实写照。鲁迅先生的著作、译作、书信等是留给后世的珍贵文学遗产和精神财富。鲁迅敢于打破现实的和传统的禁忌，直言不讳地撕破统治者的道具和遮羞布，把血淋淋的现实揭示出来，虽然这有时显得很残忍，但这总比让人麻醉而沉沦要好得多。鲁迅说，杂文是"感应的神经"，它能够"对于有害的事物，立刻给以反响或抗争"，从而为新文化、新思想的发展在旧文化、旧思想的荆棘丛莽中开辟出一条蜿蜒曲折的道路。

鲁迅的一生是为中华民族的生存和发展奋斗的一生，他用自己的笔坚持社会正义，反抗强权，保护青年，培育新生力量。毛泽东评价说："鲁迅的骨头是最硬的，他没有丝毫的奴颜和媚骨，这是殖民地半殖民地人民最宝贵的性格。"

鲁迅是有超越性的思想家，尽管去世几十年，但他当年所思考、所焦虑的问题，直到今天还是新鲜的。近百年来，有那么多知识分子，但对中国文化了解最深入的，鲁迅可能是第一人。鲁迅独具慧眼，他发现了中国和中国人，特别是中国传统文化中衍生遗留的一些问题、弊病，现在还大量存在于社会中。鲁迅是我们民族精神普遍溃败时的中流砥柱。

（三）教育的精神

美国哈佛大学：教授治学、学术自由、崇尚创新的办学理念，被视为美国精神的象征。

1. 重视"精神扶贫"

让教育从生活开始，与生命同行：以尊重生活、尊重生命为内涵，让个体生命诗意栖息。课程，从科学世界到生活世界；教学，从知识课堂到情知互动。

什么是课程？课程即"跑道"，"跑道"的铺设既是为了孩子们明天的幸福，也是为了他们今天的幸福。情知互动是一种充满情智氛围和生命活力的课堂生活，是讲究生命诗意的课堂。

教师应成为教育细节的思考者。教育无小事，事事关教育。当前教育中，择校、教育均衡、教改、教育公平、课业负担、学生心理等现象和问题，我们似乎都已经习以为常，但这些问题的细节确实值得我们深入的反思。细节，可以让90分变成100分。

重视基于国际理解教育的校本课程开发，可以弥补学科教学中国际理解内容的不足，丰富国际理解教育的形式与材料。学科教学的任务围绕教学标准展开，在其中渗入国际理解教育的理念并不能改变其学科知识教学的中心任务。学科教材本身承载有关国际理解教育方面知识的能力有限，教学方式也稍显单一，要在中小学深入开展国际理解教育仅靠学科教学是不够的，必须辅以相关的校本课程。

全球视野中的课程设计。课程设计就是指课程的组织形式或结构。课程设计基于两个层面：一是理论基础，即学科、学生、社会；二是方法技术，指依照理论基础对课程各要素——目标、内容、策略、评价，做出安排。课程设计随教育观、课程观的不同而不同，有注重知识因素、注重社会因素、注重学习者因素三种取向的设计。

2. 实施智力聚焦

以人民为中心的发展——教育与文化的最终目标。发展以"人类潜力的充分展现"为实质内涵，发展是教育和文化的最终目标。

（1）教育最应该教给孩子什么

很多人说是知识，很多人说是学问，但是龙应台认为，需要教给孩子"制度性教育该教而没有教的两件事"。

第一，制度性教育教你如何与别人相处，没有教你如何与自己相处。第二，制度性教育教了你如何认识"实"，但没教你如何认识"空"。个人在群体中如何进退贯穿整个儒家思想，但是儒家极其讲究的个人修身、慎独的部分，在现代化社会里，却被忽视。独思的时间，独处的空间，不在我们的课程设计里。医学课本会告诉你如何对一个重度忧虑患者开药，但是，卡夫卡的《蜕变》展现的是这个忧虑病患比海还要深、比夜还要黑的内心深沉之处——医学的任何仪器都测不到的地方，他用文学的 X 光照给你看，心灵的创伤纤毫毕露。

教学目标、教学实施、教学评价一体化设计。学习目标既是教学的出发点，也是归宿。它是教学的灵魂，支配着教学的全过程，并规定着教与学的方向。教学要通过评价来检测和反馈，教学和评价都要基于课程标准，则都要与学习目标相匹配。如果说学习目标是"要去哪儿"，学习评价是"到哪儿了"，学习活动就是"怎么去哪儿"。显而易见，只有保持"目标－评价－活动"的一致性，才可能会有好的结果。

（2）发展是教育和文化的最终目标

现代技术潜藏着解决经济问题稳定课题的希望。依靠高新科技，加快经济的复苏。拥有发达的教育、科研和技术推广体系，国民的素质就会普遍较高。在发达国家，农民的素质普遍较高，农场主普遍接受过正规教育，大多具有大学学历，有的还有硕士、博士学位，少部分只有高中学历的，也都受过专门的农业职业教育。他们不仅懂田间栽培技术，会熟练操作各种农业机械，还熟悉农产品市场，会经营管理。

把可持续发展战略作为推进城市化进程中的重要指导思想。城市是社会进步、财富产生、全球化、科技教育发展、精神能源的创造和人口控制的基本手段；城市也是资源消耗、贫困人口和工业污染的集中场所，是城市病的病灶。维护城市的可持续发展，建设具有可持续发展的城市，是实施可持续城市化战略的核心内容。

3. 互联网＋教育＝？

随着互联网、大数据、云计算等技术的发展，人们接收与反馈信息的方式会发生巨大变化，人类的学习模式也有可能因此改变。

（1）"互联网＋教育"会生成什么？无疑是智慧教育

教改改什么？改观念！翻转课堂转什么？转理念！大数据能够为每位学生创设量身定做的学习环境和个性化课程，进行定向"靶标式"推送。"数据改善学习有三大核心要素：反馈、个性化和概率预测。""在未来，学习绝不会是按照一本给定的教科书、一门科目或课程，以同样顺序和步调进行，而将是有数千种不同的组合方式。教师不再需要凭借主观判断选择最适合教学的书籍。"

"翻转课堂"与"导学案"教学联动共生，就是以"导学案"文本为指导，把"翻转课堂"的教学视频作为一种新概念引入教材，从时间和空间的维度重构新的课堂教学模式。建立以网络信息技术为支撑、以"导学案"为指导的视频学习平台，实现学生、教师、家长之间的有效互动，同时也实现课堂与课外在时间和空间上的有效延伸和衔接。

（2）互联网解构与重构学习模式与教育体系

"互联网＋教育"将改变教育。大数据促进了教育和技术的结合，吸引着投资人的目光。当前的在线教育产品，基本只做到了"互联网＋教育"，或者"互联网×教育"，未来更具颠覆性的产品应该是"互联网÷教育"，即用互联网解构传统学习模式与教育体制，并且重新制订一套新的教与学互动模式，这将改变人类几千年以教师为中心的授课模式。虽然目前尚未有创业者探索，但这在不远的将来必然成为事实。

互联网的三个关键词是互动、联系、网络，"互联网＋"思维的三个本质特征是民主、开放、平等。用好"互联网＋"新思维：一是巧用大数据，精准把握社会需求，推进学校教育适应产业发展；二是活用新技术，建好网络课程资源，推进教学内容对接一线需求；三是善用新思维，启用新空间，推动学生创新创业。重视、适应和用好"互联网＋"，是全民职业教育的时代命题。"互联网＋"作为国家重大战略，"互联网＋"行动计划已成为社会发展的新模式。

三、教育需要"外行者来搅局"

比尔·盖茨预言"5年以后，你将可以在网上免费获取世界上最好的课程。""大数据时代的教育，将变成一门实实在在的实证科学，而这，正是教育的进步。"教育不改变，有人就会改变教育；教师不改变，有人就会取而代之。网络时代，技术使学习更强大，传统学校拿什么吸引孩子？这是摆在教育者面前不容忽视的新问题。

（一）教育应有更大的宽容空间

国际理解教育的实施必须要与学生当前的课程相联系，倡导复归生活的教育，提倡切入异域文化的生活世界，提倡切身积累、体验与实践。不论是教育目的、教育内容、教育手段还是教育过程，国际理解教育强调动态的文化理解和可持续发展的教育理念。

1. 国际理解教育从根本上说，是一个自主学习的过程

世界银行提出——提升教育质量的6个要素：

要素1：评估。

基准和基于基准的学业成就评估是以提高教育质量为目标的教育规划和改革的基石。如果一个国家不能确定该国的教育体系目前处于什么位置，将很难有所改进或实现既定目标。

要素2：自主权。

赋予学校自主权，将决定其质量改进。自主权对于改变教育体系的潜能，取决于自主权增加是否伴随问责机制的改进。

要素3：问责制。

自主权与问责制密切相关。随着决策权的重新分配，地方政府、校长、教师和学生都被赋予了新的参与资源分配和学校活动的责任。

要素4：关注教师。

世界各国的相关研究都发现优秀教师能够有效帮助学生提高学习成绩。高绩效学校体系都是从最优的1/3毕业生中招募教师，在职培训也有助于帮助教师保持这些技能。

要素5：关注学前儿童发展。

学前儿童发展可能是一项成本效益最高的教育投资。实证研究结果表明，高

质量的学前儿童发展干预，增加了教育成功机会，也提高了成人生产力，并降低了随后的公共经费支出。

要素6：关注文化。

文化非常重要，但通常被忽视。研究发现，使用母语作为教学语言的学校，学生出勤率、升学率更高，而复读率和辍学率则较低。

总之，成功的教育体系改革需要教学因素和结构性质量因素的结合。为了提高教育质量，各国必须确保建立一个基准体系，以确定目前的学习水平和未来的学习目标。

2. 综合学习时间是进行国际理解教育的有效方式

（1）综合学习是一种新的课程形式

相对于现在普遍采用的分科教学，综合学习时间是一种新的课程形式。它打破了学科、科目、单元的界限，是为综合地学习知识、技能或思维方式、学习方法而设计的综合学习活动。它在课程设置、课程内容、课程形式等方面都具有很大的灵活性。在进行国际理解教育时，一种是跨学科型"综合学习"；另一种形式是以某一主题为核心，邀请具有不同文化背景的学生共同参与，或者由老师就这一问题在其他国家的状况对学生进行详细地讲解，使学生增强对这一问题的认识。

（2）对我国的中小学教育的建议

首先，客观认识本民族的文化，树立文化自信。进行国际理解教育，必须对自己本民族文化的历史发展和现状有一个清醒的认识。不仅要认识到中华文明曾经有过辉煌，也要意识到自身存在的问题。在与其他文明交往中，尤其应该注意这些方面，争取消除不足，使得我们的民族更好地完善自己，更好地屹立在世界民族之林。

其次，充分理解异文化，树立文化安全意识。当今世界，以各自文化为载体的民族问题，越来越成为世界上的焦点问题，了解一个民族就要了解他们的文化。在与各个民族的交往中，在努力保持本民族文化特点的同时，要积极主动地去了解其他民族文化的特点，以便在交流和对话中，对本民族的文化有所启发，以弥补本民族文化的不足，促进本民族文化的发展。

最后，作为知识传授的教育者直接影响到受教育者的思想，作为教育者的教师在学好本专业知识的同时，要适当地进行一些国际理解教育的学习，以避免教学中出现一些文化不自觉的现象，影响学生对其他民族文化的吸收，以及对自己本民族文化的定位。

（二）精确的分数不一定是正确的评价

明确班级、学生的常规工作标准，大家能够基本达到标准就可以了，不用分分计较。这样，大家能在一个理性、宽容的氛围里，将着眼点放在真正的教育上，用更多的精力和时间去关注孩子们的心灵，去呵护他们的成长。教育变得心平气和，老师们也不再焦虑烦躁。他们开始在常规检查的得分和失分背后去分析问题，解决问题。教育回归了本原。

1. 教育需要把"人"找回来

教一个大写的"人"，育一个完整的"人"——知识与能力之外，健康的素养、心态，善良的品性，一样重要。

（1）教育终极目的就是"人的教育"

学校德育成效与目标之间仍有落差，在"高要求"的背后往往藏着"低产出"之尴尬。现在的学生难教，蛮办法不行、老办法不灵、新办法不明。

就家庭教育而言，罪在功利主义和精致利己主义。不少家长认为，孩子接受学校教育，目的是"三好"——考一个好分数，进一所好学校，找一份好工作。至于"第四好"：把孩子培养成一个好人，则没被摆到应有位置。个别甚至出现"5+2＝0"（五天的学校教育加上 2 天的家庭教育等于零教育）现象，家庭教育负数抵消学校教育的正值。

（2）"人的教育"就是公民教育

让学生智力得到发展的同时，养成一个与社会发展相适应的、合格的公民。教师要有"五心"：要有一颗爱心，热爱教育，与学生以心换心，要让学生真正能感受到教师无私的爱，高尔基说过，"谁爱孩子，孩子就爱他"；要有热心，对生活、对人、对未来有热情；要有耐心，教育工作要细水长流、润物无声，要精心设计好每个班会、每次活动和每节课；要细心，学生的个性不一样，要促进学生全面发展，要了解学生；要有一颗真心，教育好学生必须和家长沟通，和家长形成合力，共同育人。

2. 国际理解教育所倡导的教育理念和教育目标与素质教育的方向是一致的，是对素质教育理论和内涵的充实和丰富。

（1）教育选择就是社会选择

寻求社会凝聚力是国家在许多领域行动的特点。"教育社会"的概念还应促使缩小技术性工作和非技术性工作之间的差距，这种差距是当今世界不平等现象的主要根源之一。一切教育改革均应意识到排斥的危险，均应探讨保持社会凝聚力的必要性。

例1：英国2010～2011年教育督导报告——教育面临四大挑战。

挑战1：如何处理失败。英国教育标准局面临的最困难但最重要的任务是把一些学校评估为"不合格"。

挑战2：如何提高学校的斗志，尤其是那些总处于合格线上的学校。在参与督导的所有学校中，有14％的学校在最近两次督导中都被评为合格，并且没有继续改善的能力。

挑战3：改善教学质量。每个教育机构的核心都是良好的教学水平，这就要求领导者对改善教学给予持续的关注，促进教师教学实践水准的提高。但是，学校的教学质量参差不齐。在督导中，教学水平处于"合格"等级的占大多数，只有3％的中学和4％的小学的教学质量被评为"优秀"。

挑战4：确保最有需要的学生和学习者得到最好的服务。

（2）教育应为一个目标服务

"发展"应当是人人都过上更好生活的一种乐观的许诺。人的持久发展应被理解为通过提高人的所有活动的质量取得的进步。为了有更好的生活质量，我们应当丰富自己的知识，应当在科学和技术、社会科学及人文科学等领域中不断取得进步。

例2：伦敦市长教育调查关注六大主题。

伦敦是创新之都，因其文化、艺术和科研的成就举世闻名。伦敦非常希望成为教育的引领者，对伦敦的学校总体评价是："正在朝着正确的方向前进，但还不够好"。

主题1：伦敦教育环境。

主题2：学位、经费和结构体系。

主题3：教育标准和不达标情况。

主题4：学生行为和出勤情况。

主题5：为全球化城市中的生活做好准备。

主题6：合作伙伴关系。

3. 国际理解教育首先应该是有"根"的教育

坚持做有"根"的教育。国际理解教育首先应该是有"根"的教育，抓住三个关键词："适度、边界、聚焦"，把握好国际理解教育的"质量、权重与深度"。立足本土，立足传统，深扎"中国根"，方能放眼世界。我们以民族文化、传统文化润养童年。坚持做有"根"的教育，加深理解，扩大共识。注重培养孩子们获取信息的能力、分析鉴别的能力、国际交流的能力，以适应国际间的合作与竞争。

随着教育国际化的发展，跨文化学习已成为教育的重要组成部分，校园即世界。而在基础教育国际化进程中，应该从西方汲取人才培养的先进经验，改进我们的教育；在国际理解教育中，要为培养具有中国灵魂的世界公民奠定基础，为培养具有创新能力的人才奠定基础。

在国际理解教育中，对"生命"的理解变得丰富。做有"根"的教育，需要以人为本，立足于学生和教师的需要，需要就是空气、就是土壤、就是水分，它们是生命存在的基础和根本，我们的教育环境就是给予它良好的空气、土壤、水分。有根的教育，需要实实在在去做。根，是脉络纵横的，它的数量之多、分布之广常常让人赞叹，一个人成长的生命之根，难道不也是这样吗？所以，教育的精细、教育的耐心都是生命之根成长的必需，实实在在做教育，细致耐心地去做，没有做不好的。

（三）睡狮已醒：走"中国式"智慧教育之路

邹容在《革命军》中直接将中国比作睡狮："嗟夫！天清地白，霹雳一声，惊数千年之睡狮而起舞，是在革命，是在独立！"

1. 找回失落的精神世界，教育是"一个人心灵的唤醒"

人的发展包括三个层面：即生理层面、心理层面、社会层面。教育是跨文化理解的重要载体和工具，而学校教育更是其中的重点。根据联合国教科文组织提出的"四个学会"，结合区域和学校的实际情况，编写国际理解校本教材、开展专题研究、加强外语教学等，这些都是推进国际理解教育的主要举措。

例：国际化的浦东呼唤着国际理解教育。

浦东设想把国际理解教育作为新区的一张教育名片。浦东新区中小学生开展的国际理解教育，以增进学生对中华民族文化认同感为基点，以提高学生汲取国外优秀文化的能力为视野，在民族性与国际性的融合中走向世界。

浦东推动的国际理解教育项目，不强调为学生专门举办的国际部或者国际班，注重从引领中国学生学习外国语言、文化起步，到拓宽国际视野、培养国际素养，最终让理解、尊重、民主等国际教育理念深入学生心中，这不能不说是教育国际化的一个方向。

2. 世界银行提到中国教育战略性问题是："公平、质量、效率"

建立现代教育制度。"现代教育制度"，是指建立在原有学校制度基础上能够适应经济社会发展要求的，以现代教育观为指导，以完善的学校法人制度为基础，学校依法自主、民主管理，依法办学、规范办学，在实践中优化出一套可操作的完整的能够促进学生、教职工、学校以及学校所在社区的协调和可持续发展的制度体系。它具有继承性、人本性、民主性、法制性、科学性、适应性、发展性和开放性等特点。

长期以来，人们认为效率是发展的重要条件和因素，而公平则是发展的目的之一。而世界银行在《2006年世界发展报告：公平与发展》中，根据许多研究提出的观点认为：公平同样是发展的必要条件，"增进公平意味着经济运行的效率更高，冲突更少，信任更多，制度更合理，同时对投资和发展方面具有动态的效益"。教育公平包括：机会公平、过程公平、结果公平。我国首先要保证机会公平，然后逐步实现过程公平，而结果公平则受先天条件和后天努力的影响，不可能达到同一结果。

3. 让"人人有学上、人人都成才"成为现实

教育人常常不乏好的想法，也不乏理论，将想法和理论付诸实践上。理念犹如航海中的罗盘，理念正确，选择的方向才会正确。理念出现偏差，发展方向就会出现偏差，而且越努力，方向偏差越大。教育部门和学校提升教育理念，树立和倡导先进的教育理念，做先进教育理念的倡导者、坚守者、实践者。

（1）以办人民满意的教育为出发点和落脚点

办人民满意的教育？一是谁在办人民满意的教育，二是人民满意的教育为谁办，三是什么是人民满意的教育，四是如何办好人民满意的教育。

覆盖全民的公平教育、终身教育、资源共享的优质教育，可以说是涵盖了人民满意的教育的主要内容。深化学校管理体制、教育人事制度、招生制度，大力实施"教育质量、教师素质和学生思想素养"提升工程，办人民满意的高水平教育。

（2）为办人民满意的教育凝聚起强大合力

教育是最大的民生。教育是智力支持，也是人才保障，在政策保障的同时，要持续加大对教育的投入，建一流的校园，配一流的设备，打造一支素质过硬、作风优良的校长、教师队伍是办好人民满意的教育的人才保障。

提高质量，提升内涵。对于提高教育质量，每个校长都有自己的"独门绝技"，一手抓素质教育战略主题在学校的落实，一手抓"高效课堂"，大力开展校本课程研发，校园文化、班级文化建设，校园科技节等活动，让每个学生都有出彩的机会。引导广大教师以"教学反思、同伴互助、专业引领"为核心，扎实开展校本教学研究，在课堂中发现问题，在研究中解决问题、提高质量，引导学生注重良好学习习惯的养成，不断提升校本教研和"高效课堂"的实效性，用科学的"质量观"引导教育教学质量的全面提高。

第二章　在阵痛中寻找国际理解教育的解药

国际理解教育，促使"每个人都能够通过对世界的进一步认识来了解自己和了解他人。将事实上的相互依赖变成有意识的团结互助。在实践中关注传统文化教育和国际理解态度的培养、交际技能的训练、本土化教育策略的研究以及国际交流平台的构建等内容。

第一节　以事件作为加强国际理解教育的契机

国际理解教育是一个润物细无声的过程，而师生的国际理解意识也是在潜移默化中培养起来的。利用国内外重要事件作为教育的契机，将学生的公共外交知识同深化国际理解教育相互整合，让师生意识到天下大事，事事关己。

一、治学者不纠缠说不清的学问

理想信念问题历来不易讲清楚，从哲学上把它讲清楚更难。教育应该发展学生理解其他民族文化中蕴涵的价值观的能力。寻求国际理解教育的本质：既要培养"个体"的人，又要培养"国家"的人和"全球"的人。

（一）国际理解教育的使命，就是捍卫和平、遏制冲突

人类冲突的形成和根源主要从意识形态的对立转变为文明或文化的差异和相斥。正如联合国宪章所言："在人们的心灵深处构建捍卫和平的屏障，是消灭战争的根本方法"，国际理解教育的使命就是捍卫和平、遏制冲突。

1. 国际理解教育是国家发展的战略选择

2001 年"9·11"袭击事件引起美国上下的普遍反思，美国教育理事会指出，"现在全球和平与繁荣比以往更加依赖世界各国的相互理解和积极合作。正如 1957 年苏联人造卫星上天给美国带来的挑战一样，'9·11'事件对美国的国际准备提出了挑战。但是美国显然没有为此做好准备。"作为对"9·11"事件的反应，美国教育理事会与全国 30 多所著名大学于 2002 年 5 月联名向联邦政府提

交了《超越9·11：国际教育的综合国家政策》报告，提出要培养具有全球能力的公民与劳动力的目标："未来美国在国际事务方面的努力是否能够成功，几乎完全依赖于人民的全球能力。培养全球能力是一项长期的任务，必须从小开始，外语能力的培养尤其如此"。2004年11月，前任美国教育部长罗德·佩琦指出，中小学国际教育不应该是附加的内容，国际教育内容应能够融入许多科目的教学中。

震惊世界的"9·11"事件，反映了伊斯兰教原教旨主义与西方信仰的一次激烈的撞击。面对事实，我们应该看到，对"多元文化"的理解与宽容，"学会生存""学会理解"已经成为现代人所应具备的基本能力，因此，国际理解教育的开展具有重要的现实意义。

国际理解教育是国家发展的战略选择。《上海市教育改革和发展规划纲要》第十项重要任务就是"教育国际化：让学生具备国际交流、理解、合作、竞争能力"，并明确提出，"增强学生国际交往和竞争能力。积极引进、消化国外先进课程资源，加强国际理解教育，培养具有国际视野、知晓国际规则并能参与国际交流的国际化人才"。

2. 差异管理方式

在管理方式方面，西方"直线型"思维模式与中国"曲线型"思维模式的碰撞，西方"逻辑型"思维与中国"感知型"思维的碰撞以及中西方饮食、礼仪等多种习惯差异对学校有效管理提出了挑战。

（1）适合学生发展的，就是最好的

学校提高教育质量不仅仅是提高教学成就，质量本身包含了个性和特色，特色是质量的组成部分之一，每个学校的课表都与众不同，都能体现自己的风格和特色。所以应在"追逐梦想、从心绽放"的理念引领下，致力于建设"没有观念围墙、没有心灵围墙、没有精神围墙"的现代化、国际化学校。

适合学生发展的，就是最好的。好的教育是在了解学生、研究学生基础上进行的教育。最好的教育就是分层和个性化的教育，学校要在用活资源方面下功夫，加大功能型教室开发力度，拓宽高校资源合作渠道，优化专用教室利用效率，促进校园文化建设，丰富学校课程资源，让学生"走班"更加充分。

（2）共同的课堂，共同的未来

新西兰的学校，教育学生具有八种价值观：追求卓越、创新与好奇、多样化、尊重他人、公正、团结合作、关心环境、诚实正直。

澳大利亚学校价值观教育的主题：关心和同情；尽心竭力；公正；民主自

由；诚实；正直；尊重；责任；理解、宽容。

印度计划在中学所有学科的课堂教学中进行"高级思维技能"培养。"高级思维技能"包括理解技能和批判性思维。引入高级技能，旨在拓宽学生视野；强调以应用为基础的问题解决，反对机械学习；目标是使学生能够建构知识，并能在真实的情境中应用所学知识。

3. 中国的孩子最缺啥

功利化和工具化是中国教育的两大顽疾。西方教育专家将中国家长称为"直升机父母"——将孩子当成赌注，以爱的名义做掩护，去逼迫他们完成自己未尽的人生目标，而毫不顾忌其兴趣爱好。现行的应试教育体制又鼓励了家长们对孩子的公开"绑架"。杨振宁说："中国留学生学习成绩往往比一起学习的美国学生好得多，然而十年以后，科研成果却比人家少得多，原因就在于美国学生思维活跃，动手能力和创造精神强。"

例：大厕3分钟——中学纪律严过军营，有学生和衣睡3年。

2015年3月两会分组讨论会上，崔永元称某中学的纪律比军营还严格：严格规定了各项动作时间，比如大厕3分钟，小厕1分钟。晨跑人手一本书或一张卷子，只为在停下来休整或等待之时，看课文背单词。

在他看来，最严重的问题在于，为了节约时间，保证上课不迟到，有的学生和衣而睡整整3年。

"教育学者看了痛心疾首，这样能培养出人才吗？"崔永元反问。

他对该校考上北大、清华等名校的毕业生做了回访，令他感到意外的是，几乎99％的孩子都表示，如果让他们再做选择，还会去这所学校，他们对学校根本没有"怨恨"。

为什么？因为他们觉得，当他们处在农村、偏远乡村时，想要离开只有走这条路，没有别的选择。

思考1：教育是使人活得更像人的事业。陶行知说："真教育是心心相印的活动，唯独从心里生发出来，才能打到心里去！"教育的真谛在于不是强加给孩子无法承受的远大理想，而是尊重他们的个性和特长，与他们一起成长。

胡锦涛主席在全国教育工作会议上说："教育观念相对落后，内容方法比较陈旧，中小学生课业负担过重，素质教育推进困难。"教育部长袁贵仁说："高考就如同道路交通的红绿灯，在目前的状态下，完全取消高考来选拔人才可能有问题。"

思考2：思想教育不要走形式，要"从心教起"。软性渗透比生硬的直接灌输好，平等对话比居高临下的效果好。价值观教育应该像调味品"盐"一样，调在我们做出的各种佳肴里，让大家吃下去有利于健康，如果让人们直接吃盐效果就不好了。价值观教育，要改变话语体系，不能一味依赖纯灌输的方法。

思考3：2005年，钱学森提出"为什么我们的学校总是培养不出杰出人才"，国家最高科学技术奖从2000年设立以来，共有20位科学家获奖，其中有15位是1951年以前大学毕业的，这足以说明问题！

（二）融化仇恨的坚冰：德国总理勃兰特之跪

1970年12月7日，时任联邦德国（时称西德）总理勃兰特到波兰首都华沙进行国事访问，当时全波兰人痛哭流泪、强烈抗议，抗议之声响彻波兰上空。然而在波兰华沙犹太人死难者纪念碑前，勃兰特为当年起义的牺牲者敬献了花圈。在拨正花圈上的丝结之后，勃兰特后退几步，突然双膝下跪。这一举动事先没有计划。事后勃兰特说："我这样做，是因为语言已失去了表现力。"他跪在潮湿雪地且冰冷的大理石上谢罪。他的这一超出礼仪的惊人之举，旋即感动了千千万万曾遭受迫害的波兰人，霎那间，整个波兰凝固了，窒息了。那愤怒的抗议声随之变成了凄惨的哭泣声。那哭声透着对死难同胞的哀思，也透着对眼前情景的无奈。那是一份感动，那是一种胸怀。也使当时在场的来自世界各地的外交官和记者们无不为之动容，赢得波兰人和全世界人的理解和信任。

为此，1971年勃兰特获得了诺贝尔和平奖，华沙之跪也被标志为战后德国与东欧诸国改善关系（新东欧政策）的重要里程碑。

1. 德国历史教科书必须包含分量足够的纳粹历史

德国是一个文化教育各州自治的国家，但对历史上德国法西斯的暴行，德国教育法专门做了规定：德国历史教科书必须包含分量足够的纳粹历史。

德国历史教科书对纳粹历史的描述是详细的，也是多角度的，除了站在德国的角度进行描述外，还站在被占领国及受害者的角度来对待纳粹历史。

严谨务实的德国教育。德意志民族素来以严谨务实著称，他们非常重视科技教育，信奉科技是第一生产力。科技源于创新，创新是德国人的法宝。

为了让孩子们从小就喜爱科技，德国的中小学把开放式教学作为重要途径。所谓开放式教学，就是尽可能走出课堂、走出学校，把社会作为更为广阔的学习天地。其中一个引人入胜的课堂就是博物馆。

德国教育有两个重视：重视对学生核心道德观的熏陶，关爱、诚实、公平、责任、尊重自我和他人；重视对学生关键能力的培养，关键能力包括自主学习能力、社会活动能力、外语能力、电脑技术。

2. 德国经济发展的秘密武器是职业教育

在德国，只有 25％的青年人读大学，75％的人都是通过职业教育之后就业，成为专业技术人才。在德国，凡是实科中学、主体中学的毕业生或不在完全中学继续就读的年轻人都有义务接受职业教育或职业培训。职业教育是德国教育的一大特色，也是德国教育的重要组成部分。

德国职业教育以工人技术等级考试标准为培养目标，强调教学与生产实践相结合，文化知识教育和职业技能培训并重，十分注意培养学生动手能力和实际操作能力，学生毕业能直接上岗。学生每周两天在职业学校接受严格的文化理论学习，每周四天在企业接受严格的实习训练。职业教育以能力培养为基础，以操作技能为核心，在教学评价方面，减少标准化考试，注重实践考核，注重技能整体性掌握和个人创新能力。

职业教育不是职业的教育，而是职业人的教育，故职业教育的出发点和落脚点应是培养具有良好职业素养的现代职业人。

3. 在成人教育中开展国际理解教育

国际理解教育是当代中国多元文化背景下发展成人教育的必然要求和选择，是适应文化多元化和全球化的重要教育手段。

第一，在成人教育目标上，要培养面向世界的中国公民，实现人的国际化。

第二，在成人教育课程上，要将全球化观念渗透到课程领域，建立一种开放性的、世界性的、国际性的氛围，使他们了解本国和世界其他地区的多元文化传统，理解并尊重他人的文化和行为。

第三，在成人教学上，要以成人发展为本，借鉴不同文化的教育教学经验和方式，强调创造性解决问题的方法和探索研究的精神，并且在教学中注重教育民主观的真正落实。

第四，在成人教育教师素养上，要求教师必须具有教育民主观，从教育内容、方法、程序尤其是教育评估上建构成人学习者独特的思想立场和人格体系，完成培养成年公民的民主理念这一重要使命。

第五，开放成人教育市场，实行市场准入，转变办学体制，使我国成人教育参与国际教育竞争。这就要求我们的成人教育树立全球观念，加强国际理解教育，使公民拥有理解、包容不同文化的胸怀，树立世界公民意识。

（三）把国际理解教育落到实处

国际理解教育作为一个富有根基的教育理念在我国正得到越来越多的重视，要使国际理解教育在我国基础教育中得到切实的推进和开展，必须在实践中关注传统文化教育、国际理解态度的培养、交际技能的训练、本土化教育策略的研究及国际交流平台的构建等内容。

1. 中小学实施国际理解教育课程目标

让学生了解多元文化、全球问题等国际背景知识，在探究和体验的基础上，初步培养学生应用国际交流语言的能力，具备跨文化交际技能，形成共享、平等、共生的全球视野和胸怀，能够从全人类发展和全球进步的角度思考问题。

在知识领域，了解世界各种文化和世界的多元性知识；理解世界的环境、和平与发展等是地球社会所面临的现实性课题；认识世界的关系，理解世界基本问题与人类自身的关系。

在技能领域，包括批判性思维能力、解决问题的能力、合作能力、想象能力、自我主张能力、解决矛盾的能力、参与意识、沟通交往能力等。

在情感态度价值观领域，使学生具有审视自我、尊重他人、容纳世界多元性的态度；具有关心世界基本问题的广阔视野；具有开放的心态、共同体意识，能够与不同伙伴共同生存。

思考 1：教育本质上是一个以学生为中心的工作，个人经历应该成为不同层次对话和学习的基础。在日常教学中应多采用有利于建立积极关系的合作学习，在多元、平等、民主的学习情境中，发展学生的积极倾听、有效沟通、谈判协商、冲突解决等技能。

思考 2：把国际理解教育作为学校、区域特色发展项目。

国际理解教育作为深化基础教育课程改革的重要内容，系统思考、顶层设计、资源统整，进行立体式架构，课程化运作，通过丰富多彩的活动，助推学校国际化发展和学生全面素质提升。

思考 3："治学者不纠缠说不清的问题，也不能算是没有学问。"学者令人敬佩，因为他们有渊博的知识和丰富的学问。试问学者治学的秘诀何在？

胡适说："大胆假设，小心求证。"张中行说："心在天上，脚在地上。"范文澜有"天圆地方"之方，解曰：天圆是灵活的头脑，地方是钻研的精神。表述言简意赅，各呈异趣，有异曲同工之妙。

2. 全面实施"能力发展"战略

中国是世界第一教育人口大国。各类在校学生总人数近 3 亿，教师总数 1 千多万。十七届五中全会明确提出：中国将由"国富"走向"民富"，实现"包容性增长"和"普惠式发展"。时任总理温家宝强调，中国发展的目标是让社会实现公平正义,让每一个中国人活得幸福而有尊严。

全面实施"能力发展"战略,包括:提高学习者的学习能力、就业能力、工作转换能力、创业能力。创建世界最大的全民学习、终身学习的学习型社会。"教育是使人活得更像人的事业和活动。"教育是人力资本,但"教育带来的好处超过了在商品生产中的人力资本",即使收入不变,一个人还是可以从教育中得益——在阅读、交流和辩论方面,在以更知情的方式做出选择方面,在得到别人更认真地对待方面等。中国新时期的教育要培养"幸福而有尊严的中国人"。

3. 基础教育国际化有 3 个层次:交流、理解、融合

从加强国际交流到国际理解,再到课程的引入发展,其根本目的就是促进师生的可持续发展;深入实施国际理解教育,将教育思想融入国际化大背景中,既学习吸收各国的先进教育教学经验,也传播民族的优秀文化,培养具有民族意识、具备国际视野、尊重多元文化的学生;把国际理解教育作为学校内涵发展的重要内容,从而提升学校教育品质,实现师生的可持续发展,让世界真正成为我们的教科书,助推师生从这里走向世界。

在各学科的课堂教学中,教师都在积极引导学生欣赏中外艺术作品;了解国内外自然科学前沿动态;知晓世界历史、地理知识;学会运用外语交流,学会合作融合,能够传承中华民族的悠久文化,尊重理解宽容他民族文化,承认文化的多样性,崇尚和平。

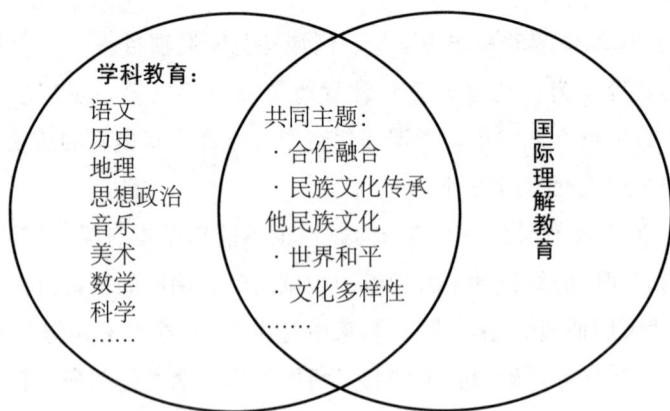

学科教育:
语文
历史
地理
思想政治
音乐
美术
数学
科学
……

共同主题:
·合作融合
·民族文化传承
他民族文化
·世界和平
·文化多样性
……

国际理解教育

高中阶段是人生发展的"分水岭",高中生分化的迹象尤为明显,学校应创设条件使学生习得或了解与日后的出路、职业相关的知识和信息。泰勒认为,"教育的基本手段是提供学习经验,而不是向学生展示各种事物"。这种观点强调学生与外部环境的相互作用,教师的职责是构建适合学生能力与兴趣的各种情

境，为每个学生发展提供适宜的条件。

二、寻找国际性与民族性之间的平衡点

国际性与民族性是文化交往中的两个不同的发展方向。民族性是一个民族、一种文化在漫长的历史中，形成的文化个性，是一个民族、一种文化的独特的尊严。国际性是不同民族、不同文化在持续交往中形成的相互理解能力。生活在多元文化中的"地球村"公民对形势的认识应该立足于本民族的历史与文化传统，但是当今世界任何事件不是只有唯一的解决方法，因此寻求共同点，相互理解、磋商、合作非常重要。

（一）地球在变小：在交流中走向世界

文化全球化，是指世界上的一切文化以各种方式，在"融合"和"互异"的共同作用下，在全球范围内流动。

1. 拓展知识视野

教师应有意识地补充介绍一些国际理解知识，同时利用现代信息技术等多种手段，指导学生根据具体教学内容查找相关信息，进行网络交流，通过学生自主学习、自我教育来渗透和推进国际理解教育。如在"国际合作"的教学中，布置这样的活动话题：国际合作涉及政治、经济、科技、文化等方面，通过网络、电视、广播、报刊等媒体，搜集材料，与同学们交流，谈个人看法。

全球的胸怀与视野。国际理解教育首先要拓宽学生的国际知识，让青少年一代了解地球、认识世界，具有宽广的全球胸怀和国际视野，知道当今世界各国文化对本国的意义，让学生从小就树立起"地球村""我是世界公民"的观念，培养学生关心人类、关心世界，学会与人协调共处，形成跨文化的适应能力，包括基本知识、技能和态度。

知识视野层面。知识视野层面是培养全球胸怀与视野的前提，使学生了解各国政治、经济、历史、科技和文化等方面的情况，了解各种社会制度的不同和联系，了解全球生态状况等。

态度情感层面。态度情感层面是培养全球胸怀与视野的核心，通过知识的学习培养学生养成开放、平等、尊重、宽容、客观、谨慎的国际理解态度，从而帮助学生跳出狭隘的国家主义和民族主义观念，从全人类、全世界的视野去理性地观察和思考问题。

行为能力层面。行为能力层面是培养全球胸怀与视野的升华，引导学生形成全面而准确地认知国外民族文化、进行跨文化对话交流的能力，合理地比较本民

族文化与国外民族文化的能力，合理地参照外国文化、促进本民族文化的能力，有效地向国外传播本民族文化的能力，培养学生学会接纳、关心和尊重不同文化形态和各民族的风俗习惯，关心人类共同问题等能力，形成全球的胸怀和视野，从而使学生具有较高的国际责任感，提高学生的国际意识。

例：2012 年新教育国际论坛《宁波宣言》。

教育在本质上是"对于人类所创造的思想文化的自觉传承活动。"每个民族在不同的历史时代，都必须对自己的思想文化进行重新审视，而在社会大变革的时代，这种审视往往是痛苦的、惊心动魄的。

尽管我们来自不同的民族，尽管我们在同一世界的不同地域从事着教育实践工作，但我们有一个共同的认知：教育必须服务于社会进步和人的精神发展。我们要为当今时代"失魂落魄的教育"召回神圣的灵魂，使人类不断走向崇高。

教育的终极目的是以文化人，培养具备理想追求和高尚情操的优秀人类。当前，人类发展遇到了前所未有的危机，看似物质层面上的问题，大气污染、环境恶化、能源危机乃至金融风暴，实质上是人类的精神出路遇到了困境。当今世界有两股潮流：一是物质主义、科技至上和商业领导一切的潮流，另一个是注重人的精神健康、尊重自然和追求社会的可持续发展的潮流。前一股潮流自工业革命以来，愈演愈烈，从西方到东方，渗透进人类生活的方方面面，成为压倒一切的力量，有着把人类带往一条不归路的危险。对此，我们必须来一次精神的重塑，以教育为手段，对自工业革命以来所产生的"文明"进行深刻的反省，为人类寻求真正的出路。

2. 国际教育是培养国际理解与学会共处能力、促进可持续发展的教育，国际教育肩负推动国家发展、促进世界和谐的责任。

（1）国际理解教育需要的条件

条件 1：课程设置多元化、宽容的培养目标、具有全球视野的教师、国际教育组织的合理运行、共生共存的国际教育核心理念。

条件 2：国际理解教育不可失去民族的基础。在开展国际理解教育中一个伴生的矛盾就是联合国教科文组织所提出的"人类共荣"的理想与将本国利益作为出发点的民族国家国际化对策需求之间存在的价值冲突。

条件 3：专门的国际理解教育课程是不可以普遍施行的，应该在那些国际性交往较多、各种条件具备的学校先行实施。

（2）国际理解教育的三个层次

全球教育	站在本国立场，输出价值观和文化；教育产业化，赚取经济利益。	经济
国际理解教育	承认各国和不同文化的差异，促进理解、和平与交流。	文化
世界公民教育	培养世界通用人才。	目标

（3）日、美、英三国国际意识教育的区别

国别	实施目的
日本	培养生存于国际社会的日本人。
美国	培养学生面对全球化的适应能力，同时也力求反映美国在全球格局中的重要作用。
英国	注重培养学生的欧洲共同体精神。

（二）只有民族的才是世界的

民族主义的核心是"一个具有共同血缘和区域生活传统的人们对自己的利益有着共识，这种共识意味着只有共同利益的人们才会结合在一起并为这种共同的利益而奋斗"。

1. 国际理解教育与教育的民族性

国际理解教育的出发点是为了增进不同文化背景、不同种族、不同宗教信仰和不同国家、地区人们之间的理解、融合和协作，而不是消除不同国家文化的差异。每个国家的政治、经济、文化不同，应根据各国的实际有效实施国际理解教育，丰富国际理解教育的理论和实践。不仅要关注各民族国家的特殊性，也要关注不同地区面临的特殊性。

中华文明史是世界上唯一没有中断的。领导震惊中外的戊戌维新运动和撰写《大同书》，是康有为对中国近代历史和中国文化思想宝库最重要的贡献，是值得后人怀念的。在中国近代史上出现过三次空想社会主义思潮，即太平天国的农业社会主义空想；康有为资产阶级维新派的大同社会主义空想；孙中山资产阶级革命派的民生主义空想。这三种空想都反映了中国人民对专制制度的厌恨和对幸福生活的渴望。尽管康有为和孙中山设计的方案不同，但康有为在《大同书》中提出的政治主张，和孙中山倡导的"天下为公"的思想不能说没有相通之处。正如毛泽东指出的："康有为写了《大同书》，他没有也不可能找到一条到达大同的路。"

康有为特别重视教育。在他看来，大力发展学校教育是大同世界进步的巨大推动力。他说："太平世以开人智为主，最重学校。"

2. 地球，我们的家园

2004 年发布的《中小学开展弘扬和培养民族精神教育实施纲要》中指出

"中国是爱好和平的国家,是维护世界和平的一支重要力量,要通过教育增强学生爱好和平、反对侵略、反对霸权主义和强权政治的意识。"

全球教育不是一门课程,而是一种贯穿于所有课程的教育理念。小学和初中是以不断扩大个人的生活世界为逻辑,按照自己、家庭、学校、社区、城市、国家、国际和全球这样的生活范围层层递进开展生活教育;高中以学科为中心,培养学生基本的经济、政治、文化和哲学素养。培养有"本土文化之根"的世界公民在于强调民族精神、民族文化的传承与发展,这不仅是中华学子的文化血脉,而且是我们的精神家园。

教育是一个国家和地区长时期政治、经济、文化的产物,带有鲜明的民族和政府特征。"办好每一所学校"是教育工作的重中之重。以提高教育质量为核心,通过国际理解教育,促进制度建设和机制创新,促进学校的内涵发展。开展各种社团活动,促进"校校有特色,生生有特长"。构建学校发展共同体,在"示范"和"竞争"中不断提升教育优质化水平。

3. "三个面向"在空间上将中国与世界连接起来

邓小平提出的"三个面向"准确地揭示了我国教育的历史转折。他认为教育系统是一个开放的系统,中国的教育必须与世界各国的教育进行交流,不断地汲取营养,才能促进自身的新陈代谢、推陈出新。正如他说的那样:"光凭自己的经验和教训还解决不了问题。开放不仅是发展国际间的交往,而且要吸收国际的经验。"

坚持"三个面向",进行"五爱教育",培养"四有新人"。

"三个面向":即"教育要面向现代化、面向世界、面向未来"。

"四有":即"有理想、有道德、有文化、有纪律"的社会主义新公民。

"五爱":即"爱祖国、爱人民、爱劳动、爱科学、爱社会主义"。

做到"知""情""意""行"的统一。把"忠心献给祖国、爱心献给社会、关心献给他人、孝心献给父母、信心留给自己"的教育活动落在实处。培养学生的科学素养,倡导自觉遵守爱国、守法、明礼、诚信、团结、友善等规范。

(三)研究机构的特点是把逻辑性找出来

研究本身就是研究的目的。逻辑是人的一种抽象思维,是人通过概念、判断、推理、论证来理解和区分客观世界的思维过程。逻辑的判断特征:一是判断必须对事物有所断定;二是判断总有真假。

1. 理论的价值不在于"操作",而在于给人精神和气质的熏陶、智慧和思维的启迪、思想和理念的提升。这是理论的根本目的。

胡锦涛指出，哲学社会科学界要切实担负起自己的历史责任，瞄准学术发展前沿，大力推进学术观点创新、学科体系创新和科研方法创新，努力建设具有中国特色、中国风格、中国气派的哲学社会科学。

学术探险：绕着地雷走。任何科学结论的得出都要依靠科学理由的解释。科学理由是指能直接解释科学结论的事实依据，它有别于科学证据、又来源于科学证据，是对科学证据有目的有层次的选择、整理、提升，是对采集到的科学证据为什么能证明结论的解释。

科学证据是指学生通过观察、制作、调查、统计等方式，得到的科学数据，包括现象的描述、数据的记载、资料的整理、已有知识和经验等，是定量实验结果的主要表现形式，它能服务于探究主题，为得出科学的课堂结论提供依据。使学生成为知识网络的构建者和使用者，提高学生运用网络的能力，促进国际间的相互理解。

例：北京市 2010～2011 学年高中学生文化科学素质发展水平现状。

对学生文化科学素质发展水平现状的评价，主要从学习兴趣、学习态度、学习意志等方面进行考察。数据统计结果显示，30％左右学生对学习没有兴趣，把学习作为苦恼的来源之一；13.7％的学生对学习抱无所谓态度，20％左右学生学习意志不坚定，需要借助外力来完成。

学生文化科学素质发展水平现状评价的数据统计结果：

题　目	很符合（％）	比较符合（％）	不太符合（％）	不符合（％）
学习对我来说是一件苦恼的事	9.3	24.9	40.9	24.9
如果老师不催，我不会主动交作业	4.6	11.4	38.3	45.7
学习遇到挫折时，我不能坚持下去	5.0	15.4	42.8	36.8
对学习总是提不起精神，感觉没有什么意思	6.4	20.6	40.7	32.3
学习成绩好不好无所谓	3.9	9.8	35.6	50.7

思考1：坚持科学发展观，以人为本，全面发展；就是把人看作人，以人的样子构建人与人的关系。具体到教育上就是把学生当作主体，培养学生的主体意识，使他们充分认识到自己的主体性存在的价值和意义。人的主体性教育就是给学生以充分的空间，使其自由发展而不逾矩；是引导顺其自然，而不是硬性限制、硬性规定、拔苗助长。

思考2：中小学阶段是学生良好行为习惯养成的关键期。帮助学生养成良好的做人、做事和学习习惯，激发自主探究学习的欲望，使其对学习保持稳定持久的兴趣和信心。深化文明礼仪教育、"感恩·励志"和公民教育，与学科教学、共青团少先队工作、家庭教育有机结合，长抓不懈，使养成教育真正变成学生的内在需要，为其健康持续发展和终身发展奠定基础。

2. 中学生知识获得的途径及效果比较

	学校课程	影视	书刊报	其他自然渠道
程度	准确	含糊	较准确	深刻
特点	面窄（与教师教育观念和知识面相关）、封闭、较系统。	广阔（与兴趣相关）、开放、零散、残缺。	广阔（与兴趣相关）、开放、零散。	特定（与兴趣、环境、经历相关）。
过程	读、背、很少有感情与体验。	视、听。	阅读、思考。	尝试、体验。
效果	促人勤奋，理论与实践脱节，纸上得来终觉浅。	潜移默化，从众，越来越懒于思考。	增强求知欲，大多数有利于形成能力。	有一定判断，有选择地实践。

（1）国际理解教育教材编写特点

·体现民族意识与全球视野的有机结合；

·在教学目标上强调学生的情感塑造和观念养成；

·在教材内容选取上坚持以教学对象的已有知识积累和理解能力为基础；

·紧紧围绕理念性原则和概念主题组织材料，按照循序渐进的原则不断深化主题；

·教材内容导入以现实世界实际发生的情境设置和问题设置为主；

·教师和学生使用教材时力求弹性和开放性；

·教材体例设计力求突出新颖性和趣味性。

（2）世界各国中小学国际理解教育课程类型

·按照文化领域确定学年综合主题单元；

·按照近景和远景相结合的原则组织内容；

·以综合实践活动课程为核心统整相关的学科课程。

3. 建立新的教育政策活动范式

（1）转变政府职能，调整公共教育权力结构。公共教育权力的体制内下放，政府拥有的公共教育权力向市场领域和公民社会领域转移。政府引导和培育教育领域健康的市场力量和公民社会力量的发展。

（2）突破"制度"意义上的教育公益性局限，以"多样化利益的满足"和"可进入性"为尺度理解和评价教育的公益性。

（3）把教育公平作为教育政策的基础性目标。新的教育环境下教育公平受到挑战（追求私益、竞争、选择），唯有社会上普遍建立起来的观念与想法，才是驱动改革的动力。

（4）改变教育政策活动中"受益人缺席"的状态。教师、学生、家长、社区人员能够参与教育的决策和公共管理。

（5）克服教育制度变迁的"路径依赖"，改变教育政策做出制度安排的路径。重视内在制度的建立，为内在制度的生成留出空间，提供政策环境。

三、可持续发展教育的概念本身是不断发展的

在《中国 21 世纪议程》中指出："加强对受教育者的可持续发展思想的灌输""将可持续发展思想贯穿于从初等教育到高等教育的整个过程之中"。《教育改革和发展规划纲要》把"可持续发展教育"作为战略主题的重要内容，要求用符合可持续发展需要的价值观念、科学知识、学习能力与生活方式教育学生，培养适应国家可持续发展需要的新型公民。

（一）一个强调社会内聚力和以人为中心发展的教育模式对整个社会教育体系有着非常大的价值

教育一直被认为是摆脱贫困、促进社会包容的重要途径。一个强调社会内聚力和以人为中心发展的教育模式对整个社会教育体系有着非常大的价值。教育国际化是当前基础教育改革必须回应的核心命题，反映了我国当前教育的政策导向，是学校发展的现实需求。

1. 可持续发展教育的概念

可持续发展教育是一个逐渐发展的概念，旨在使各个年纪的人们担负起创造可持续发展未来的重任。

基础教育是支持可持续发展教育的基础。有必要重新调整现有的教育政策、教育计划和教育实践。教育的使命，就是要教会人们去想问题、去思考问题，强调批判思维的重要性，只有这样才能实现可持续发展。

教育是农村改革的关键，对保证农村地区的经济、文化和生态活力起着至关重要的作用。通过伴随一生的学习活动，包括成人和社区教育，培养能力。这是建立可持续发展未来的重要因素。

（1）可持续发展教育的组成部分

- 环境；

- 自然资源保护；

- 气候变化；

- 农村改革；

- 可持续的城市化；

- 灾难预防和缓解；

......

例：2002年9月在南非约翰内斯堡可持续发展问题世界首脑会议宣言。

我们承诺建立一个崇尚人性、公平和相互关怀的全球社会，这个社会认识到人人都必须享有人的尊严。

我们确认，可持续发展需要具有长远观点，需要对各个级别的政策拟订、决策和实施过程广泛参与。

我们承诺采取联合行动，为共同的决心团结起来，以拯救我们的地球、促进人类发展、实现普遍繁荣与和平。

......

我国可持续发展教育概括起来就是：一个核心、两个重点、四项建设。

"一个核心"：以价值观教育作为核心，强调以"尊重"作为可持续发展价值观的核心。"尊重"指的是尊重他人，包括当代人和后代人；尊重差异性和多样性；尊重环境；尊重星球上的资源。

"两个重点"：是形成中国可持续发展教育的基本架构，即在可持续发展教育中一方面重点进行环境与资源的教育；另一方面重点进行国际理解教育或多元文化教育。"一体两翼"的教育架构形成了中国可持续发展教育的重点。

"四项建设"：课程建设、环境建设、文化建设和活动建设。

（2）可持续发展教育新视角

可持续发展教育是一种让我们对教育与学习进行重新思考的机制。

可持续发展教育已经成为许多地区教育改革的催化剂。

可持续发展教育要成为"教与学的创新之源"。

可持续发展教育在某种程度上正越来越被视作改革教与学方式的路径。多方力量共同参与，并对整个体系进行重新设计。对中小学与大学而言，意味着要对课程与教学、校园经营、组织文化、领导与管理、社区关系及研究与评估做出全面的反思和调整。

2009年在德国波恩召开的世界可持续发展教育大会文件中说，优质教育是

"一个与 21 世纪人类面临的重要挑战密切相关的教育；一个能够帮助人类正确使用权利、梳理强烈责任感的教育；一个能够培养人进行批判性思维、善于解决问题、实现团队合作、面对工作和生活中的困难充满自信的教育；一个能够为地区、国家和国际培养优秀公民的教育"。该文件明确得出结论：可持续发展教育能够在诸多重要方面促进教育走向优质。

（3）可持续发展教育的思考

可持续发展教育就是要教育当代人和后代人，把可持续发展作为一种认识论，作为一种思维方式和一种思维习惯，就是要培养人的一种哲学思维。可持续发展关注多样性的统一：

第一，改变单一的教育模式，扩展学生知识视野。

第二，改变单一的教育方法，全身心地感受文明。

第三，改变简单的教育目的，体验公民社会责任。

第四，改变单一的教育取向。可持续发展教育倡导要让学生到社会、到自然中去发现，在发现中欣赏人类的文明，来学习可持续发展的能力。

第五，改变单一的教育环境，发挥社会组织功能。使各社会组织能够主动参与可持续发展教育。

2. 可持续发展的三个支柱：环境、经济与社会

在发展中解决环境问题。学校里的环境教育主要从四个层面展开，即知识层面、能力层面、意识层面、行为参与层面。

（1）"克强经济学"之核心内涵

2013 年 6 月，外资机构巴克莱资本公司提出的"克强经济学"仅是一个初步的概念，是经济思路和经济政策的取向，并不是一个完整的经济政策体系。"克强经济学"概念的核心包含三个主要构成部分，也被解读为"克强经济学"的三大支柱。

核心内容：

· 政府不推出刺激经济的政策，而是逐步缩减国家主导的投资行为；

· 去杠杆化，以大幅削减债务，降低借贷与产出比；

· 推行经济结构改革，以短痛换取长期的可持续发展。

"克强经济学"的精髓和宗旨归结为"打造中国经济升级版"。

（2）让中国经济重回市场的轨道

· "克强经济学"代表着用短痛换取长期可持续发展的益处。要让中国经济走上可持续之路，即未来 10 年内保持每年 6%～8%左右的经济增长率。

·除非经济和市场面临迫在眉睫的崩溃风险，中国决策者不会采取激进的财政和货币扩张政策。

·由国家牵头的投资不再是可以持续的了。决策者开始整顿放贷行为，以防止资产泡沫的出现。

·发展小城镇和小城市，放开户籍管制，让农民也享受到市民待遇和社会公共服务。

（3）社会公正是经济社会活力创造的源泉

中国人太勤奋了，人民中蕴藏着巨大的创造潜力。李克强说："社会公正是经济社会活力创造的源泉。如果我们能创造一个公平发展的机会，这个社会的潜力会更大。""克强经济学"的要义，可归纳为二条：一是厘清政府与市场关系，二是社会公正是经济社会活力创造的源泉。

3. 以法治的精神科学规划教育发展

教育规划是国民经济和社会发展规划的重要组成部分，更新教育规划编制理念，加强规划编制程序、编制方法、实施机制等方面的制度化、规范化、程序化，提高运用法治思维和法治方式、深化教育领域综合改革、推动教育事业发展的能力水平。

（1）突出依法治校，提升学校管理的法治化水平

坚持依法决策，着力提高规划编制的科学化、民主化水平。着力提高教育治理体系和治理能力现代化水平。加强教育法律法规体系建设，将依法治教贯穿于教育规划的目标任务、政策措施、制度安排等各个环节、各个层面。

突出依法治校，提升学校管理的法治化水平。正确处理好政府、学校、社会的关系，落实和扩大学校办学自主权，推动学校以章程建设为抓手，加强依法办学、自主管理、民主监督、社会参与的现代学校制度建设，切实转变学校管理观念，提高依法治校的水平和能力。

加强规划实施过程的监测评估，切实将规划落到实处。避免出现"规划规划、纸上画画、墙上挂挂"的现象。管理的秘诀："接地气""精细化"。

（2）形成符合校本实际的教育思想体系和管理风格

守护教育、发展教育的根基就在课堂。培养可持续发展的学生，造就可持续胜任的教师，创办可持续攀高的学校，实施可持续提升的教育。根据"因材施教，分类指导，注重效率，发展能力"的原则，探索建立"统分结合，灵活多样"的教学组织形式。

建立"质量－效益"型的优质管理服务模式，以文明的言行引导人，以敬业

的精神教育人。实施教师教育教学综合评价等新型质量保障评价体系，建设和谐校园。

（二）主流文化成员在何种程度上去团结非主流文化

"唯 GDP 论英雄"的时代已经过去，如今的中国，不仅重视速度，也重视质量；既要金山银山，也要绿水青山。

1. 国际理解教育的内涵就是科学精神和人文精神的教育

国际理解教育要关注主流文明如何健康发展。主流文明的两个方面，一方面具有科学精神，即善于处理人和物、人与自然的关系，一个民族没有科学精神，必将消亡；另一方面，具有人文精神，善于处理人与人的关系。

文明应该有两个翅膀：科学精神，人文精神。国际理解教育的内涵就是科学精神和人文精神的教育。因此，教育，第一要使人理智、理性，这就是科学。第二要有同情心，讲人道。教育要健康发展，就要张开文明的双翼。

2. 让教育根植于文化沃土：心灵的力量产生于文化与环境的和谐

一个人的尊严不仅取决于他的心灵力量，同时也来源于文化的积淀。尊严是在文化的发扬和在传承中自我赋予的。

尊严，需要良好的人文环境作为提供孕育思想的温床。中华五千年的文明是中国的灵魂。国家的精神品质、国民的思想水平在数千年文明中提升、传承。活跃的思想、独具一格的见地，在那个百家争鸣的时代达到了空前的繁荣。时至今日，佛家的坚韧与怜悯，儒家的忠义与仁爱，道家的无为与自然……早已融入我们的价值观里，早已成为生活的一部分。在时代的变迁中，我们为之赋予了更丰富的内涵。

尊严，需要宽容的社会环境作为保证思想创新的前提。盛唐时期社会的开明之风促进了诗歌的兴盛、文化的繁荣、政治的澄澈、经济的鼎盛，贞观之治，将中国推向了世界的顶峰，为世人称颂。是的，我们需要宽容的社会环境以鼓励思想的萌发、成长，需要宽容的社会环境来为创新提供可能。

然而，这个被光环笼罩的文明大国发展至今，我们惊奇地发现，我们的思想越来越禁锢，创造力极度缺乏，独立思考的能力正逐步衰退。追本溯源，其一，是文化发生了断层，缺乏思想生长的沃土；其二，是生活的环境缺乏宽容，积极性与创造力得不到发挥。

3. 推进世界和平和谐发展是我国文明的特点之一

儒家文化与世界文明的内在发展相契合。人类文明在初期发展的时候各有所别，简单地说，在西方，希腊人重视外在环境的认识，重视知识；犹太人要找一个超越的上帝，强调超越精神；中国人在黄河流域、中原大地建立国家，感受到的是天、地、生命的创造力量，人是天地之间的一份子，人就要发挥人的才能，促进世界的美好发展进程。这需要一种信仰、一种生命的智慧，也需要一种内在的清醒。

西方文化强调对外，假借上帝之名征服自然、征服世界，要扩张，形成一个所谓的普世价值。我们现在缺少的正是人的生命的自我发挥、人与人的和谐关系、一种人文社会的营造、一种和谐的生命价值，这种内在的和谐正是大家所需要的。生命是完整的，不但要发挥个人的潜力，还要实现从个人到家庭、到社会、到国家及国与国之间的和平、和谐。我们应该认清自己的方向、认清自己所扮演的角色、认清自己的潜能，认清自己的责任，与西方文明相互融合、相互补充，追求大同的理想。

（三）成功有时混杂在不太成功之中

亚里士多德说："智慧就是有关某些原理和原因的知识。"理论知识的目的在于真理，实用知识的目的在其功用。

1. 有一种教育理论认为：人是环境、教育和遗传的产物

陈景润研究"1+1""1+2"，当"1+2"研究成功站到了当时世界的顶峰的时候也同时被一些人说成无用。陈景润苦恼万分，他确实没有考虑有什么用，他就是想证明一下中国人很有能力、很聪明，比别的民族一点不差。后来，美国人把他请到美国去，请他讲那些"没有用"的东西。很奇怪，美国人认为有用。同一个人的同一种工作，一则认为没有用，另一则认为有用。

（1）"人是环境、教育、遗传的产物。"

创设适合杰出人才成长的学术环境非常重要！为杰出人才提供平台，让学生在学校掌握过硬的知识，培养对科学浓厚的兴趣和执着的钻研精神，掌握科学研究的方法，擦亮发现问题、解决问题的眼睛和修炼深厚的人文素养，为他们将来的腾飞打下坚实的基础。

（2）人是能够扎根大地、伸向天空的种子

人的潜能是无限的。可是一般人的潜能只能挖掘出 5% ～ 10%。夸美纽斯说得更明确："人心的能量是无限的，它在知觉方面像个无底的深渊。身体被一个小小的界限限住了，声音的领域较广一点；视觉只受天空的限制；但是心理就不然，天内天外都找不出一个界限。它上天入地，即使天地之广再大一千倍，它也一样想去；因为它在空间穿行的速度简直是快得令人难以置信的。""它能够测度一切，领悟一切。"

2.《大秦帝国》里有这样的片段：

在一个萧瑟的秋日下午，新即位的秦惠文王嬴泗前往偏山，秘密会见他的伯父公子虔，就当前国事进行商讨。公子虔正摆弄一个树枝游戏，嬴泗不解，问公子虔："公伯还有如此闲情博戏？"公子虔则回道："这不是简单的游戏，它叫栋梁拆。"并现场演示了游戏的奥妙，在已搭建好的栋梁拆架构上抽走了中心枝条，而枝架牢固依然。此时的嬴泗心有所动，因为他总在变法名君商鞅面前找不到自己的位置，始萌发诛杀商鞅的念头，最终借以老太师甘龙为首的老世族集团之手拔掉了商鞅这根国之栋梁。

商鞅变法作为激烈的社会变革之一，深刻影响了中国社会发展的进程。历史就像一列辎重的火车，正是商鞅、岳飞这样的铮铮硬骨构筑的铁轨，承载着列车徐徐前行。我们应秉承辩证唯物主义的科学态度，借商鞅变法之精髓，推进中国法治之进程。

第二节　国际理解教育是高于知识与技能的教育

国际理解教育课程是一门综合性、拓展型课程。国际理解教育是高于知识与技能的教育，具有思想引领作用，是上位的、高层次的学习。国际理解教育具有一流教育的特征。

一、四大支柱：学知、学做、学会发展、学会共同生活

在学校实际的教育教学活动中，要培养学生尊重他人，理解世界的多元性，学会共处，学会合作，具有国际责任感和全球意识。以"公正"和"共生"为目标的国际理解教育强调："共生"在于尊重人间的差异性，"公正"在于追求人间的平等性。

（一）基础教育的布道者："成熟是一种明亮而不刺眼的光芒。"

如今全民教育、终身教育的理念已深入现实生活，学校教育中国际理解教育的内容，在不少地方还仅仅停留在英语学习、时事政治的背诵等面向升学考试的内容。

1. 教育也是一种社会经历

也许现代人会有一种头晕目眩的感觉：一方面是世界化，他们看到而且有时承受这种世界化的各种表现；另一方面是他们在寻根，寻找参照点和归属感。他

们在这两者之间左右为难。

　　教育应面对这个问题，因为在一个世界性社会将在阵痛中诞生的时候，教育比任何时候都更处于人和社区发展的关键位置。教育的任务是毫无例外地使所有人的创作天才和创作潜力都能结出丰硕的果实，这就要求每个人都有自我负责和实现个人计划的能力。

　　例：常州市中小学实施国际理解教育。

　　注重学科渗透。将学科渗透作为国际理解教育的主渠道，充分挖掘、科学整合现有学科课程和教材中能够作为国际理解教育载体的内容，注重不同学科教学中国际理解教育渗透方法的探索与实践。立足课堂，在日常教学中有机渗透国际理解的思想，提升学生国际理解能力和人文素养。

　　实施校本课程。重视国际理解教育校本课程的开发与设计，拓宽教育内容，开设专门的国际理解教育课程。根据学生年龄特征和认知水平，合理确定不同学段国际理解教育的课程目标，突出课程资源建设的开放性、多元性和生成性，服务于学生的体验学习和探究学习。积极开展综合实践活动类课程，建立完善"模拟联合国"等社团组织，开阔学生国际视野。

　　加强文化交流。让教师和学生直接参与国际交流活动，是实施国际理解教育最有效的手段之一。通过与境外学校建立姊妹学校，积极推进友好互访，加强课程合作，拓展师生海外研修。大力开展学生国际文化交流，拓宽"孔子学堂"等文化交流互动渠道，办好"汉风龙韵"等品牌活动，让更多学生获得海外学习、生活的经历。

　　丰富校园文化。国际理解教育是一种思想对话、文化理解。学校要把国际理解教育作为校园文化建设的重要内容，营造浓厚的国际理解教育氛围。开展国际理解教育主题活动，开设虚拟课堂，利用互联网进行国际交流。加大聘用外籍教师力度，促进国际理解教育的贯彻和实施。

　　2. 我国学校进行国际理解教育的原则

由近及远	家庭－地区－国家－世界
由浅入深	了解－尊重－共同生活－共同发展
由表及里	知识－能力－情感－境界

　　一般认为经济发展程度较高的城市学校更适合开展国际理解教育。城市学校学生在家庭教育和社会环境中有更多的机会接触并思考国际理解的相关问题。如果国际理解教育课程只面向城市学校，将造成学校教育中学生获得文化资源的不

平等，从而加大城乡学生在国际理解素养上的差距，违背学生受教育权利、受教育机会平等的根本原则。

（1）拓展国际理解教育研究的空间

有效的国际理解教育，实际是在尝试培养一种有效的跨文化交际意识与能力。作为跨文化交际中核心支撑的价值观，从根本上决定了人们进行跨文化交际的行为方式，也在国际理解教育的实施与推广过程中，扮演着灵魂角色。从实践层面看，国际理解教育尝试培养的是一种文化理解和包容力，实质是一种跨文化交际教育，而贯穿始终的，是强调多元共生的和谐价值观体系。

（2）向制度要执行力

一所学校的发展，是迫切需要有特色的东西来支撑；学校师生的自我发展，是迫切需要有特色的学校文化来滋养。践行国际理解教育的学校，要坚定不移而不朝三暮四，要与时俱进而不墨守成规，这才是学校应有的气质。制度是学校进退沉浮的一只神奇的看不见的手，是学校内外部各种社会关系的缩影，是学校组织、规范、角色和信仰的有机结合体。

（二）从"做中学"到建构主义

杜威的"做中学"思想成了贯穿近100年来教育改革的一个重要思想，在布鲁纳的发现学习和当前的建构主义教学改革都有深刻的体现。

1. 在教学中坚持实用性，去发掘"美好生活"的课程

（1）"做中学"具体包括：

做什么？即活动的内容。

怎么做？即"做"的过程和方式。

学什么？即通过"做"追求何种学习结果。

人的实践活动是在一定的社会文化情境中进行的，是在大社会系统之中发生的。在教学改革中，我们需要：

——切忌简单把探究学习理解为"动手"活动，而应该真正促进学生的思想发展和知识建构；

——抓住"做"背后的社会文化实质，让学生能够有机会参与共同体的文化情境。

（2）理想课堂有三个境界

境界1：落实有效教学。讲效率，保底线，完成课标，达到学业成就。

境界2：发觉知识的魅力。讲对话，重品质，使学生能够超越教材本身，能够感到学习的魅力、知识的价值。

境界 3：知识生活与学生生命的共鸣。从课堂教学走向真正的教育，以人的个性发展、生存状态、总体改善为目标。

2. 国际理解教育的四大支柱：学会生存、学会认知、学会做事、学会共同生活。

学会生存：强调人的全面发展，包括自我认同、自我认知、自我实现和获得智慧。

学会认知：关于如何去理解的方法，即学习怎样学习。

学会做事：关于如何在日常生活中利用所学知识来进行创新并为自己的行动负责。

学会共同生活：包括制定政策进行系统的教育改革，以促进社会包容与相互理解。它突出了知识、技巧、态度和行为上的变化。在课程开发中，能力的培养是一个重要组成部分。能力的培养着重在于各学科课程中的文化教育。

3. 芬兰：唯有"教育"才能延续、发展自己民族的生命力

芬兰的教育观：实施无竞争教育。成绩不是用来表扬、较劲或羞辱孩子的工具。芬兰教育者不让孩子在幼年时期，就被大人簇拥着去一较高下，在心灵还不成熟的阶段，就学会恃宠而骄或打击他人。

芬兰的学生观："我们尊重每个独立自主的个体，因为我们非常需要各种不同的人才。"使得芬兰"教育人"眼中没有学困生，有的只是不同方面的人才而已。坚信每个学生都是优秀的，都是将来某个领域中的人才，是老师、家长、全社会都应给予孩子们的一个期许。

芬兰的教师观：不给老师评比、排名，教育主管部门坚信"我们的每一位老师都是最棒的"。

例：芬兰学校改按主题授课，不再划分数理化文史哲。

芬兰政府正对中小学校推行一项大胆的教育改革方案，摒弃传统的语文、数学、历史、地理等学科，取而代之的是采取一种名为"现象教学"的新方法。学校教师上课时教授的是一系列取材广泛的课题，并且把各种不同的知识和技巧融入课题当中。

如学生们在学习"法国课"的时候，会被要求在地图上辨认法国和其他国家，并用法语讨论这些国家的天气，在这个过程中能够一并学习到地理、气象和法语等知识。

而在职业教育课程中，学生们可能会上一堂"咖啡厅服务课"，通过研究如何运营一家咖啡厅，学习到数学、写作和沟通技巧。其他主题课程还可能包括对

欧盟、经济一体化还有历史、地理和政治等现实主题的学习和讨论。

芬兰的教育告诉我们，教育的本质与概念，比赢得第一名更重要、更有意义！

（三）教育者价值取向的转变

教育是影响人的活动。教育是一个动态的过程，旨在促进人的全面进步与发展，它并不是一次性的、一次完成终身有效的活动。

1. 中日韩美高中生课堂表现比较

2009 年 9～10 月，中日韩美四国联合实施了高中生学习意识与状况比较研究。调查对象是各国普通高中 1～3 年级在校的 7500 余名高中生。

校园环境和课堂状态：中国学生活跃。数据统计发现，中国上课积极发言的学生仅次于美国，位居第二。日本和韩国近半数学生上课时几乎不发言。上课认真记笔记的学生中国最多，达到九成以上，而韩国只有 2/3 的学生这样做。

学习精神状态和态度：中国学生精神压力正在内化。中国学生的学习压力主要来源于父母的期望、自己的期望和同学的竞争。另外，就业情况、学习内容太难、家庭状况和老师的要求也对中国学生造成了学习压力。以前学生的压力多来自父母，但现在，自我期望已是高中生压力的第二来源。

现代化学习工具的使用：中国学生网络电脑使用不足。在 21 世纪，最重要的学习是学会管理知识和处理信息。网络对青少年成长的影响，"中国学生 10 岁就学会了选择，看纸媒主要是学习，而上网则主要是放松"。

2. 法国"高考"为何重哲学

在中国，数学和语文尤其外语高分者最风光。在法国，却是哲学拔头筹者引人注目。哲学考什么？考如何思想。比如 2011 年法国中学会考哲学试卷的论题之一："平等是不是自由的威胁？"这种考试不是考技能，而是考你学了哲学后的思想状态。将语文和数学放在哲学考试之后，是因为它们属于技能。而思想比技能重要，毕竟思想决定行动，思考带来进步。一位圣哲说过："哲学是思想的源泉，人的全部的尊严就在于思想。"

世界上的任何事物，都不是孤立存在的，它们是普遍联系的，都是运动着发展着的。以这样的观点去观察问题、提出问题、分析问题，就能找到解决问题的最佳途径。哲学不是空泛的道理，它有其自身存在的价值，它之所以吸引人，是因为它契合社会和人们崇仰的理想追求、精神操守。

哲学是"明白学"，许多事情只有学了哲学才能真正明白；哲学是"智慧学"，学了哲学可以使人更加聪明。哲学是一把"万能钥匙"，只要你信任它、运用它，它就会帮助你随时随地开启智慧、人生和工作之"锁"。

3. 核心素养的"核心"在哪里

学校教育是面向未来的事业，国民核心素养的培育是至高无上的课题，核心素养研究是一种持续的多学科、多领域协同研究的集成，历来受到国际教育界的关注。

核心素养是指学生借助学校教育所形成的解决问题的素养与能力。核心素养也不是各门学科知识的总和，它是支撑"有文化教养的健全公民"形象的心智修炼或精神支柱。决定这种核心素养形成的根本要素，在于教育思想的进步与教育制度的健全发展。

联合国教科文组织 2003 年强调，核心素养的培育需要终身学习，终身学习也需要核心素养。欧盟 2005 年发表的《终身学习核心素养：欧洲参考架构》正式提出终身学习的八大核心素养：母语沟通，外语沟通，数学能力及基本科技能力，数位能力，学会如何学习，人际、跨文化与社会能力及公民能力，创业精神和文化表达能力。同时提出贯穿于八大核心素养之中的还有共同能力，如批判性思维、创造力等。

二、在课程里与世界"对话"

真正意义上的课程改革必然是课程文化的变革。实践某种教育理念，最直接的也是最有效的方法之一，就是通过设计与实施课程这一途径，将教育理念贯彻在教学内容、教学方法、课程活动，乃至具体的教材设计与编选过程中。

（一）拯救被摧残的心灵

教育理念不是一个孤立的哲学概念，它包括实然与应然两个范畴，需要从理想、信念与实践三个维度进行把握。中国的哲学教育严重缺失。若说为什么信仰缺失，正是因为缺乏哲学素养。哲学才是拯救信仰缺失的良方。

1. 爱思想胜于爱自己的生命

"不要踩坏我的圆！" 2000 多年前，罗马军队攻进了希腊的一座城市，他们发现一个老人正蹲在沙地上专心研究一个图形。他就是古代最著名的物理学家阿基米德。他很快便死在了罗马军队的剑下，当剑朝他劈来时，他只说了一句话："不要踩坏我的圆！"在他看来，他画在地上的那个图形比他的生命更加宝贵。

有想法更要有做法，如果只知空想而没有任何行动，那想法永远也只是个想法，是不可能成为事实的。梦想成真的关键就在于是否有敢于行动的决心和勇气。生活中至少存在两种类型的人：一是天天沉浸于幻想中，看不到一点行动痕迹的人；二是善于把想法落实到计划中，成为一个敢于行动的人。

爱本质上是一种给予，而爱的幸福就在这给予之中。尼采说得好："凡出于爱心所为，皆为善恶无关。"爱心如同光源，爱者的幸福就在于润泽大地。丰盈的爱心使人像神一样博大，所以，《圣经》里说："神就是爱"。

相关哲学内容及时跟进。作为培养和引导学生进行独立思考的基础之一，哲学所扮演的角色，远不止是理论上的充实，更多的是在为学生树立自身价值观做先行、持久的铺垫。在这个过程中，并不是要求学生赢得自己的独立判断，而是要求学生认识自我、重建自我，从而成长为一名真正的"全球公民"。从这一意义上看，必要的哲学修养成为国际理解教育课程的重要一环，帮助学生从一种更为宏观的角度、甚至是跳出自身文化背景的局限来客观地、多角度地看待多元文化及价值观，成为实现有效国际理解教育的必要环节之一。

2. 少年智则国智，少年富则国富，少年强则国强

教育进展国际评估组织的调查显示，在 21 个被调查国家中，中国孩子的计算能力排名第一，想象力排名倒数第一，创造力排名倒数第五。此外，在中国的中小学生中，认为自己有好奇心和想象力的只占 4.7%，而希望培养想象力和创造力的只占 14.9%。

中国孩子的想象力和创造力低下，是意料之中的。不用看具体数据就能推测，与中国相比，美国孩子的创造力和想象力肯定会高出一筹。

首先，对孩子想象力和创造力的培养，需要一定的时间做保证。中国孩子整天忙着应付作业和考试，几乎没有空余的时间可以做富于想象的创造。在中国分数挂帅，成绩说明一切，不在乎什么想象。而在美国学校，尤其是在美国小学，学生课余时间多，课后作业又非常少学生可以任意想象，并让稚嫩的思想展翅飞翔。

其次，美国小学里艺术类功课的设置，要比中国丰富得多。算术语文固然重要，但艺术熏陶是培养孩子想象力的重要手段。

最后，实践出真知。美国学校可谓把这句话发挥到了极致。美国中小学几乎都离不开一个重要的教学方式——外出远足，内容极其丰富多彩。

美国家长对孩子的鼓励态度，很值得中国家长学习。注重孩子艺术方面的培养，鼓励孩子自由发挥想象，尊重孩子的个人兴趣，是美国学校和家长培养孩子们想象力和创造力的重要手段。

（二）中医理论与教育治理

一个教师不在于他教了多少年书，而在于他用心教了多少年书。用心的前提是什么？无非是爱，爱自己的岗位。没有了爱，就不能从教师这个职业中获得乐趣，唯有出自内心的关怀与真爱才能创造出人间的奇迹。

1. 中医理论与教育治理

古人曰："人而无恒不可学医。"意指学习中医必须要树立坚持到底的决心，侥幸取胜是不会有的。历史永远在新解中寻找生命力文化形态。在思维方式上西方最典型的是西医思维方式，见物不见人；中国最典型的是中医思维方式，见人不见物。

辨证论治是中医精华所在：

中医诊断和治疗疾病有三种手段，即辨病治疗、辨证论治和对症治疗。而三者之中，中医又特别重视辨证论治，辨证论治是中医所特有而西医没有的。对症治疗，就是俗语说的头痛医头、脚痛医脚、见血止血等。辨病治疗，就是根据诊断是什么病则用什么药。

辨证，就是将四诊（望、闻、问、切）所收集的资料、症状和体征，通过分析、综合，辨清疾病的原因、性质、部位，以及邪正之间的关系，概括、判断为某种性质的征候。论治，又称施治，就是根据辨证的结果，确定相应的治疗原则和方法，也是研究和实施治疗的过程。

病有内同而外异，亦有内异而外同。症状千变万化，病情错综复杂。如何在复杂的病变中，抓住病之症结，洞悉病情演化，进行正确的诊断和辨证，再施以恰当的方药。

我国教育正在从生存型教育向发展型教育转变。在生存型教育阶段，人们追求的是"有学上"。发展型教育则是要为每个孩子的发展提供适合的教育，促进每个孩子的健康成长。这才是中国教育改革和发展永恒的主题。

2. 教育家：思想的接生婆

社会越浮躁，教育者越要心静。教师这门职业是需要全心经营的，需要遵守教育规律和教育常识，特别需要耐得住寂寞。其实，这种寂寞是对外人而言的，对于乐在其中的人来说，他并不觉得这是寂寞，会在他人看来一成不变的工作中找到新意和乐趣。成为教育家，需要这种长期的坚守精神。

《教育家：思想的接生婆》，论述了这样的教育观：教育引领社会改造；校魂—学校精神；学校教育力；"导演—教练"型教学模式；"质量—效益"型教育；教育家标准；教育研究—思想的种子……

成长你我他

陶华坤的13部教育著作

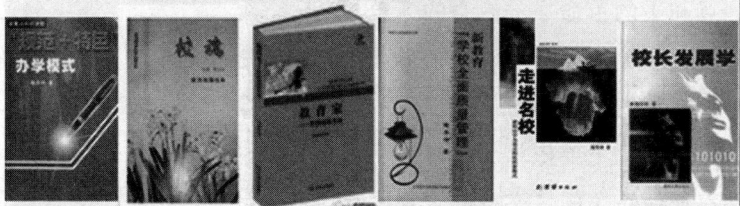

教育家：思想力是能力之本。一靠培养，提供发展环境；二有实践，成长的平台；三有潜质；四有悟性；五有胸怀。走出校园的围墙，放眼世界。让思想说话，用文化诠释。

教育家办学富有时代的向上奋进的精神感召力！中国教育需要"教育家群"这支先锋队。一个社会中，没有一大批具有独特教育理想又赋予创新的教育家，这个社会就不可能有"塑造灵魂"的事业，就不可能培养杰出的人才和身心健全的公民，更不可能产生一个创新的民族。

3. 最佳的教育，应该是教会学生在物质和精神领域同时成长

聆听——生命价值教育的前提。"人如果不能时刻倾听自己的心声，就无法明智选择人生的道路。"

对话——生命价值教育的策略。"人类最好的时刻，通常是在追求某一目标的过程中，把自身实力发挥得淋漓尽致之时。"

同行——生命价值教育的过程。歌德说："无论你能做什么，或是你想做什么，行动吧！勇气本身就包含了智慧、魔力和力量。"

教育者，作为帮助孩子追寻自身价值和获得福乐体验的人，应该去培养孩子对求知的热情。他们可以把学习转变成一种又迷人又美好的旅程——贯穿整个生命对幸福的追求。

（1）让世界成为一个更和平更美好的地方

人类最大的动力，来自于对生命意义的追求。"人类需要的不是一个没有挑战的世界，而是一个值得他去奋斗的目标。我们需要的不是免除麻烦，而是发挥我们真正的潜力。"

最佳的教育应该是教会学生在物质和精神领域同时成长。只关注技术上的东西是不够的，学校还必须突破写、读、算。如果学生在学校里获许去追求幸福，从事获取这至高财富的活动，则他们在人生中就更可能养成这个好习惯。但如果他们在学校里只是按着"忙碌奔波型"的模式去学习，那他们的人生也很可能就是那样。

《圣经》里说，发问才会有答案。当我们开始质疑自己，才会去探索和征服自己。我们可以看到一些以前看不到的事，发现一些以前被遮掩的道路。

（2）一场和平的革命——内心的拯救

对"物质至上"的坚持，确会带来个人与国家之间的纷争，因为物质上的东西确实有时是有限的。制止纷争的唯一可能性，就是让双方都发现幸福才是最重要的事情。由于幸福主要依靠的是内在而不是外来的东西，所以在追求幸福的过程中是不会有任何纷争的。幸福的资源不是以数字计算的，一个人或是一个国家的幸福感，并不会影响到其他人或者国家。就像佛祖所说的："一根蜡烛可以点燃一千根蜡烛，而它自己的生命却不会受到任何影响。幸福是不会因为分享而被减弱的。"与物质的东西不同，幸福是无限的。

"幸福的革命"不需要外在的改变，它是一场全程内在的革命。它不需要几百万人为它抛头颅、洒热血，而是一场理解上的革命，使自己能摆脱物质的迷惑、追求真正的至高财富。"幸福的革命"指的是创造一个新社会——一个广泛的改变，使整个社会对我们的存在有更高、更清醒的认识——幸福的认知。

（三）"学校繁荣、教育空虚"的现象

今天的教育，到处看到的是家长要学、老师要学，而不是学生要学。方向错了。要激发被教育者的主体性，滋生教育需求。

1. 中国的校长们对世界一流大学满怀憧憬

中国的大学在奢华、繁荣的表象背后，隐藏着种种"不足为外人道"的干瘪、空虚。如果说大学是现代文明的导航灯，那么大学校长可以说是现代文明的守灯人。

（1）大学生的成才是中华民族伟大复兴的关键

当人类的教育越来越演变为"学校教育"，学校的教学仅仅成为"知识教学"，作为人类文明的学校也就随之构筑了一个由校园、课程、教材、教师、课堂、考试、管理等主要元素组成的可以看见的围墙，同时，还构筑了一道将教育与自然、生活、生产、劳动、社会隔离开的看不见的围墙；于是就出现了"学校的功能越来越大，教育的范围越来越小"的现象。当学校要承载人类教育的全部功能，其实就是承受自身无法承受之重，也就出现了"学校繁荣，教育衰微"的现象。

现象1：在校大学生普遍存在精神空虚的现象，这对于大学生的成才是极为不利的。在如今的大学校园里，网络游戏、垃圾小说成了大学生竞相追捧的对象。这皆是由于精神的空虚，为了填补精神的空虚，他们甚至走上了极端的道路。这样他们离成才的路就越来越远。

现象2：评估——"辛辛苦苦造数据，认认真真走过场"。当前教育界的急功近利和浮躁还表现在评估和检查太多。学校和教师的精力大量花在应付它们上面。这些评估和检查的本意是好的，少做一些也是必要的，做得太多了，指标又往往都是形式主义的，大家都在应付，就会出现"辛辛苦苦造数据，认认真真走过场"的现象。

（2）中学生普遍存在的问题

·缺乏理想与抱负，精神空虚，是当前中学生普遍存在的问题。

·缺乏社会责任感、正义感，是非观念不清。

·图享受，爱慕虚荣，另类消费惊人。

·人格扭曲，心理问题突出。常言道，挫折是人生最大的财富，苦难是人生的试金石。经历了挫折与苦难的人生，必定散发出耀眼的光芒。但是，中学生成长的环境一帆风顺，没有经过任何波澜曲折，心理抗震能力自然不强。

·自我意识强，对他人缺乏理解、宽容与同情。

·各种习惯不好，动手能力差。

·自我保护意识弱，安全意识不强。

·缺乏科学思维方法，看问题片面化、绝对化，辨别能力不高，缺乏抑制力。

·情感泛滥，早恋问题突出。

·法纪观念淡薄，恶性事件时有发生。

（3）学校课程成为建立社会等级秩序的工具

有权威的教育研究机构调查了我国恢复高考以后的3300名高考状元，发现没有一位成为行业中的领袖。调查了全国100位科学家、100位社会活动家、100位企业家和100位艺术家，发现除了科学家的成就与学校教育有一定的关系外，其他人所获得的成就与学校教育根本没有正相关的关系。

钟启泉教授说："旧有的课程文化没有发生根本改变，这种课程文化的实质仍然是官本位社会的等级文化。高考在划定等级秩序中的权威性最高，高考的科目也就成为学校课程中等级最高的科目，其次就是划定高中入学等级的中考，还有各种分班、分等的考试，它们共同构成应试教育课程文化的等级特质。学校课程成为建立社会等级秩序的工具。这种课程文化在本质上是等级社会建构的需要，是违背民主原则和平等精神的。"

2. 努力塑造一种属于中国也适合世界的核心精神和价值取向

文化是否繁荣？最常见的一种说法是：在和平盛世，文化往往是单一的缺乏创造力的，而在历史上的乱世，文化却非常活跃和繁荣。在和平年代，如何产生我们所追求的"百花齐放，百家争鸣"呢？

精神为什么空虚？精神的空虚是指每个人以及所有人形成的社会集体的精神空虚，在文化一片繁荣景象的背后，透露出价值观的取向单一、精神信仰的缺失、人文素养的滑坡以及巨大的不平衡性。

塑造中国精神！文化产生的目的最初就是丰富人们的心灵，让人灵魂安稳、思想纯净，正因为人们的需求，后来才产生了文化产品、文化产业，使文化渐渐地变得浮躁和虚无。所以当前的"文化繁荣"没有减少世界的喧嚣，也没有提高社会文明程度，于是精神的充实显得更为迫切。

理想的教育：培养真正的人，让每一个从自己手里培养出来的人都能幸福地度过一生。这就是教育应该追求的恒久性、终级性价值。而活生生的现实也告诉我们：教育的真谛就是为了人的幸福。

三、基础教育面临国际化大考

国际化人才的培养是各级各类教育实施的知识、能力、态度、价值观教育在人身上综合发展的过程。教育要更多体现以人为本的价值追求以及为整个人类的生存与发展服务的理念。

（一）教育应该成为教育

教育的根本在发展人的可发展性，离开了这个根本，它就不像自己了，不是自己了，还奢谈什么应建立在此基础上的服务，还奢谈什么建立在此基础上的理想。文化的发展，科学的发展，经济的发展，社会的发展，都是建立在人的发展基础上的。教育恰是做这种基础性工作的。

教育是引导，不是去左右；
教育是影响，不是去支配；
教育是感染，不是去教训；
教育是故事，不是做宣传；

教育是解放，不是去控制；

教育是"筛选"，不是去随从；

教育是描绘，不是去制图；

教育是超越，不是去苟同；

教育是神往，不是去规定；

……

1. 教育转型必然要求教育管理转型

只有新型的教育管理者才能够担当起教育转型的大任。所谓新型教育管理者，指在素质、能力方面能够胜任教育转型新要求的人。新型教育管理者应是终身学习的践行者。教育系统从本质上说，是一个学习共同体。管理者要把握教育理论与实践发展的前沿动态，为管理和领导教育转型奠定坚实基础。

新型教育管理者应该是先进理念的推动者。新型的教育观需要体现在学校中，更需要体现在区域教育发展规划中。先进教育理念的倡导不仅是口头说，更需要实在做，需要教育管理者在具体的政策、制度和举措上实实在在地推动。

新型教育管理者应该是教育管理的研究者。教育问题久治不愈的根本在于教育管理思维的固步自封。教育管理者要善于抓住机遇，积极主动迎接教育转型、研究教育转型、推动教育转型，争取创造教育转型期教育管理的新模式。

2. 国人应有"常态心"

"天行健，君子以自强不息"，强调的是国人应该具有自强不息的民族尊严。"地势坤，君子以厚德载物"，讲的是我们应该胸怀广大，学会包容，以宽容的心态对待人和事。

"新常态"是新时期、新时代，具有全面、深刻、持久的特征，必然要求速度变化、结构优化、动力切换。把握好五个问题：

辩证分析。既要看到经济下行的严峻性和巨大压力，也要看到光明和希望，更不要悲观、低沉、消极，要在严峻性中看到灵活性，在压力中找到动力，善于把挑战转化为机遇。大海航行，既有暗礁、险滩、风暴，也有平流、和风、蓝天。"新常态"是中国经济重新"洗牌"的时期。

分类施策。坚持一切从实际出发，具体问题具体分析，把质量和效益放在第一位，对症下药，灵活用计，精准发力。"西医"与"中医"并举，找到新生点、新途径，以个性化、专业化、多样化、差异化赢得新胜利。

抓住重点。要加大培育新增长点、转变发展方式、改善民生的力度。

加强监督。发挥担当精神，增强使命感和责任感。争取主动作为，创新流程，提高工作效率。形成积极向上的进取氛围。

增强信心。信心比黄金更重要，提振精气神最为关键。"新常态"是对心理的考验，是对智力的检验，是对定力的测量。

3. 重视教育价值的深厚传统

在孔子看来，人是可塑、可臻至善的，人可以通过教育，特别是内省、修身和仿效外部楷模而走入正道。孔子注重教育在改造社会和使民从善方面的力量，他甚至把教育的作用与充足的粮食供应和国防相提并论。

中国古代曾有"孟母三迁"的故事，说的是伟大的儒家孟子小时候母亲三次迁居，为的是让他有好的老师、好的邻居、好的同学，以便受到好的教育。许多研究的结果都表明，父母对孩子、教师对学生的期望高，学校教学的目标就高，对下一代的要求和训练就严格，因而也就有利于提高学习成绩。

（二）三本"教育护照"

世界经济合作与发展组织的K·博尔指出："未来人应具备三本'教育护照'，一本是学术性的，一本是职业性的，另一本是证明人的事业心、进取精神、创新能力和协调组织能力的，而国际人也同样需要这三本'教育护照'。"

1. 新加坡灵活而多元、因材施教的基础教育制度

新加坡基础教育制度建立的出发点是"充分了解到每个学生的能力、兴趣和资质各异，帮助每个学生追求自身的梦想，拓展自身才能，增强自身优势"。其基本特点是"灵活而多元、因材施教，竭尽所能为学生提供基础宽泛的教育，同样重视发展他们在学术和非学术领域的能力，保证学生能够多方体验，有充分的机会发展今后生活和工作所需要的技能和价值观"。

对学生成功分流，根据差异使学生接受适合自己的教育，实现"精英教育"与"大众教育"的结合。其成功之处在于：对学生成功分流，切实做到引导学生根据自身条件选择并接受适合的教育。这种分流使得学生能够依智力、语言能力、兴趣、潜质等因素分别接受学术性教育或职业技能教育，既重点培养精英又保证普遍就业。

新加坡的小学离校考试和引进的剑桥普通教育证书考试，都是有一定难度的、重在考查分析和解决问题能力的考试。这也保证了所谓"精英"绝非死记硬背课本内容，而是靠"应试"产生的。可以说，新加坡的考试既保证了方法是客观的因而分流是公平与公正的，又保证了考试标准是较全面的因而分流是符合学生发展水平的。

例：新加坡中小学教育质量监控与评估三举措。

举措 1：校群督导制度——发展、指导和监督学校领导。

"校群督导"是教育官员，一般是从有威望的、管理出色的中小学校长中选拔出来的管理人员。新加坡教育部以地域为基本标准把全国分为东、南、西、北 4 个区，每个区分别由教育部学校督导司的 4 位副司长负责。每区又分成 7 个校群，多数的校群都包括了不同类型的学校（小学、中学、初院/高中），校群就是由校群督导负责管理的。

校群督导的主要任务是发展、指导和监督学校领导的工作，确保学校的有效运行。同时，还要确保校群成员之间通过互相交流、分享与合作来提高每所学校领导团队的能力和水平。

举措 2：全国统考制度——为学生提供合适的课程。

全国统考制度为具有各种不同能力和天赋的学生提供合适的课程，并提出恰当的要求以达到因材施教的目的。同时，全国性的学生成绩评估体系保持了考试的效度，也在一定程度上有利于教育质量的比较和监督。

举措 3：卓越学校模式——有助于鉴别和奖励各类学校。

卓越学校模式的评估实行的是学校每年进行校内自评，而教育部组成的评估组成员每 5 年一次对学校进行校外鉴定。卓越学校模式作为学校问责的一种工具，有助于鉴别和奖励各类学校，也有利于家长和学生做出更明智的选择，同时学校的教育质量也受到了监控。

2. 乘法的"哲学"

爱因斯坦做过一个实验，人与人之间信息交流的复合值并非简单的相加，而是乘方关系的。如 8 个人相互交流，假设每个人的信息量为 2，其信息总量不是 2＋2＋2＋2＋2＋2＋2＋2＝16，而是 $2 \times 2 \times 2 \times 2 \times 2 \times 2 \times 2 \times 2 = 256$。因为在相互交流中会不断地吸收信息，同时又会不断地加工信息，进而产生新的信息。如此循环，信息量像滚雪球般越滚越大。

"做乘法"的国际理解教育是一种精神内生和价值通达。所谓"做乘法"的国际理解教育，就是依托本土文化中人性共有的精神与价值，从日常生活中寻找理解的基础——共同的意义，通过师生共同的校园生活，进行内涵挖掘和亲身体验，以达到理解异国和圆融自身的通达效果。人性共有精神价值是所有文化的共同基础，是国际理解教育实现的可能条件。

基于地域差异而形成的本土文化和异域文化，不同的是二者的表现特征，相同的却是二者的核心本质。因为不同，我们需要理解；因为不同，我们才有可能理解。把握不同文化本质的异同，理解和接受文化形式的不同就会更加容易，宽容多元、尊重差异的国际理解就更易实现。

3. 培养全球化时代需要的技能

全球教育着重培养学生的沟通、协调、批判、移情、选择、行动等一系列解决问题的能力。全球教育的目的旨在帮助学生适应全球化时代的挑战与应对，因此，跨文化教育成为全球教育的主要组成部分。

全球教育的领域本身就是一个多学科的领域，需要从多学科视角进行整合教育。受过全球教育的人能够坚持对平等、正义、人权、民主、和平等人类基本价值观的追求，具有面向世界的宽广胸怀，促进国际合作。

培养学生探究精神，提高自觉解决问题的能力。注重培养学生观察、思考、表现、评价能力，要求学生说真话、实话、心里话，不说假话、套话。激发学生展开理想的翅膀，让学生在研究、探索中张扬个性。教育学生在着手解决问题前先思考行动计划，包括制订步骤、选择方法和设想安全措施。作为一个完整的科学的探究活动，必须是有目的、有计划、有步骤的实践研究。

（三）教育是经济社会发展的动力

社会才是检验教育是否成功的大考场，应从整个社会的大系统来设计教育。因社会的发展总是与文化、教育、经济的发展交织在一起。

1. 从教育中获得力量

太多教育改革是不能在教室内衡量它的成功与失败的，有价值的投资必须按照最有效的方式部署。纸上的改革需要转化为学校和教室里更好的教育。给予改革充足的运行时间并对其影响进行分析，这是至关重要的。

（1）教育部等七部门关于推进学习型城市建设的政策措施

建立健全领导管理体制。将学习型城市建设列入当地经济社会发展规划，明确和细化学习型城市建设的目标、任务、路径及步骤。积极构建终身教育体系，统筹学校教育资源服务学习型城市建设；将学习型城市建设与社区建设相结合，把社区教育工作纳入社区服务体系建设规划，提高居民能力素质，促进社会和谐；将学习型城市建设同公共文化服务体系建设结合起来，积极探索公共文化资源服务社会的有效途径，不断满足人民群众多样化的精神文化需求。

推进法规制度建设。推进各级各类学校（培训机构）实行学分制，积极开展终身学习成果积累与转换工作，拓宽终身学习通道。建立健全与就业准入、工作考核、岗位聘用、职业注册等制度相衔接的终身学习、继续教育激励机制。加强参与学习型城市建设相关工作的社会工作者队伍建设。

加大多渠道投入力度。拓宽学习型城市建设经费投入渠道。逐步形成政府、用人单位和学习者分担学习成本、多渠道筹措经费的投入机制。

营造终身学习文化氛围。积极培育终身学习文化，营造全社会关心、支持、参与学习型城市建设的浓郁氛围，使学习风尚融入城市文化，提升城市的文化特色和品位。

开展评价、监测与国际交流。加强与国际组织及世界各国在相关领域的交流与合作，共同推进国际学习型城市建设。

（2）美国的"连接倡议"

美国各地的学校正在帮助教师利用科技力量打造面向所有学生的个人学习环境。美国教育部长阿恩·邓肯表示，"我们想要确保每一个孩子，无论是在市中心，还是在农村社区，或是在美国原住民保留地，都有获取知识的权利，并且都有一天 24 小时、一周 7 天的学习机会。"

美国总统奥巴马在 2013 年宣布了"连接倡议"计划。该计划旨在将美国99％的学生与互联网连接起来，确保以数字连接支持在美国课堂中的创新，并给予教师转变教与学所必需的技术支持。"连接未来"正是建立在"连接倡议"计划的发展之上。

美政府推出"未来准备承诺"项目，旨在帮助学校形成一种文化氛围，即教师利用技术使学习更加个性化，通过提供高质量的数字内容来培养学生的探究力和创造力。该倡议突出地区领导的关键作用，并且创造了在这个蓬勃发展并相互连接的世界里，教育者与学生都能通过网络工具获取专业知识的环境。

2. 内在力量改变世界

（1）力量源于内在

寻找我们的使命。只有通过教育不断地激发和鼓励学生的创造力和创新精神，他们才能拥有更好的未来。

善于查询。这就是信息素养，如今学习、工作和生活都离不开信息，不懂得如何获取信息，就无法体面地生存。今天，一个人贫富与否在很大程度上取决于其获取信息的能力。所以，联合国在下一轮发展中，将从过去单纯减贫，提升到信息减贫，也就是说靠信息改善生活，靠信息走上致富之路。

善用工具。我们处在一个混沌的信息世界，处在一个无序的信息空间，在网络世界，旧的秩序不断地被打破，新的秩序不断地被建立起来，而那些善于开发和运用工具的人，会利用自己的聪明才智，把一切相关联的东西连接起来，然后按自己的设想去建立一种新的秩序。当大家都处于混沌之中，能发现和建立新秩序者的人就成为赢家。

善于创新。从学到用之间有一个转化的过程、把别人的经验和知识通过自己的消化和吸收，然后转化为一种创造力，这种转化的过程就是创造的过程、创新的过程。创新有两个鲜明的特点，就是自下而上的过程和头脑激荡的现象，它能以融合和适应的方式，让发明付诸实现。让每个学生都有发挥自己能量的机会，把每个学生独特的能力激活起来。

善于交流。交流，需要用多重意思来表达：传播、交流、交通、通讯等，交流的能力把人与人、国与国之间的能力区分开来。交流的能量与经济或文化的能量是成正比的，交流越通畅，经济或文化就越发达。

在网络化时代，每个人都处在同一起跑线上，只要你善于学习，敢于创新，你的目标、你的理想就一定能够实现。

（2）学生有创造力才有未来

对一个国家和社会而言，教育的最终目的是提高人的创造力。在 21 世纪，具有创新意识的人才将主导社会经济发展的走向，不论是新产品的研发、新行业的崛起、新的管理意识，都离不开人的创造力。教育的方法和手段正日益革新，社会对高端人才的需要更加突出专业化、职业化。而这一切，都对教育提出了严峻的挑战。从人才战略的角度观察，21 世纪的竞争将更加集中在人才的竞争上，有人将此比喻为"人才战争"。

只有拥有创造力的人才，一个民族才有前行的动力，一个国家才会在全球化的经济发展中立于不败之地，一个社会才能更加富有活力。在中国，中小学生甚至幼儿园的创造力都是受到家庭、学校和社会环境的共同影响。生命不一定是直线，它可以是放射线、双曲线或反折线，甚至可以是个圆，只要主动塑造，就能完成属于自己的圆。

教育作为培养人才、参与国际竞争的重要手段，其对国家竞争力的重要意义已为各国政府所认同。

第三节　用"国际化思维"管理学校

教育国际化，不仅要求教育管理者具备"高、远、宽"的国际视野，能够敏锐地洞察发达国家所呈现出来的教育亮点，树立"尊重""平等""民主"的国际化思维理念，不断感悟世界优秀教育文化的精髓，尤其是国外先进的教育思想和理念，反思学校自身的不足，深度思考教育的本质，深入探究教育的功能和途径，回归教育的本来价值和意义，提高学校的管理效能。

一、国际理解教育具有一流教育的特征

国际理解教育的能力目标：

第一，外语运用能力。国际理解教育要培养的是学生运用外语工具的能力、运用语言交流合作的能力，而不是考试中背记单词和语法的能力。

第二，信息处理能力。信息整理分类能力，要求学生能够处理较为复杂的材料，科学归纳，合理吸收。取舍能力也指学生的分辨能力，取其精华、弃其糟粕是其内涵。

第三，交际与沟通能力。尊重、平等等态度也要在具体的国际合作与交流中才能得到显现。学生要懂得一定的国际政治、经济和法律常识，掌握一定的国际礼仪，并具备一定的沟通技巧。

第四，文化传播能力。国际理解教育的目标中对弘扬本民族文化有着明确的规定。这要求我们在参与跨文化交流与合作时，积极将自身文化的精华加以展现，传播出去。

（一）思考是语言教育的最终目的

国际理解能力主要包括四个方面：

参与能力。参与是知识内化的必要条件。在学生的心灵深处都存在着让自己成为一个发现者、研究者、探索者的愿望。学生应积极参与国际事务的讨论，将国际理解教育的要求转化为学生自己的内在要求，将国际理解教育目标转化为学生学习的内驱力，使自己真正成为主人。参与能力是决定国际理解教育效果的最直接、最基本的因素。

交往能力。即与他人建立广泛联系并能妥善处理各种关系的能力，对信息吸收、转化的能力。在国际理解教育过程中，面对不同国家、民族的文化，只有在国际交往活动中才能真正理解对方文化，才能相互深入地交流沟通，才能和谐共处、共赢。

合作能力。即人与人之间、国与国之间相互依存、相互沟通、相互协调以求共赢发展的能力，是使个人、国家的生存发展不妨碍他人、他国的生存发展，而他人、他国又积极配合个人、国家的生存发展的能力。合作不排除竞争，合作中有竞争、竞争中存合作已成为全球化时代的主题与要求。

批判能力。批判是创新的前提。亚里士多德认为："批判的目的在于能够从正反两方面洞察出真理和谬误。"批判能力是指在高度认同、自觉践履我国社会

主体文化的基础上，对全球多元文化进行理性判断与甄别，剔除其糟粕，吸取其精华，克服偏见和傲慢，进而丰富、创新我国社会主体文化的能力。批判能力包括自我批判能力和社会批判能力。

1. 高等教育国际化的指标

陈化北在《高等教育国际化的实践与研究》中提出，高等教育国际化的指标包括：

· 管理团队与管理模式国际化。

· 教学与科研队伍的国际化。

· 学生和校友的国际化。

· 课程的国际化。

· 本校教师接受海外教育的比例。

· 本国学生在校期间出国学习交流机会的多少。

· 毕业生在海外留学、就业、发展及在国外的分布情况。

· 与海外高校的合作伙伴关系、合作项目的多少。

· 与跨国企业建立合作伙伴关系的多少。

· 举办、承办和参与各类国际学术会议的情况。

· 国际合作办学、联合办学、联合培养、合作科研等项目的多少。

· 教育输出——海外办学、教师海外讲学的情况。

· 教职员工出国、进修、访学情况。

· 教学、科研人员在国际性学术刊物上发表论文及论文被引用的情况。

· 科技创新、发明等重大科研成果和国际性学术奖项的获奖情况。

· 实验室对外开放的程度。

例：我国将出台《2015～2017留学工作行动计划》，在未来3年中，加大对尖端人才、国际组织人才、非通用语种人才、来华青年杰出人才、国别和区域研究人才等的培养力度。

衡量一个地区高等教育国际化程度的指标之一就是留学生指标。一般认为，当一个地区外国留学生占高等教育在校生的比重超过8％，就意味着该地区高等教育进入全球化阶段。

美国的"百万人留学海外计划"，鼓励学生走出去，计划在未来的十年中，每年都有一百万学生到海外学习。日本提出"年30万留学生计划"以促进留学生教育区域合作。

2. "教育国际化"的深层目标

将自己的视野从传统的专注于本国范围的教育投向更大的全球范围，充分利用信息技术与全球化带来的有利条件，以更开放的姿态，不失时机地在全球范围内竞争、吸引、分享、整合和配置包括学生、师资、技术、资金等优质教育资源，以最大限度地服务于中国教育对外开放战略和教育事业的改革开放。

我国历代留学生对中国的现代化事业做出了不同的历史贡献：

· 以孙中山和黄兴为代表的第一代留学生的主要贡献是推翻了清朝政府，建立了中华民国。

· 以周恩来和邓小平为代表的第二代留学生的主要贡献是打败了日本侵略者，建立了中华人民共和国，改变了中国的命运。

· 以钱学森、钱三强、钱伟长为代表的第三代留学生的主要贡献是为发展中国的科学和教育事业立下了不可磨灭的功勋，其突出的功绩即"两弹一星"的研制成功。

· 以江泽民和李鹏为代表的第四代留学生的主要贡献是在改革开放后的 20 年中，将国门向外部世界重新打开，开启中国与国际全面接轨和融入全球体系的新阶段。

中国第五代留学生的特点：人数多、层次高、重理工、发挥桥梁作用、参政意识增强。中国大陆的人均国民经济收入达到 2000 美元以上，大批留学生就会回国，就必然使我国受益。

3. 锦上添花：美国的大学先修课程

美国高中教育的基本标准很低，不会让学生"吃不了"；对于具有高度学习动力的学生，将提供富有挑战性的课程，不会让学生"吃不饱"。大学先修课程项目以一些具有天赋的学生为教育对象，充分反映了美国教育重视个性与兴趣、充分发挥学生潜能的鲜明特征，凸显了美国教育"追求卓越"的基本精神和加快优秀人才培养的努力方向。

美国高中"走班制"，即学生没有固定教室，根据自己的选课情况去不同的教室。因此，我们应坚持问题导向：普通高中"走班选课"由选修课程扩大到必修课程，分层走班教学应成为学校的常态。选修课程要加强顶层系统设计，围绕主干课程及课程群进行开发开设。认真落实学生选课权，坚决防止和制止课程赶进度、随意增加课时、挤压选修课、违背学生意愿强制确定选考科目等现象的发生。

选课辅导计划。高中学习是一个持续的过程，入学时，就根据学生将来想从事的职业、学生想进的大学、个人兴趣和倾向、学生生活的需要、当下要求等，每个学生都配有咨询教师，与家长、学生共同讨论学生的发展，制订课程方案。一个好的课程方案，是学生个性化的方案，符合学生的兴趣与发展需要。

例：美国最好的公立高中杰弗逊科技高中，不但开设了大一数学系水平的科目如 AP 微积分 AB、AP 微积分 BC、多元微积分等，甚至还开设了大二、大三水平的复变函数、微分方程。也就是说，一些学生的数学"高考"科目，就可能达到 5 门之多。如果我们的数学高材生，从单纯的奥数集训的迷途中醒悟过来，打下如此因人而异的、高深的数学基础，假以时日，又何愁不能从一个数学大国转变为一个数学强国呢？

中西方在知识学习方面的差异：国外的先进教育则注重技能、自由时间充足、讲究学习扩散性和开放国际课程。中国特色是注重知识、抓紧作业、讲究知识基础性、进行考试辅导。

（二）唯有"教育"，才能延续、发展自己民族的生命力

"平等、品质、公正"的芬兰教育，已成为全球热门品牌。高昂的纳税金，大量用于教育，因为"以人为本"：唯有人力资源，才能建构国家的未来；唯有教育，才能延续、发展自己民族的生命力。

1. 芬兰教育："世界上落差最小"

芬兰从独立到"二战"的磨难与生灵涂炭，让一代代的芬兰人清楚明白，唯有扎实、平等的"教育"，才是社会和人民走向独立自主的最大资产。"二战"期间与战后，芬兰人共享了荣辱起伏，使"全体芬兰人"一起保住了这个国家。

（1）"唯有大家都好，社会才会好"

从独立之初的内战到"二战"，让芬兰人相信了社会和族群不能自我区隔，只有充分落实教育与生活上的平等精神，小国才能得以生存和长期发展。就是这么执着于这个道理，才长期在全国各地各校，对于需要特殊辅导教育的学习缓慢的学生，投入不间断的关心和教育资源。

"有教无类"与"因材施教"。千百年来，我们再熟悉不过的教育理念，却在北欧这个小国，被扎扎实实地付诸实现！他们其实只有一句"不让一人落后"。芬兰的普遍大众式教育惠及的是每一个学生，带来的必然是国民素质的整体提升。

在北欧的芬兰，所秉持的就是"唯有大家都好，社会才会好"。国家与孩子的未来，唯有重视人本价值的"众生平等"教育观念，与长时间实实在在、点点滴滴地用心扎根，才会真的茁壮成长。如此而已。

（2）让学校找到令自己卓越的领域

社会的需求是特色的和多元的，因此需要教育也是有特色的和多元的，它充分体现了教育为社会的需求和发展服务，并引领社会的发展。教育是个非商业化的社会生产活动，它生产的"产品"是未来社会所需要的人和人才，其中有"普通产品"，即形成这个社会的芸芸众生；也有"高端产品"，即社会精英人才。"教育生产链"，即幼儿教育至研究生教育的全过程。在这条生产链中，上游对下游负责，后一工序检验前一工序，而特色教育就相当于生产链中的一道工序，即"特色工序"。

高中特色教育的目标在于培养学生"一定的学术水平，批判和创新能力，领袖能力，运用知识和解决问题的能力，以及学习的目标、能力和动力"。陶西平认为，特色办学就是让学校找到令自己卓越的领域，这是一个长期的教育创新过程，需要不断深化、不断丰富、不断积累，需要学校充分发挥自身的能动作用。

2. 以色列的教育之道

以色列是一个自然资源贫乏、以高科技著称的国家，信息科技、农业科技、国防科技都处于世界领先水平。这个民族特别重视教育，把教育作为立国之本、强国根基。

（1）犹太民族是一个崇尚简朴的民族

一个坚强的民族必有信仰，信仰凝结着民族历史精华。犹太人是最古老的宗教民族，他们创造了旧约《圣经》《塔木德》等犹太经典，这些经典是犹太民族的文化教科书。

知识是最可靠的财富，是唯一可以随身携带、终身享用不尽的资产。这种观念植根于犹太民族的脑海中。

犹太经典《塔木德》被称为"犹太第二经典"，地位仅次于旧约《圣经》。《塔木德》认为学习是一种至善的行为，是一切美德的本源。所以犹太人会以这样的形式早早地对小孩开展教育。

《塔木德》具有思辨性，不仅启迪犹太人应思考什么，更重要的是如何思考。通过对《塔木德》的学习，一代又一代犹太人经常性地锻炼自己的敏锐度，他们的智力从孩提时就变得异常突出。这种思辨性造就了犹太人所具有的不同寻常的智慧和洞察力。

（2）国家规定要在各级学校教授犹太经典

政府认为希伯来语、圣经文化是犹太民族的根基，是犹太民族连接过去、现在和未来的纽带，在教育部规定的教学内容中，希伯来语和犹太历史、犹太律法、圣经等有关犹太教的学习是每个犹太学生从小到大必须学习的课程。

犹太人教育的一大特点，就是贯穿了"苦难教育"。他们把摩西出埃及的故事、哭墙的故事、马萨达抵抗罗马人围攻的故事、法西斯杀害六百万犹太人的故事，深深印进孩子们的心灵，让他们永志不忘。

苦难教育，不仅强化了以色列人的求生意识和坚韧不拔、宁死不屈的意志，还极大地激发了他们的学习和创造精神。因为他们深深懂得，只有以教育立国、以科技创新立国，他们才能在动乱的中东立足，在世界有一席之地。

历史上犹太人的聪明才智被各大枭雄所嫉妒，差点造成灭族，正因为如此，犹太人留下的都是精英，造就了团结一致、万众一心，几百万的人口却对抗几个千万人口的国家毫不失气节和信仰。

（三）中小学国际理解教育需要注意的问题

正确理解国际理解教育，要从学术概念层面和学校办学实践层面深刻而务实地解读，要处理好教育国际化与教育本土化、教育民族性、学校特色间的复杂关系，要依据学校教育和学生发展两个角度来审视国际理解教育的成效。过分地夸大教育的作用是我们当前最大的危机。过于夸大教育的作用，就会让我们走到教育的绝路，这是非常危险的事。

1. 价值观在国际理解教育中的影响是关键而深远的

世界各国教育改革的具体指向虽然不同，但是价值追求大致是一致的，一个是追求教育公平，一个是追求提高教育质量。为了培养国际化人才，为了提高中国的教育国际化水平，应重视这几个问题的研究：第一，把握世界教育发展的态势；第二，借鉴国外的课程和课程体系；第三，促进中外合作办学；第四，加强中外学生的交流；第五，加强国际理解教育。

重视体验式学习，增强"当事者意识"。价值观在国际理解教育中的影响是关键而深远的。国际理解教育着眼于全人类和平与发展的大目标，具有宏观视野。这一特性容易导致国际理解教育具体的学习目标和内容落空，或者大而化之。因此，在设计国际理解教育目标和内容时，应该围绕培养"当事者意识"展开，既要放眼学习当今人类面临的各种重大全球问题，又要反思日常生活中各种"无责任感"现象，并身体力行。因此，采用不同于传统分科教学的方式，体验、探究等学习方式尤为重要。

2. 各国教育的文化背景不同，教育创新的追求不同

中国基础教育正在努力减少教学内容，降低教学难度，来提高学生的素质。但是日本正在实行增加课时、加深难度来提高教育质量的政策。而法国是公布了共同基础法令，用这个法令界定基础教育应该打好的共同基础，他们认为如果在

基础教育领域里面加进的东西太多，基础也就打不好了，所以，应该界定一下基础教育应该完成和能够完成的任务。

中国正在试图使学生掌握更加广博的知识，打下更为宽厚的素质基础，扩大学生学习内容的范围："学会做人，学会自律，学会学习，学会思考，学会乐群，学会审美，学会创造，学会健身，学会生活，学会劳动"。

3. 学校的灵魂，在于校长、教师身上的教育气质。为此，应当做好以下"三个服务"：

其一：领导为教师服务。

工作上，努力创造舒适的工作环境和优质的工作条件；

发展上，为教师提供学习、进修、培训、科研、提高的场所与机会；

心理上，创设一个民主宽松、积极进取的精神氛围；

生活上，满足教师的各种合理需求，为教师创造展示才艺、陶冶情操、愉悦精神的丰富校园生活，让教师享受校园幸福。

其二：教师为学生服务。

学习上，努力创造温馨的学习环境和优质的课堂教学；

发展上，为学生提供自主、探究的时空场所与机会；

心理上，创设一个民主、宽松、和谐的育人氛围；

生活上，关爱、关注、关心学生的生活，帮助学生解决学习、生活困难。不伤害一个学生，不漏掉一个学生，不放弃一个学生，让每个学生都得到发展服务。

其三：后勤为一线服务。

服务学校发展，服务队伍建设，服务教育教学，服务校园生活。

二、国际理解教育引领学校品牌建设

交流是语言实践的目的，也是语言学习的手段。在跨文化教育的实践中，一方面要让学生拥有理解、包容不同文化、习俗的胸怀和素养，并树立世界公民意识，使学生具有国际责任感与国际意识；另一方面更加注重中国传统文化的教育，让学生的发展建立在本民族传统文化的根基之上，无论走到哪里，都能保持着中国灵魂、中国情怀。

（一）以跨文化教育的理念重新审视我们的育人目标

跨文化教育的目的是"增进融合，尊重文化间的差异，减少各种形式的排斥，理解其他个体与其他国家，培养学生跨文化的适应能力，帮助学生在多元文化社会中更好地生存。"

1. 现任联合国教科文组织副总干事、国际教育局局长，对母语教学的建议

第一，语言课程应当扩大孩子们的母语词汇，将母语与学校中所使用的语言联系起来；

第二，确保孩子们理解语言的文化范畴；

第三，培养孩子们丰富的描述性策略，使其能够描述自身的感受和周围的环境；

第四，使孩子们能够用母语以及其他语言进行反思，思考是语言教育的最终目的。

中小学阶段的科学类学科主要包括数学、物理、化学等课程，这些课程更为强调学生科学行为的培养。科学行为确定为以下方面：

· 观察、分析、比较与归类的技能。

· 通过实验学会了解与尊重事实。

· 文献研究。

· 批判性思维技能的开发。

· 主动学习与合作学习。

· 项目教学法的开展。

· 将学生的表现或原初的知识作为差异学习的起点。

从以上界定可以看出，科学类学科教学在培养学生获取信息能力、团结合作精神、尊重事实的客观态度等方面都发挥着作用。

2. 以跨文化教育的理念，重新审视我们的育人目标

——培养学生具有国际观念、国际意识，克服狭隘的民族主义，树立服务全球，向全球开放的观点；

——培养学生具有国际交往能力，能与外国人和谐相处，尊重外国的风俗和宗教信仰，维护中国的民族尊严和法律权威；

——培养学生至少熟练地掌握一门外语；

——培养学生具有一定的国际知识，了解外国历史、政治、地理、风土人情等。

跨文化教育所培养的人才应该是基础扎实、身心健康、气质高雅、能力综合、具有中国文化根基的国际公民。实现跨文化教育，构建跨文化教育的基本范式，以此培养学生强烈的国际意识，拓展国际视野，培植世界公民素质，使之成为合格的"世界公民"，是今天这个时代，以及开放的城市教育发展之必然，更

是全球化时代的新使命。

（二）在阵痛中寻找中国教育的解药：在标准体系中寻求机会，教育需要差异性。

叙事思想家们将"复杂"的"大"道理，用"简单"的"小"故事或寓言使读者有所悟或豁然开朗。他们不仅在讲述某个人物的生活故事的过程中，揭示了一系列复杂的教育场景与行为关系，而且"照亮"了某个人物在此场景中的心灵颤动，可以给读者一种精神震撼。

《圣经》为什么在西方深入人心？靠的就是里面一个个故事。校长在介绍自己的办学经验时，不能只干巴巴说几条"筋"，也应该学会结合一些具体的事例或故事进行，让人家听起来更有趣。推广某个理念，讲故事是一种很好的方式。

1. "想象－创造－学习"：创造力作为教育的核心

创造力已逐渐成为21世纪最重要的技能，我们必须找到新的资源来应对全球教育系统所面临的快速变化的挑战。纵观人类历史，创造力是推动发展的关键。因此，只有创造力才是成功的源泉。

（1）把创造力带入教学过程，给学生评价体系带来新的机制

探讨怎样在学习中利用其他方法而不是单纯的考试成绩来评价学生。有调研结果表明：世界各个国家和地区的教育体系预计将会经历重大变革。学校将成为一个交互式学习的场所，技术和课程设计方面的创新将会彻底改变教师的角色，并且从根本上重塑学习。

例：提高课堂教学效率——突出"四性"。

体验性——让学生寓乐其中。高效课堂，是以学生为主体的探索性地解决问题的教学活动，学生积极主动地参与是上好课的前提，不论什么内容的课，学生的亲身体验至关重要。只有这样学生才能加深对知识的理解和感受，才能在活动中学会求知、学会合作、学会交流。

方向性——让学生不走歧路。学生参与活动的全程是上好课的关键，课堂中的关键提问要围绕教学重点、难点和关键点进行。要找准新旧知识的交接点，要针对学生的思维发展情况提出问题，务必问在"节骨眼"上。开放不等于不着边际，这就要求教师在设计教学时，不仅理念需要开放，更重要的是问题的设计要有针对性、有指向性、把握一定的度，否则学生会迷失方向。

实践性——让学生学以致用。教师可以根据教学目的需要，联系生活实际，设计问题情境，激发他们探索和解决问题的兴趣，还可以结合教材的内容，精心设计各种实践性练习题，让学生在练习中体会知识和日常生活息息相关。

开放性——让学生意犹未尽。给学生的思维创设一个更广泛的空间，有助于激发学生的创新意识，养成创新习惯，发展思维的创造性，提高学生分析问题、解决问题的能力。

（2）以促进教育中的创造力为着眼点

创造力应该作为教育核心。如"苹果手机，90％的零部件都是在中国制造的，但98％的利润回到了美国硅谷，因此，真正产生价值的是设计和创造。"传统教育模式更关注工业时代大批量的人才培养，而缺乏个人定制化学习，缺少教育创新的价值培养。创造力的培养是全世界共同关注的话题，现有的学校教育，是在19世纪形成的，是为工业化时代培养人才，而现在正进入一个全新的时代，它的特点就是迅速变化和不确定性。时代变了，环境变了，社会生活突飞猛进，教育也需要适应这样一种变化，创造力的培养被赋予极高地位。

比尔·盖茨促进优质教学感言：目标必须先明确地标示出来，才能掌握方向，在恰当的时机介入，朝终极目的迈进。妥善运用实际操作过程中发生的案例及各类资讯，作为判断何者可行或何者不可行的依据，因而拟定合乎所需要的正确策略。他举证，找出评量教学成效的最佳方式，对优良的教师来说，才是最好的鼓励。

（3）出类拔萃的人往往个性突出、特长明显

个性是创造力的一种心理学基础，"我们看到，世界各个领域、各行各业，凡是在某个领域有出类拔萃的表现的，都是个性突出、特长明显的人。鼓励个性发展，是现代教育的核心价值，在这个基础上才能谈创造力、创新能力。

例：林肯的用人之道。

美国商业战争初期，林肯总统先选拔没有缺点的人任北军统帅。这些修养甚好、几乎没有缺点的统帅，却才华有限，一个个都被南军的将领打败。连华盛顿都差点失掉，举国上下一片慌乱，林肯也受到极大震动，他分析对立方的将领，从杰克逊起，几乎个个都有明显的缺点，用时又都有自己的特长。他得出如下结论："南军将领能善用手下特长，打败了自己任命的看来没有任何缺点，同时也不具有特长的北军将领。"为此，林肯毅然任命酒鬼格兰特为北军将领，当时舆论大哗，人们说"昏君"用"庸才"，北军完了。好多人晋见林肯，说格兰特贪酒好杯，难当大任。林肯不为所动坚持用格兰特。事实证明：正是由于对格兰特的任命，成了美国南北战争中北军取胜的转折点。

世界上任何事物都包含既对立又统一的两个方面，即任何事物都有两点，而不是一点。林肯的用人之道在于既看到了人的长处和短处，又能够不拘小节，用

人之长，所以最终取得了胜利。

思考：教育和智慧将成为国家活力永不衰退的新资源。

中国的教育问题和世界是完全相同的，教育创新面对的挑战是要连结这样两个不同的目标：帮助边缘群体获得必要的教育，提高青少年在未来社会的生存能力。即通过教育创新促进教育公平，通过教育创新培养创造力！

著名的"世界教育创新峰会"，旨在促进全球合作、寻求创新方案，把先进的教育实践推广至全世界。该论坛已经成为世界范围内最高端和最具影响力的教育论坛，体现了论坛创办者卡塔尔王室的远见卓识："当地下的石油资源枯竭之后，教育和智慧将成为国家活力永不衰退的新资源"。

2. 天道酬勤：世界需要袁隆平

袁隆平先生从事杂交水稻研究已经半个世纪了，不畏艰难，甘于奉献，呕心沥血，苦苦追求，为解决中国人的吃饭问题做出了重大贡献。袁先生的杰出成就不仅属于中国，而且影响世界。

袁隆平一心为民、造福人类，肝胆相照的思想风范，与时俱进、勇攀高峰的创新精神，不畏艰险、执着追求的坚强意志，严以律己、淡泊名利的高尚情操，是当代中国人学习的楷模，更是新世纪呼唤的时代精神。

袁隆平赞成这样一个公式：知识＋汗水＋灵感＋机遇＝成功。

要了解袁隆平先生，是困难的，他在媒体中的形象是多样的：他以"杂交水稻之父"的美誉名扬天下，无形资产评估时被估出超过 1000 亿的身价，面对共和国总理的到访，他却直言不讳申请到 2000 万的科研经费；作为"中国最著名的农民"，他精通田间地头的每一样活计，一身泥土气息，却是一个地地道道的城里知识分子出身；作为共和国第一批大学生，他拉得一手动听的小提琴。袁隆平，一个心里装着世界温饱的科学家，一个深藏中国传统士大夫气质的无双国士。

袁隆平觉得自己应该做点什么，用他当时的话说，就是要为几亿农民研制优良种子。他所能掌握的资源，就是田间随处可见的水稻；他所能做的，就是用知识来提高水稻的产量；他所拥有的，就是一个中国知识分子对天下百姓疾苦的自我担当！有人这样评价袁隆平："学者和平民之间，隔着一片苍翠的原野，如果学者穿越这片原野，他就会成为一位圣贤。"

国际上这样评论袁隆平的杂交水稻："中国杂交水稻是在脱离了西方这个所谓农业科学源头的情况下，自己创造出来的一项成果，而袁隆平为给中国解决贫困与饥饿，赢得了宝贵的时间。他在农业科学的成就击败了饥饿的威胁，他正引导我们走向一个丰衣足食的世界。"

3. 教师也学"卖油翁"

故事：有一个将军在军营里练习射箭，箭箭皆中，军士们叫好不止。门外一个卖油翁看见，不禁嘻笑。将军问何故，卖油翁用勺子将油灌入葫芦孔，竟然一滴不漏。老汉说，这不过是熟练罢了。

这是北宋欧阳修所著的一则写事明理的寓言故事，形象地说明了"熟能生巧""实践出真知""人外有人"的道理。寓意是——所有技能都能通过长期反复苦练而达至熟能生巧之境。

启示1：古人说："不经一番寒彻骨，焉得梅花扑鼻香。"

人生的成就来自艰苦卓绝的自我塑造，人生目标的实现没有捷径可走。"老实，真干"，是事业成就的金玉良言，丝毫的放松懈怠和侥幸心理都将导致最后功败垂成。

启示2：以关爱他人、服务他人的诚心，认真走好人生的每一步。

将圣贤的学问，在待人处事接物中力行，不仅能感受到"学而时习之"的喜悦，而且在不断实践的过程中，逐渐从效法圣贤到成圣成贤，才是人生价值的真正实现。

启示3：熟，不只能生巧。"熟"带来的思维定势会误导人做错事。

很多人只相信自己的经验和感觉，认为自己经常做的事、自己的经验是非常有效的，因此往往以自己"熟"而自得，依赖自己的老办法老规矩。可是他们没有想到，这个世界是个不断变化的世界，万事万物也都在变化当中。当客观的条件变化之后，你还采用旧的方法和理论，得到的只能是失败。所以说没有一成不变的真理，也没有永恒不变的箴言。

启示4：做事的境界。所谓境界，说起来有点抽象，实际上就是人在做某件事时所处的精神和身体上的一种状态，以及由此控制的做事的成败结果。

境界不是简单地指事情有没有做成，而是主要指在做事的过程中那种综合性的状态和体会。境界只有在锻炼得很纯熟之后才可能达到，如果连根本的技术都没有掌握，当然谈不上什么境界。如果说存在"最高境界"，一颗虚怀若谷的平常心是通向那里的唯一途径；心浮气躁、自以为是的人永远都只能在顶点的周围踏步。

（三）激荡思维：教育领导力修炼

孔子认为，教育是治国的一种有力工具。通过教育，统治者学习"亲民"，被统治者学习"忠君"。君王的亲民与黎民的顺从，就可导致稳定的社会秩序。

1. 全球教育是国际理解教育发展的新阶段

全球教育不是一门课程，而是贯穿于所有课程的教育理念。美国的全球教育从课程理念和课程目标上来看，有全球本位、国家本位、个体本位三种价值取向，体现出理论家、政府政策和教师之间在教育目标上的冲突与整合。美国全球教育反映出美国人对美国的世界主导地位的认同。

全球教育有三个层次：第一层次是全球知识教育。第二层次是全球思维方式的教育，即通过第一层次的知识方面的学习，获得全球视野、全球观念和全球思维方式，把握人类社会整体状况，培养从人类社会总体去考察和分析社会生活的思维方式。一般而言，美国的社会课程有两项任务：一是让学生明了作为一个美国公民应当承担的责任和应具备的能力；二是了解世界民族和文化的多样性，在世界舞台上发挥作用。第三层次是全球意识和全球化素养的培养。这是全球教育的最高目的和最高境界。其最终的指向是加强人类的团结与合作，共同解决人类面临的各种全球问题，建设和谐世界。

2. 学校行政领导将成为"学习领袖"

2009 年，经合组织发布《营造有效的教与学环境》调查结果的分析报告，就学校领导力培养的目标提出了一个鲜明的观点——让学校领导逐渐从过去的"官僚化行政人员"转变为"学习领袖"。

作为学习领袖的学校领导，需要满足更高的期望、肩负更大的责任和应对更复杂的环境，学校管理必须超越微观管理层面，迈向更高层次的引领发展。学习领袖的角色已经远远超越了一名行政管理者的角色，作为学习领袖的学校领导必须站在教育系统的最前沿，引领教育潮流和学校发展，成就一所学校即是造就一面学习型组织的旗帜。

作为学习领袖，学校领导的职能主要聚焦于对学校教师及其教学的管理。作为学习领袖，学校领导应该在与其他学校、社区、组织的合作中发挥重要作用，具备超越学校范围的领导力。还必须加强与外界的合作、构建合作网络、分享资源或者共同开展工作。

3. 国际理解教育引领学校品牌建设

"国际理解"的目的是促进合作与和平进程，原则是促进不同社会文化背景的不同国家和人们之间的相互了解和尊重。国际理解教育是指基于上述目的与原则的终身教育，包括学校教育和成人教育等。

（1）如何有效地开展国际理解教育

目前我国各地开展的国际理解教育，主要是通过学科教学活动渗透国际理解教育。系统的国际理解教育课程是这种学科渗透式教学的核心。如果说学科渗透式的国际理解教育是一种发散式的国际理解教育，那么，国际理解教育课程就是一种聚合式的国际理解教育，可以归入综合活动课程的一部分。学科渗透式的国际理解教育虽然有利于营建国际理解的校园文化环境，但是诸多学科的分散教学容易缺乏问题凝聚点，不利于学生根据问题进行研究性学习。并且，由于传统教学方式的影响，很可能使教学流于形式，不利于持久开展国际理解教育。

国际理解教育课程的学习与其他学科课程学习有着紧密的联系。表现为：以国际理解教育课程为主线，引导学生探索各学科中的有关知识，也就是从国际理解教育课中提出各种问题，引导学生到各门相关学科知识中寻求答案。这些问题不同于单纯的学科问题，而是围绕国际理解这一主题体现出综合性、基础性、选择性。该课程所追求的不是教给学生问题的答案，而是教会学生探索问题的方法，养成关注人类命运、关心地球可持续发展的"全球公民"的素质和态度。国际理解教育课程离不开各学科课程的大力支持与合作。

（2）"教育品牌"要通过实施品牌教育而实现

"教育品牌"应该是综合性的办学成就的反映，是学校特色、学校文化、学校传统及学校品位的集中体现，是学校长期以来形成的人文精神、行为方式和价值取向的积淀；"教育品牌"首先体现的是一种"精神服务"；教育是培养人的，是培养人的人文精神和科学精神相结合的精神；"教育品牌"要通过实施品牌教育而实现。真正的品牌教育要让学生终身享有以下本领，一是享有各种知识和技能，二是享有学习方法和思维方法，三是享有人生的智慧。最终能让学生享有一生的幸福，这就实现了教育的目的。

品牌教育的创建是个长期的过程，需要进行精心的教育策划。策划包括：

目标设定。根据学校的基础、层次，社会对人才素质的要求等因素，确定品牌教育的建设目标；

特色确立。"学校有特色，教师有专长，学生有特长"，已成为中小学追求的理想办学境界；

理念确定。品牌教育的核心是具有先进的教育理念，在现代教育理念的指导下，确立全新的教育观、育人观，培养学生学会学习、学会做事、学会生存和创业、学会合作与共处；

形象设计。公众形象是一所品牌学校的显性要素，学校的品牌树立除了内涵强化，还要注重传播，以提高知名度与认同感。

（3）打造教育品牌的战略措施

要不断地维系教育品牌的表征。品牌教育是学生、家长乃至社会中，人们对品牌教育的过去、现在和未来期望的综合。

打造品牌教育一定要有持续不断的投入。对品牌教育的投入不仅要有物质性的，更要有精神性的，特别是要不断了解学生、社会发展需求变化的特点，据此才能创造出品牌教育的特色优势。

打造品牌教育要不断地建立、维持与发展学生、学校与社会的忠诚关系，因为学生、学校与社会关系建立与关系忠诚是品牌教育走向成熟的必然。

三、寻找教育改革的实践领袖

教育家不是那些身处教育实践活动但却肤浅理解教育实践的人。教育家是"精神助产士，帮助别人产生自己的思想"。

（一）教育的"根"应扎在泥土中

"教育是农业而不是工业。"教育离不开"泥土"，"泥土"为什么能够"朴实无华、质朴坚强、博爱无私"？是因为它承载了万物，孕育了生命，生长着希望，寄托着人类的美好未来。

1. 校长接地气让教育更有人情味

校长用言传身教践行诚信教育——育人形式多样、出人意料而又在情理之中，于一件件小事之中见精神。

例1：美国科罗拉多小学校长瑞安·卡斯特向学生们承诺，如果他们能为小镇今年秋天的狂欢节卖出1万张票，他就答应让学生们把他粘在墙上。学生们争先恐后去实现目标，结果最终卖出了1.1万张票。卡斯特也心甘情愿地让其中卖票最多的27个学生将他用花花绿绿的胶带粘在体育馆的墙上，还被戴上了一个大大的假胡子，他从早晨一直坚持到午饭时间。科罗拉多小学学生委员会还特地宣布当天为"胡子日"。

例2：湖北咸宁实验小学副校长洪耀明一度成了网络话题人物，甚至被一些网友称为"中国好校长"。因为他当着全校4000多师生的面，俯下身去，结结实实地吻了一头小猪。原来这是洪耀明为了兑现之前与学生的承诺——只要学生不乱扔垃圾，维护校内外的卫生，保持一个月后他就亲吻猪。在学生心中，洪耀明是一个幽默风趣的老师，很容易和孩子们打成一片，还曾被评为市实验小学"最受学生喜爱的老师"。这次亲吻小猪之后，学生们佩服洪校长"真讲信用"。

思考：同样是以打赌而且夸张的方式，鼓励或者引导学生完成了既定目标，可以说，中美两位校长言传身教、诚信教育的行为，让孩子们记忆深刻。校长身体力行教给他们的一个理念："信守承诺"。

2. 宁在"地上走"，不在"云中游"

教育的"根"在哪里？陶行知先生在 1927 年元旦来临之际，饱蘸激情地写下了《我们应当向谁拜年》的名篇："我们充饥的油盐柴米是从哪里来的？我们御寒的棉花丝绸是从哪里来的？我们安居的房屋所用的木石砖瓦是哪里来的？都是从乡下来的，都是用乡下人的血汗换来的……我们今天不应该下乡拜年、下乡送礼、下乡报恩吗？"从美国学成回国的陶行知本可以在城市里立脚，到北大、清华等高等学府谋求让人艳羡的职位，但他满脑子都是乡村乡村乡村，因为他想到乡村去开创一番事业。他认为中国教育的根在乡村，乡村师资与乡村教育，是中国教育的根基与命脉！从此，在南京便诞生了中外闻名的晓庄师范学校和燕子矶乡村幼稚园。

当乡村教育走向凋敝的时候，那一定是中国教育出现危机的时刻，因为教育的"根"在乡村！

3. 教育真谛："独立之思想，自由之精神"

教育家办学有别于政治家、政客办学。第一，政府应该尊重学校特别是校长办学的自主权；第二，整个社会尊师重教，不单单是要给教师以较高的待遇和荣誉，还应该尊重他们作为人类进步引领者的思想和行动；第三，学校特别是校长要回归自己的职业，回归教学的思想和行动，把学校内部的事情考虑好，把每个孩子教育好。

教育事业需要更多"懂教育的人"。教育家办学的精神就是坚守，而这份坚守的前提是懂得教育到底是干什么的？教育内在的规定、客观规律是什么？它在当代的要求又是什么？教育对孩子以及他们背后的家庭而言，意味着怎样的一种担当？

要求 1：尊重并敬畏教育的价值。教育的全部秘密在于解放，在于尝试着放弃控制之心，渐渐地，不仅解放了孩子，也解放了自己。"教育就是生长"。让我们在生长的教育过程中，抓住教育的道、教育的根，回归教育的本质。

要求 2：需要有一定的专业（学科、教育理论）素养。如果教育者能对教育本身有更多理论层面的积累和思考，在日常点点滴滴的实践中，就不会简单地去模仿别人的经验，而会善于在一个更广阔的视野和理论的支撑下，认识、思考、设计并创造自己的教育教学实践。

要求 3：扎根于教学第一线的实践。教学与教育管理是一项非常具体的工作，必须与其具体的服务对象、群体契合起来。只有当你的专业素养和实践经验不断磨合、积累，并经过自己的再思考、再提升，才能慢慢修炼出教育的智慧。教育智慧，是一名真正的教育家必须拥有的。

（二）教育有"脚"：脚踏实地

美国著名学者斯巴克斯曾提出教师专业发展的五种模式：个人引导式发展；观察和评价；参与学校发展和改进过程；培训；个人探究。

1. 学术不仅是教授、研究员的事

"学术"是一种思维素质，一种行为方式，一种崇尚科学、追求规律的精神。坚持不动摇、不折腾、不追风，用自己的教育智慧在教育的沃土上精心耕耘，从而收获累累硕果。不为高考，赢得高考。

"朴素最美，幸福至上"：中国教育要回归朴素；中国校园要恢复宁静；中国孩子要享有平安。胡锦涛主席说："静心教书，潜心育人"，真实地办教育，实事求是地办教育，实实在在地办教育。

名家大师进校园，用世界的资源办好学校。每个教育家的成长都需要一方真正属于自己的水土，需要个性化发展。他们永远不可能被模式化、批量化地"制造"出来。汇聚向上的力量，在理性与经验间攀升。

2. 管理"精细化"

魔鬼往往藏在细节里，越是细节越能反映教学管理水平。细节决定成败。重视"讲学稿"的操作流程：个人构思→先成个案→交流研讨→后成共案→课前反思→实施精案→课后反思→交流提升。采用"多人同上一节课""一课多轮"的形式促进课堂教学研究，使教研日常化、平常化、真切化。

多样的，就是差异的；有差异的，才是有个性的；有个性的，才是自主的，也才是和谐的，进而才能实现高质量的教育公平。

（1）教学"有效性"

美国教育多元化与卓越化研究中心提出的"有效教学"的标准包括：

学习共同体。教师和学生共同参与创造性活动；

语言发展。通过课程发展学生的语言能力，提高学生的文化素养；

情境性学习。教学联系学生真正的生活，促进创造性学习的理解；

挑战性教学。教学应具有挑战性，发展学生的认知思维；

教育性对话。教师通过对话进行教学，特别是进行教育性对话。

（2）教研"接地气"

课堂教学的"10个要求"：教案公开便于交流；确定3类不同的学习目标（知识、技能、价值观）；教师讲解时间不超过20分钟；学生发言人次不少于10

人次；学生动手练习时间不少于 10 分钟；处理偶发事件不超过 20 秒（冷处理）；一堂课留 3 类作业（不同学生做不同类作业）；学生说课堂教学总结；课间 10 分钟别离开学生；写教案的长处、执教中的快乐和闪光点。

3. 让教育家精神根植于每个教育人的心底

（1）教育家的特征

特征 1：伟大的社会理想和拯救人类的抱负。

特征 2：天降大任的社会使命感和改造社会的伟大实践。

特征 3：对教育功能的超历史认识。

特征 4：人才培养的卓越成就。

特征 5：坚忍不拔的奋斗意志和不可为而为之的伟大情怀。

特征 6：留给后人永恒的精神财富。

教师有"生存""生活""生命"三个层面的成长。生命层面的教师，有源自内心的教育理想和发自内心的教育责任，这是"精神"意义上的教师。教育是做人的工作，是富有创造性的工作，需要智慧、适度的自由空间，这样才能有时间、空间去思考、研究、探索。我们希望人的成长过程，是一种符合人性的成长和发展的过程，不能光为了达成某个目标，抑制老师们对美好、愉悦、快乐的追求。要让老师们在成长道路上走得更坚定、努力、执着。

（2）行走在通往教育家的大道上

关键 1："坚定信心"。教育家一定是脚踏在坚实的教育大地上，教育家一定是用自己的智慧，开启儿童的心灵。

关键 2："目视远方"。要成长为教育家，就一定要着眼未来。一个民族，如果他的教师群体没有教育家的梦想，不敢成为教育家，这个民族的教育是没有希望的。

关键 3："水滴石穿"。水为什么能够穿石？因为坚持。坚持是所有成功人士最根本的要素。

关键 4："选择目标"。选定目标是成功的重要元素，只有选择了明确的目标，才能真正地走向远方。

关键 5："且行且思"。苏格拉底说："未经省察的人生没有价值。"教育家是一个思想者、实践者、研究者。

（三）教育：放飞理想的"摇篮"

让世界了解中国不是一句空话，每个普通中国公民的行动叠加在一起，将向全世界呈现出中华民族博大与宽厚的天下胸怀。

1. 学生不再安于做"听话"的"循规蹈矩"的"乖孩子"

学校教育的民主，要求教育工作者要以宽容的心态对待学生，以自己的宽容换取学生的宽容，促进学生不断开扩胸襟。在资讯迅捷、共享的网络时代，随着学生国际视野不断开阔，学生自主意识、民主意识、维权意识不断增强。学生不再安于做"听话"的"循规蹈矩"的"乖孩子"。

课程民主提供精彩丰富的适宜课程，激发学生学习需要，既是反对教育集权化的过程，也是民主社会中教育活动的"自由实践"，为未来的社会成员们提供一个发展其理性素养的机会，这些素养是使他们能够有意义地参与民主生活所必需的。

（1）教育已偏离人性，未有体现因材施教

孩子从小就被扼杀想象力，扼杀独立思考的能力，剥夺选择权。中国的教育出不了大师，唯唯诺诺的人倒是会塑造很多。在《中国教育思考》一文中深刻总结了中国教育的弊端：

- 僵化的考试制度培养了大批的庸才。
- 重点学校的人为划分导致整个社会的心态失衡。
- 过低的教育投入导致学校变成了企业。
- 整齐划一的学科设置导致千校一面毫无特色。
- 注重知识的传授，不注重文化的熏陶。

德国哲学家卡尔·雅斯贝斯也曾深刻反省和批评当时的教育："今天，单个的教师比以往任何时候都更是一个自我牺牲的人，但是，由于缺乏一个整体的支撑，他实际上仍是软弱无力的……一种尝试迅速地为另一种尝试所取代。教育的内容、目标和方法不时地被改变。"

（2）以法治思维设计教育改革

法治思维是强调平等、推崇协商、限制公权、保护私权、承认分歧、尊重妥协、严格程序、讲求实证、敬畏规则、爱惜秩序的思维。分权、公开、自治、合作治理是现代学校制度建设的四个关键词！

人的突破说到底是思维模式的突破，突破了一种思维模式的限制，我们就可能看到一片新的天地、一个新的世界。尊重孩子们当前的身心发展规律，让孩子们有快乐的童年，要有可持续发展的能力。要带着敬畏之心去看待教师的平凡工作，要有虔诚的心态对待每个孩子，更要用接近科学的方法去斟酌教育的每个细节。

2. 用"反思"驱动制度创新、优化管理策略需要从以下三方面着力：

策略1：从融入着手积淀资源。

管理者要深入实践一线、融入教育教学活动之中，以探索者、实践者的心态体悟各项制度与管理策略的合理性，反思各种常规落实过程中的亮点与问题，为总结推广经验、改进措施、创新制度积淀信息资源。

策略2：有效发挥各管理平台的反思与研究功能。

要充分发挥校务委员会、教育教学管理、教研管理、年级管理等管理工作平台的引领反思功能，组织各个层面的实践者和管理者，以开放的心态、主人翁的精神对制度和常规进行诊断性的反思评判，为优化管理措施、创新管理制度找准着力点和生成点。

策略3：勇于"取舍"和敢于"创新"。

要在广泛吸纳实践者与管理者反思意见的基础上，依据"科学、高效"和"与时俱进、持续发展"的管理原则，及时去除实践性和引领性不强的内容，优化需要发展的内容，增加引领实践的创新性内容，着力构建符合教育教学规律、蕴含学校文化特色、体现学校教育精神、规范教育教学行为、引领师生发展的工作规范，使生成于实践、服务于实践的制度在实践中与时俱进。

3. 真正的教育家是关怀实践的，并具有强烈的实验精神

教育是培养人的活动，真正的教育家是关怀实践的，并具有强烈的实验精神。教育学不能仅仅停留在理论上，必须加以示范和实践。

(1) 再多的"0"不及一个"1"，尽快行动最重要

强化动力，激发活力，增长学力。提高标杆，借鉴榜样，寻找差距，激励改革。期待教育的哥白尼式的革命：

·走进学生的心理世界。

·体验学生的生存方式。

·把握学生的文化特征。

·吸纳学生的生活经验。

以辛勤的付出感动人，以火热的爱心激励人，以卓越的智慧影响人，以丰富的知识引领人。

陶行知是伟大的人民教育家。他在长期从事平民教育、乡村建设的过程中，提出生活教育理论，主张"生活即教育，社会即学校，教学做合一"。他的教育理论是我国自己的、民族的、科学的、大众的现代教育理论；他"爱满天下"的伟大情操，"千教万教，教人求真；千学万学，学做真人"的教育理想，"捧着一

颗心来，不带半根草去"的崇高境界，是我国教育现代化事业重要的思想文化资源。

（2）教育无国界，但教育家有祖国

我是谁，我从哪里来，要到哪里去，这些终极问题，教育工作者要思考、要自问。中国的教育工作者，必须扎根于中国大地，有中国泥土的芬芳；中国的教育工作者，必须心里有中国情怀，身上有中国印记。这是中国教育工作者安身立命的根本。评价一种教育思想好不好，评价一种教育实践好不好，一个基本的标准，就是看它能不能把历史、现实与未来贯通起来，把中国与世界贯通起来。

要创设适合每个学生发展的教育。中国的教育需要这样的狂人：有远大的理想，执着的信念，对未来充满信心，精力十分旺盛，思维非常活跃，在雄心壮志驱动下表现出异于常人生命的能量和创造的努力。教育家是启迪思想的导师，是引领卓越的精英，是甘于奉献、书写历史的传奇！用思想和行动实现着中国教育的改革与发展，站在重要的历史节点上，为中国教育开启走向辉煌的新篇章！

第三章 构建国际理解教育的课程体系

联合国教科文组织指出：在文学和语言，数学与科学，生物与卫生学，历史与地理，公民和道德教育，艺术和体育等学科的相关领域需要国际理解教育，也可以并且应该广泛渗透国际理解教育。

课程设计的实质，在于构建一个人类文明成果信息的传播平台。课程文化指向："信仰"与"价值"。课程的主要目标是根据学生不同年龄特征来确定：小学侧重"认识世界"，初中侧重"理解世界"，高中侧重"走向世界"。认识、理解、走向是一个上升的过程。

第一节 将国际理解教育当作事业来推行

我国历来把教育当作事业来办，教育也要走出国门，融入国际教育领域的大循环中。教育"走出去"一方面可以立足本国校园，大批吸收外国学生；另一方面在国外开辟校园，就地招生，就地培养。这样的国际化不再是简单地传播中国特有的文化，而是按照国际标准和西方知名大学展开直面竞争。这不仅要求我们在教学质量等方面达到国际水准，更重要的是要求我们具有全球化的视野和国际化的经营管理能力。

一、大学应成为多元文化交流的"聚合体"

大学聚集了与知识的发展和传播相结合的所有传统职能：研究、革新、教学和培训，以及继续教育。大学作为科研和知识创造的自治中心，可帮助解决社会面临的某些发展问题。

（一）从"助推器"到"发动机"

在一个社会中，高等教育既是经济发展的一种动力，又是终身教育的一个核心组成部分。它既是知识的保管者，又是知识的创造者，还是传播人类积累的文化和科学经验的主要工具。

1. 在教育走向国际化的今天，对学生开展"国际视野教育"势在必行

沪港教育界人士倡议中学需设国际视野教育课。由香港乐施会、上海爱的教育研究会、上海师大教育系和香港教育学院公民教育中心共同发起组织的"国际视野与公民教育"调查，是在沪港两地中学开展的，历时一年多。发布的"国际视野与公民教育"调查研究显示，目前上海的中学教育在有意识、专门培养符合需要的国际化人才方面与有些发达国家相比，还有相当的差距，还处在以外语教学为主的初级水平。专家指出，未来的人才如果不面向世界、不熟悉国际惯例，将难以做出更大贡献。

在《沪港调查》中，上海的中学教师对"增强学生国际视野"表示"非常同意"占 58.8％，"同意"占 40.4％。然而在对"加强学生国际视野教育"原因的调查时，排第一位的原因是"加强学生在未来社会的竞争力"，其次是"开拓学生的知识领域"和"培养学生认识和接纳多元价值"等。让人们感觉到许多中学教师还是看重"国际视野教育"的工具性，把它看作是增强竞争力的工具，较为重视外语、国际知识等的传授，而不只是强调学生观念上的改变。

2. 国际理解教育被看作一种教育理念、理论，被视为一种学习领域

《第 44 届国际教育大会宣言》提出，"要特别注意改进课堂、教科书内容和包括新技术在内的其他教育材料，以便教育有爱心和责任的公民。"

（1）全球化时代，大学生的素质结构

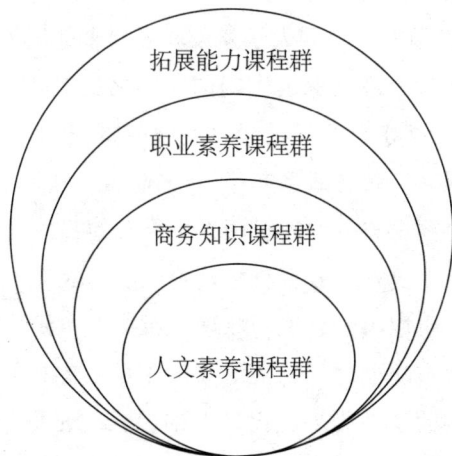

拓展能力课程群

职业素养课程群

商务知识课程群

人文素养课程群

· 国际视野和对开放世界的整体认识；

· 良好的国际沟通技巧（语言）；

· 理解多元文化的丰富阅历；

· 知识和专长等。

(2) 高等学校开展国际理解教育的路径

高校应结合"国情""校情",探索适合自身实际的国际理解教育,根据地域文化差异,充分利用自身教育资源、环境优势等确立自己学校的独特的行之有效的国际理解教育路径。

· 要坚定"地方为本,心系国际"的价值取向。

· 确立"通行国际,服务地方"的国际理解教育人才培养目标。

· 构建"特色鲜明,贯通国际"的国际理解教育课程体系。

· 全力打造"学贯中西,大爱育人"的高素质教师队伍。

· 培育"文明开放,独具特色"的校园多元物质文化和精神文化。

(3) 大学是什么?大学就是要教会你如何看世界,如何看问题

对待同一个问题,世界上有很多不同的看法,有的深刻,有的全面,你要去权衡、去判断,然后加以甄别、选择,面对这世界里发生的事,你自己要进行判断,选择自己的行为,最重要的就是不与浅薄为伍。

什么样的学生才是高校需要的优秀学生?即"四要四不要"。

大学需要的是会读书的人,而不是只会考试的人;大学需要的是对学问感兴趣的人,而不是为了文凭而读书的人;大学需要的是正直、率真、有激情的人,而不是虚伪的功利主义者;大学需要的是抬头看天、充满理想的人,而不是低头划手机玩自拍、刷微信、发 QQ 的人。

3. 美国是第一个把国家安全同大学建设联系起来的国家

冷战时期,美国通过的最有深远影响的法案之一是 1958 年《国防教育法》。该法的历史背景:1957 年苏联卫星上天,美国朝野震动,美国做出的反应之一就是把国家安全与加强高等教育联系起来。《国防教育法》中有这样的话:"国会在这里宣告,国家安全要求充分发展全国青年男女的智力资源和技术技能;目前的紧急状况要求提供更多更好的教育机会;美国国防取决于掌握由复杂科学原理发展起来的现代技术,也取决于发展新原理、新技术和新知识。"

世界一流大学的根本功能之一就是汇聚各方面的杰出人才,探讨人类社会和科学发展的前沿。哈佛大学"为理解而教"的课程就是把各种知识综合在一起,以问题为中心,并将问题的解决作为关键。这种教学方式使学生的学习观发生了改变,过去的学习主要是为了解答问题,而现在的学习则是为了解决问题。过去,"理解"就是学生听懂了老师讲的知识;现在,理解则是学生在听懂的基础上,用学到的知识来解决问题。"为理解而教"的课程还体现了教学观的改变,即从教学是知识的传授改变为教学是生命价值和意义的体现。

（二）中国教育的都市化

"城市是文化的容器"。2014 年 4 月 15 日，第七届世界城市论坛通过《麦德林宣言》，强调把城市打造成为人人享有的包容、安全、繁荣、和谐的空间。"城市的主要功能在于化力为形，化权能为文化，化朽物为活灵灵的艺术造型，化生物繁衍为社会创新"。简而言之，城市的功能在于陶冶、塑造、教育。都市的魅力在于形成人才流、信息流、技术流、资金流、物资流的聚集效应，并由此生成规模性边际效益。

当今的知识社会，国际大都市集知识的摇篮、创意的沃土、智慧的熔炉于一身。国家统计局数据显示，2013 年末，中国城镇常住人口 7.3 亿，城镇化率达到了 53.7%，已超农村人口。中国正疾步迈进大都市时代，且教育业已成为提升都市竞争力的强大引擎，甚至被摆在"最优先发展的位置"。

1. 城市人文精神是城市文化的灵魂，是城市精神文化的本质

城市是一种历史文化现象，文化是一个城市的气质、风骨和灵魂，文化塑造城市，提升城市品味，增强城市的综合竞争力。

（1）英国社会学家弗里德曼在 1986 年率先描绘了"世界城市"的主要特征，提出了"世界城市假设"的七个命题：

· 城市与全球经济体系的整合程度影响着城市的外在形象及其劳动力和资本市场的特质。

· 全球资本将全球范围内的几个主要城市作为"基地"，而这些城市本身又被安置在一个"综合空间等级体系"之中。

· 各种各样的世界性城市发挥着不同的"控制功能"。

· 世界城市是资本集中和积聚的场所。

· 世界城市是国内及国际移民的目的地。

· 空间的以及阶级的两极分化同样出现在世界城市中。

· 世界城市中产生的社会价值在总量上超过了其国内的财政税收的总量。

（2）城市的精神文化包括一个城市的知识、信仰、艺术、法律、习俗以及作为一个城市成员的人所拥有的其他一切能力和习惯。

在城市的精神文化中，又可以分成两部分：一部分是通过一定的物质载体如印刷媒体、电子媒体以及其他有形物质媒体得以记录、表现、保存、传递的文化；另一部分则以思想观念、心理状态等形式存在于城市市民的大脑中，表现于市民的日常行为习惯之中。市民的生活习俗、理想信念、价值取向和追求，反映了一个城市的精神风貌，折射着一个民族的精神。

　　城市的人文精神渗透于城市文化的"硬件"与"软件"之中。人文精神又体现在城市文化的各个层面：

　　城市观念文化层面——如文化精神；

　　心理层面——如市民自我超越意识；

　　制度文化层面——如城市民主精神；

　　日常生活层面——如城市风俗人情中折射的民族精神；

　　物质层面——如城市人文理念和历史文物中的精神文化积淀；

　　技术层面——如技术文化、技术人文精神等。

　　2. 城市化进程中的教育"病理"现象

　　现象1：城市发展模式选择中教育缺位。

　　现象2：城市快速发展带来教育结构失调。

　　现象3：城市财富积累加剧城乡教育不均衡。

　　现象4：城市人口猛增加剧教育规模与效益的矛盾。

　　现象5：流动人口子女教育成为难以克服的痼疾。

　　现象6："城市流行病"引发"大学城热"。

　　现象7：城市化使农村优秀教师进一步短缺。

　　例：苏州教育在对外开放过程中的6个重点工程：

　　国际学生教育。筹建和扩建外籍人员子女学校和本地学校的国际部项目。

　　国际课程引进。将国际课程的管理模式、编制模式、实施模式和评价模式引入课程改革。

　　国际型教师培养。开展教师海外培训项目、引智培训项目和出国任教项目。

　　国际理解教育和多语种教学实验。在中小学开展国际理解教育，选择部分外国语学校或外语教学特色学校、四星级高中开展多语种教学试点。

　　汉语国际推广。编撰语言、工艺、武术和吴文化等具有地方特色的"汉推"系列教材。

　　海外基地建设。加强各级政府部门、学校、社会力量与世界各地友好关系的密切联系，建立海外教师培训基地、"汉推"基地和学生交流基地等。

　　3. 将21世纪的学校设定为"学习共同体"

　　(1) 学习共同体的建立，也是学校改革的哲学理念。是由"公共性""民主主义"与"卓越性"的三个基本原理构成的哲学。

　　"公共性"原理——学校是不同人群共同学习的公共空间。这意味着学校是基于建设民主主义社会、实现所有孩子学习权利的公共使命所构成的。

公共教育学校的使命在于实现民主主义社会，而学校本身也必须是以"民主主义"所构建的社会形态。每位学生、教师、校长、家长都是"主角"，学校必须是每个人的学习权利和尊严得到保障、不同的思维方式和生存方式受到尊重、每个人的个性得到发挥和发展的场所。

（2）建立学习共同体的哲学基础

"公共性"原理要求向他人开放，是宽于待人的精神与尊重多样性的精神。"民主主义"原理要求学生、教师、校长、家长结成对等的关系，每个人都成为学校的主人公，实现个人的权利，承担个人的责任与义务。

"卓越性"原理则要求追求完美，教师要撑起三面旗帜：尊重每个学生的尊严；尊重教材的发展性；尊重自己的教育哲学。学生要不断挑战"拔高与跳起来的学习"。

（3）学校改革的基本哲学原理

课程建设要有系统化的整体思维，要有自己的课程哲学。同时，课程建设要兼顾内容与过程的设计模式并注重整合，要有规范化的工作程序；课程建设更要有领导力意识，要注重原理性探讨，要关注学习观的变革，要有高水平的成果标准。

——学校是学生共同学习成长的地方，是教师作为专家相互学习的场所，是家长与市民参与教育实践进行连带性学习的场所。

——为了构建作为学习共同体的学校，所有的教师必须打开教室的大门，通过教学和范例研究，构建共同学习的同事关系。

——为了在教室里建立相互学习的关系，在办公室里建立起作为教育专家的同事关系，必须建立起相互倾听以及由此而产生的对话关系。相互倾听为对话奠定了语言基础，对话的语言是共同学习与民主实践的必备条件。

——家长与市民参与学校的教育活动以及连带关系强有力地支持了作为学习共同体的学校建设。

（三）探索符合我国高等教育需求的国际理解教育形式

国民的"国际素养"包括五方面内容：即敏锐的国际意识、宽广的国际视野、达到国际水平的知识能力结构、高超的跨文化国际交流能力、坚定开明的现代国际精神。为此，应积极探索符合我国高等教育需求的国际理解教育形式，培养有中国灵魂、世界眼光和多元化理解能力的杰出人才。

1. 为高校走向世界创造良机

高等教育国际化为高校走向世界创造了良机、共享世界先进科技知识和高校管理方式、推动高校的现代化进程，以及促进整个国家高等教育体系的改革和发展以外，还发挥着促进世界各国社会进步的功能。

思想渗透。当今世界，各国间存在的政治、文化、宗教、价值观念等方面的深刻差异，仅仅寻求单纯的外交途径是不容易解决的，而通过高等教育国际化进行思想渗透，就成为更便捷有力地解决这些差异的一条有效捷径。

广聚贤才。在经济全球化的背景下，世界经济正在逐步走向一体化。富有多元文化意识、独立自主性和跨文化交流能力的国际化人才，已经成为各国增强综合实力的有效保障，而高等教育国际化通过引进与培养并举的国际化人才战略，实现为国家广聚贤才。

文化交流。高等教育国际化通过培养学生领导力、输送学生到世界各国、邀请国际访问学者等手段，开展国际学术讲座、国际会议、学术援助、教育交流等文化交流活动，最终实现国际间的文化融合与共同发展。

提升国力。高等教育国际化通过吸引尖端人才、开展跨地域研究、保持与世界经济一体化进程的协调度，提高本国的国际竞争力。另外，各国都可以通过高等教育国际化，建立国际间的长效联系和经贸关系，提升本国的综合国力。

2. 探索符合我国高等教育需求的国际理解教育形式

课程与教材的重构是学校的核心工作。改革的三个层次：第一，课程重构；第二，学科重组；第三，课堂重建。注重以外语为载体的国际理解教育课程建设。国际理解教育在美国、荷兰、墨西哥、日本、韩国等国家的外语教育中受到广泛关注，外语教育提升到国家战略规划层面，体现了通过外语教育促进学习者的认知世界并建立与国际社会合作的重要性。因此有必要针对我国国情，探寻符合我国国家利益发展的以国际理解教育为主要内容的外语课程体系，最终实现现代人、国际人、全球公民的培养目标。

建立特色化系列讲座体系。学校重视讲座影响，在建设课程讲座体系过程中，扩大与企业、政府、商业、国内外著名大学等社会机构的联系，注重讲座的历史积累，采用文本、音频、视频等手段保存文献，使之成为面向大众、面向未来的精神财富。

扩展社会服务渠道，培养具有国际理解教育意识与教学水平的高素质教师队伍。开设高水平国际理解教育课程有赖于具有全球视野与跨文化素养的高素质师资。学校通过中外教师互派方式帮助教师体验外国多元文化，扩展文化视野；邀请外籍教师来校任教，与本校师生交流外国文化，促进师生对异族文化差异的认知与辨析。

强化学科渗透，重视活动建构。"人类对理解与价值的渴望永无止境。正因为如此，我们才成为人类。"理解必将成为与人类互为依存、互为责任的大学的中心词，开展国际理解教育也必将成为大学的美丽追求。

3."国际理解教育"已成为新世纪世界教育的热点和前沿

从本国、本地实际出发，把国外的经验和本国的实践结合起来，为改革与发展服务。

美国：三权分立制度的确立。"美国的制度是人类迄今为止所能设想到的最精密的制度。""不是最好的，但却是最不坏的。"

日本：明治维新，向西方学习。日本是一个善于学习的国度，长达千年，孜孜学习中国。后来，在西方列强的坚船利炮面前，中国选择了闭关锁国，而日本，却选择了学习。于是，明治维新开始了。短短十余年，变成了中国的入侵者。今天，我们谴责日本，但，更应该面对日本强盛的奥秘。

印度：甘地与非暴力运动。圣雄甘地和他倡导且领导的"非暴力运动"，给人类的解放事业揭示了另外一条通往成功的道路。

俄罗斯：普京新政。俄罗斯，自从彼得大帝以来，就是世界上最重要的国家之一。苏联解体之后，经过混乱的叶利钦时代，俄罗斯进入了普京时代。普京及其新政，赢得了绝大部分俄罗斯人的衷心拥护，国家实力也得到了急速的恢复。

二、一切文明成果，都是人类共同的财富

文化浸润是一种对文化的自觉坚守。中外文化发展和交流的历史证明，一切优秀的文明成果都是人类长期生产实践经验和智慧的结晶，都是人类文明进步的象征，都是全人类的共同财富。丘吉尔说："回顾历史长河的长度越长，展望未来就可以展望得越远。"

（一）发现思想力，成就影响力

国家的命运，取决于全体国民的智慧和信念。浮躁的时代，唯有思想，才能安抚各种浮躁与焦虑，给人以前行的力量。在"思想"的滋养下，能合力消除"进步的焦虑"！虽无人能左右时代，但每个人的使命却可以超越时代。

1.智力：指用智慧的方式解决问题的能力

技术的变革让人们的生活方式产生改变，并且这种改变已经深入到各个细微之处；科技的发展也让信息获取的方式被重新定义，如何帮助人们获取更有效的信息成为关注的焦点。

（1）科学家们对智力有着不同的定义

·智力指个体有意识地以思维活动来适应新情况的一种潜力，是个体对生活中新问题和新条件在心理上的一般适应能力。

·智力是抽象思维的能力。

·智力是学习的能力。

·智力是从事艰难、复杂、抽象、敏捷和创造性的活动以及集中能力和保持情绪稳定的能力。

·智力的本质就是适应，使个体与环境取得平衡。

·智力是对信息进行处理的能力。

总之，智力可被看作是个体的各种认知能力的综合，特别强调解决新问题的能力，抽象思维、学习能力，对环境的适应能力。

(2) 思维力是智力的核心

思维力是人脑对客观事物间接的、概括的反映能力。当人们在学会观察事物之后，他逐渐会把各种不同的物品、事件、经验分类归纳，不同的类型他都能通过思维进行概括。

学校教育。智力不是天生的，教育和教学对智力的发展起着主导作用。教育和教学不但使儿童获得前人的知识经验，而且促进儿童心理能力的发展。如教师在运用分析和概括的方法讲授课程内容时，不仅使学生获得有关的知识，还掌握了把这种方法作为思维的手段，如果把这种外部的教学方法和学习方法逐渐转化为内部概括的思维操作，这方面的能力便形成了。

社会实践。人的智力是人在认识和改造客观世界的实践中逐渐发展起来的。社会实践不仅是学习知识的重要途径，也是智力发展的重要基础。爱迪生的启蒙教师是母亲，但实验是他创造发明的基础，是他才智形成的重要条件。

主观努力。环境和教育的决定作用，只能机械、被动地影响能力的发展。世界上许多杰出的思想家、科学家、艺术家，无论他们所从事的事业多么不同，但他们都具有共同点，即醉心于自己的事业，长期坚持不懈，刻苦努力，顽强与困难做斗争。如果没有主观努力和个人的勤奋，要想获得事业的成功和能力的发展是根本不可能的。

2. 社会、文化、环境因素与人的发展的相互作用

人的幸福取决于三个因素：遗传基因、与幸福有关的环境因素，以及能够帮助我们获得幸福的行动。文化是与人的存在不可分离的一种生命的形式，是人赖以生存的条件与环境。

(1) 学校教育能够对年轻一代的发展起主导作用

学校教育是制度化、规范化、规律化、专门化的教育，它可以让青少年迅速而有效地掌握各专业方面的技能，比起家庭教育、自学、社会教育的诸多局限性来说，具有无可比拟的优越性。

现代社会的竞争是知识的竞争，而学校是传播和创造知识的场所，学校教育有利于青少年掌握必要的理论知识，是人踏上社会所必不可少的。当今的劳动和社会分工，无不是以人的能力技能来分配的，而学校就是专门提供这种人才的场所。因而年轻一代接受学校教育，是他优化职业选择的必由之路。

学校教育是三种教育力量（家庭教育、社会教育、学校教育）中的主导力量，它应该而且能够发挥主导作用。

（2）马克思说："性格是环境的产物。"

所谓环境，是指直接或间接影响个体的形成和发展的全部外在因素。环境包括先天环境和后天环境，即自然环境与社会环境。尽管自然环境对人的发展有不可忽视的作用，但对人的发展更具决定意义的还是社会环境。所谓社会环境，是指人类在自然环境基础上创造和积累的物质文化、制度文化、精神文化和社会关系的总和，如民族文化、生产方式、生活方式、社区机构、科学技术、文化教育、公共场所、民俗习惯、社会风气和思潮等，其本质是文化。社会环境是人类世代创造的产物，它是年轻一代身心发展的基础。

环境造就人。造成人与人之间巨大社会差异的一个重要原因就是每个人所处的社会环境不同。民主政治是人类政治文明的共同成果和普遍价值，有着共同的要素。但是，由于实现民主的经济、政治、文化条件在不同的国家可能极不相同，因而，世界各国的民主都带有自己的特征。

3. 国际理解教育是教育走向世界的有效载体

加强本国自文化的教育。俗话说："一屋不扫何以扫天下。"一个人如果不爱自己的国家，又怎能奢望他会爱全世界、全人类呢？在国际理解教育开展过程中，课程设置的重点是如何培养"国家精神""全球公民"。从三方面教学中加强基础教育阶段学生对自文化的认同，增强民族自豪感，在学习他文化时站稳民族脚跟。

历史教学不要妄自菲薄。认识到我国光辉的过去，客观公正地对待本国以及其他国家的历史，重视不同的观点和解释。认识到文化差异从古至今一直存在。文化无好坏之分，应客观对待文化差异，学习他文化的优秀之处。

例：美国高中对于中国历史的学习囊括上下五千年——黄河流域及中国古代文明起源、中国古典哲学儒释道、汉、唐、宋及中国文明与日本、韩国文明发展的比较、成吉思汗及蒙古帝国、元朝、马可·波罗与丝绸之路、明代经济发展与郑和下西洋、清朝和鸦片战争、孙中山与辛亥革命、蒋介石与毛泽东、红军长征、抗日战争及南京大屠杀、香港回归、现代中国所面临的人口问题、环境问题等。

地理教学不要妄自尊大。我国只是世界的组成部分，不可或缺，同时又是依赖于其他国家而存在与发展的。

国文教学立足根本，洋为中用。我国在古代创造了光辉灿烂的文化，并且留下丰富的思想成果。那些文化典籍在当今依然有着一定的现实意义。加强国文教育，是增强青少年学生民族自豪感的有效途径。

例：初中阶段各学科要完成四个主题的国际理解教育任务。

(1) 语文学科以求弘扬中国文化，引入世界文明，增强民族自信。

·孔子学院知多少

·中国书法的文化使命

·世界文学名著赏评

·被国外政要引用的中国名言

(2) 数学学科探求数学在众多领域的贡献，嫁接世界著名数学家对真理的追求，展现数学的无限发展空间。

·计算机与数学

·现代建筑与数学

·世界著名数学家

·数学与现代科技成就

(3) 外语学科演绎和浸润外国文化，诱发参与国际事务的意识，加强外国语言的实践应用，熟悉世界各国的风情。

·过外语国的洋节日

·模拟联合国大会

·我当导游异国行

·舞台剧展演

(4) 科学学科引领学生关注生命科学，了解前沿科技，传承环保责任，学习科学家的奉献和求索精神，为世界和人类的美好未来早定目标、超前立志、不断拓展和开创新的领域。

·走近生命科学

·当代科技前沿成果

· 地球生态

· 当代著名科学家

（5）历史与社会引导学生尊重各民族风俗习惯，关心世界经济的发展，了解世界领袖人物成长的历程，热爱和平、声讨战争。

· 世界民俗

· 世界金融

· 世界伟人

· 二次世界大战后美国所发动的战争

国际理解教育有两种，一是发散式的国际理解教育，一是聚合式的国际理解教育。发散式主要指历史、地理、外语等学科通过教学活动主动渗透国际理解教育；聚合式主要指通过国际理解教育课程较为集中地对学生进行系统的国际理解教育。

（二）把握开展国际理解教育的契机，克服应试教育的不利影响

中国有世界上最悠久的考试选仕传统。从理论上来说，儒家教育的最终目标就是人的"修身、齐家、治国、平天下"；实际上，它更多地关注统治层精英的培养和选拔，而非旨在促进个人个性充分发展的、真正意义上的教育。过分强调以儒家经典作为考试内容的科举制度也压制了无数优秀青年的才智和创造性，导致教育与考试本末倒置、考试"指挥"教育的恶果。

1. 把握国际理解教育契机

加涅的学习阶层理论认为学习过程应该是先有整体概念蓝图，再逐一建构内容知识。开展国际理解教育的契机有很多，如新闻事件、外交事件、交往礼仪、生活习惯、解决矛盾冲突等。但是，由于国际理解教育的态度、情感在考试中难有体现，价值观更不便考查，因此，国际理解教育及其实施的契机和评价往往被教师和学生忽略。注重本土课程的国际化，同时也注重国际课程的本土化。在基础教育领域里进行国际理解教育，包括学校环境建设、课程建设、开展活动和形成一种尊重多元文化的氛围。

国际理解教育是高于知识与技能的教育，具有思想引领作用，是上位的学习。传统教育与国际理解教育是智商与情商、"为学"与"为人"的关系。学校可以捕捉教育契机，努力让学生意识到天下大事、事事关己。比如，面对"9·11"事件、日本大地震、南海争端、钓鱼岛事件等，教师要指导学生运用国际理解教育的态度与价值观，不仅让学生去关注事态，更要理性表达爱国热情。

2. 教师要努力开阔视野，通过国际理解教育培养学生的公民素养

"复兴始于教师"。2010年10月5日国际教师节，联合国四大机构共同确立了联合国国际教师节的主题——"复兴始于教师"，就是说，经济的复兴靠人才，而人才培养靠教师。

国际理解教育是个终身学习的过程。国际理解教育旨在建立人类共同的基本价值观，诸如和平、人权、尊重、公正等核心理念，"世界公民"既要具有中国情怀，又要具有全球视野。随着全球一体化的深入发展，这应该成为世界各国培养青少年的育人目标，也是国际理解教育的精髓和真谛。

在师生交往互动中，一件小事、一个情感经历、一次特殊际遇，可能都会对师生产生深远的影响。因而，在国际理解教育中，教师的心态要开放，视野要开阔，千万不要因为自己的情感狭隘、视野狭窄而限制了学生对国际理解的热情和正确的认知。

（三）文化对人的发展的影响

人们更多地关注价值观的提升，关注社会主流价值的积极正面作用的传播。无论国家、社会和个体都会从中国的传统文化中汲取内在的营养，从而丰富自身，也希望通过更多正能量的发挥让社会更有认同感和凝聚力。

1. 教育是文化的表现形式之一，因而必然受到文化的影响

教育与文化有着血肉般的关系，是文化的表现形式之一，因而必然受到文化的影响，要适应文化的要求，人承载着文化，多样性的文化也就会通过学校教育中的"人"——学生和教师投射到学校教育中，因而学校教育不能不面对文化多样性问题。在施行或考察一定社会群体的教育时，不可无视整体的文化。

点燃你心中那束不安分的火苗，从而给你一个更好的未来。不安分的心，是引导你走向人生顶峰和开创人生新征程的点金术。古代有汉高祖刘邦，出生于农民家庭，他不种田，终日"游手好闲"，忙于结交各路朋友；虽然家境一般，却大手大脚，不吝惜钱财。虽然，他不可能知道自己的一生将如何走下去，但不安分的心却始终在他的体内跳动，他能感受到的是，人生在世，总要做出些成就，让别人对自己另眼相看。结果他抓住了历史提供的机遇，英雄终于有了用武之地，不仅率军进入咸阳，还打败了强大的项羽，成为汉朝的开国皇帝。

（1）培养学生的跨文化沟通能力

培养文化自信心和自豪感。一个对自己民族文化没有自信心的人，就不能建立良好的自我价值感，也就不能在对外交流中取得成功。当代中学生是中华文化的传承者，同时也是中华文化走向世界的推进者，应怀有高度的时代责任感，努力提高自己的文化自信心与自豪感，培养自己的跨文化沟通能力，为中华民族的

伟大复兴而努力。

培养全球意识和国际视野。所谓全球意识是指从人类发展的高度去考虑一个国家或个人问题的思想观点和意识。

培养学生的文化宽容心。所谓文化宽容心，就是指处在一种文化环境中的人能够客观理性地看待其他的文化形式，能以坦诚、平等的心态来接纳并欣赏不同的文化形式。学生面临的跨文化沟通形式是多样的，要让他们充分认识到自己所生活的是一个多元文化的世界，每一种文化都有其独特的魅力，要让他们拥有一颗文化宽容心，学会尊重和接纳不同的价值观和文化形式。

提高文化认知能力。即让学生努力理解不同文化的习俗和禁忌，从而对不同文化固有的习俗及禁忌保持敏感。

推行教育旅行计划，促进国际理解教育。在学生中组建英语导游团队，每次外事接待，学校就安排导游团的学生向外国友人介绍当地的文化、风俗，让学生在自然的英语交流中获得一种对本地文化的归属感、自豪感。

（2）全球十大教育发展新理念

21 世纪的全球化进程，使国际组织在促进全球教育发展方面的作用越来越突出。将国际理解教育纳入终身教育体系。

·欧盟视教育为未来发展的核心。《欧洲 2020：智慧、可持续与包容性的增长战略》，新战略将教育和培训视为欧盟未来发展的核心，视为实现"智慧增长"和"包容性增长"、帮助欧洲各国摆脱危机的关键。特别强调，"必须做好教育、培训与终生学习方面的工作"。

·从"全民教育"转向"全民学习"。

·"家庭经济背景"正成为预测学生教育成功的更强的预报器。

·阅读素养成为成功核心技能。"素养"不是知识，也不是技能，而是个人获取或应用知识和技能的能力，以及兴趣、动机、学习策略等。"素养水平"远比"教育年限"更为重要。

·资源分配方式决定教育结果。即当达到一定的教育支出门槛后，相同富裕程度的国家利用不同的政策杠杆、通过不同的资源分配策略能够带来完全不同的教育结果。研究发现，教师质量比教师数量更重要。

·协同创新是高等教育新增长点。在"地球村"时代，高等教育发展的必然趋势之一就是国际化、区域化和全球化。

·高等教育带来的技能与科研是保障经济增长的两个推动器。

·技能是 21 世纪经济的"全球货币"。

·为不同人群订制不同职业教育规划。职业教育与培训是缩小社会差距、保障社会公平、促进社会和谐发展的"缓冲器"。

·学校行政领导将成为"学习领袖"。

2.重视国际理解教育课程建设

学校工作的三大问题就是课程、教学和课堂。其中，课程是体，教学是线，课堂是点，三者紧密相连。课程是国际理解教育的必要条件。目前，一些地方编制了国际理解教育地方课程，也有不少学校推出了国际理解校本课程，这些课程的出台与使用推动了国际理解教育的实施。在此基础上，还需要从课程体系的整体建设上做出努力，系统开发国际理解教育的各层次课程。由于国际理解教育涉及国家的发展战略、外交政策、教育事业、国际态势等多个方面，政策性、思想性都很强，内容复杂，仅由地方或者某一所学校根据自身理解来推进，难度很大，效果也难以保证。这就需要一个国家层面的文件，来指导或者规范国际理解教育，比如国际理解教育课程标准或者指导建议。这个文件至少需要回答国际理解教育的性质、目标、内容、实施建议等方面的问题，以便基层和学校实践。

考虑到历史发展过程和教育实施特点，国际理解教育课程体系可包括国家课程、地方课程和校本课程：国家课程主要反映国家战略诉求和世界和平愿景，地方课程瞄准地方文化特点和区域文化差异，校本课程切合校情和学情。三者在教育目标上保持一致、相互映衬，在内容上互为补充、相互配合，共同形成有中国特色的国际理解教育课程体系。

例1：北京教育学院《国际理解教育》系列教材开发的理论基础。

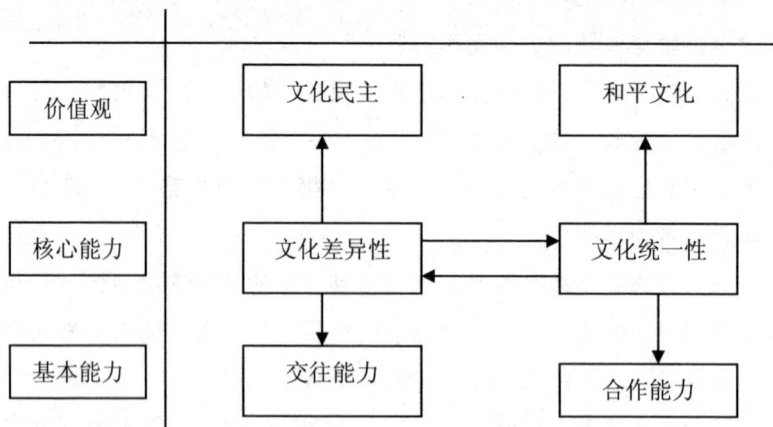

教材编写围绕三方面：

首先，严格明确地把课程的理念性原则确定为和平文化；其次，在和平文化之下设置若干概念，在每一个概念下设置若干主题；最后，紧紧围绕原则、概念和主题组织材料。

在教材的编写形式上，让每一概念作为一个单元，每一课说明一个问题。

例2：上海浦东新区初中国际理解教育课程目标及内容。

初中国际理解教育课程目标：

基本了解国际理解教育的内容和基本要求，初步了解和掌握和平、人权、发展、环境、文化等中心概念；了解和掌握权利、原因、结构等关系概念；主动了解世界各种文化和世界的多元性知识；通过自主探究性学习，学会和掌握搜集、选择、归纳、整理信息的方法和能力；具备较好的国际交流意识和沟通交往能力；具备与同伴相互合作共同解决问题的愿望与能力；具有正义感，能够与不同伙伴共同生存；养成审视自我、尊重他人、对生态环境的责任意识、容纳世界多元性的态度；具有面向他人的共感性，接受世界与自我的关系意识。

初中国际理解教育课程内容模块：

模块1：当今世界与生活的联系。

"地球村"的由来与表现、全球化社会的基本特征、国际理解教育的基本内涵、国际社会新格局、联合国的基本机构与功能、信息社会的基本特点、网络的基本作用等。

模块2：生态环境。

地球与宇宙的基本知识、全球变暖背后的环境污染问题、资源开发与生态环境保护、环保意识与行动策略、人与自然和谐相处、建设环境友好型社会等。

模块3：世界文明与多元文化。

世界各地文明的诞生与发展、人类文明的多样性与差异性、现代战争的严重危害、和平与发展、人权、远离疾病和毒品、关爱和善待生命、多元文化的对话、沟通和交流等。

模块4：合作与发展。

经济全球化与社会生产发展、知识经济、贫富差距、发展中国家与发达国家的差距、世界经济发展格局、经济竞争与合作、经济一体化、国家软实力等。

模块5：共建和谐世界。

建设和谐世界的基本主张、中华文化、中国对世界的贡献、中国的国际地位与国际影响力、中国与国际援助活动、人类的关怀与友爱精神、人类共同面对的风险社会等。

三、课程研究：在选择中拓展，在拓展中发展

国际理解教育不是一般意义上的拓展型专题教育，它是一种立意更高的地球

村民价值观教育。它将帮助我们的学生面向未来，以维护地球生态文明的宽广胸怀，主动认识世界、关爱生命、学会合作，传承中华民族的优良传统，演绎年轻一代中国公民博大、宽容、健康、充满活力的天下情怀。

（一）国际理解教育的内容

任何一种教育都不是盲目进行的。理论框架和教育目标的确定，是一种实践得以完成的基础。

1. 亚太地区国际理解教育研究院关于国际理解教育的内容

（1）在知识领域，包括和平、人权、发展、环境、国际理解和不同文化理解、对国际机构的了解；

（2）在态度领域，包括自我尊重、对他人的尊重、对生态环境的责任意识、对正义、和平的责任意识、开放的心态、同情的态度、共同体意识等；

（3）在技能领域，则包括批判性思维能力、解决问题的能力、合作能力、想象能力、自我主张能力、解决矛盾的能力、参与意识和沟通交往能力。

国际理解教育：与异己共生

核心理念	共生共存
前提	异己不一定能够理解，或有与本人价值冲突的情况
对异文化的定位	包容对象（与不可操作的对象共生共存）
理解模式	适度理解、对不理解的包容
对理解的基本认识	对异己之"理解"经常是少部分的，却是共生、共存的一种可能
学习目标	注重价值判断能力的培养
学习内容	旨在解决问题的宽容指向性
学习方法和教材	隐性课程在内的多样方法

2. 教育是一种财富

教育，最大的"给予"应该是让学生获得丰富的解决问题与经验的"经历"，教育的真谛也在于此。可以这样说，经历即智慧。丰富的课程资源，是给学生提供学习经历的一个载体。

例：高中学生拓展型国际理解教育校本课程建构与开发。

指导思想：聚焦世界各民族发展过程中的重大事件暨重要人物，撷取其中具备或隐含"现代意识"的素材，弘扬国粹。培养高中生的国际参与意识及平等交往与和睦相处的基本能力。

提纲

一、教育改变人心

1. 国际理解教育的内涵及实施途径

2. 世界教育精粹

美国、英国、法国、德国；中国、俄罗斯、印度、日本；韩国、芬兰、新加坡、以色列

3. 中外教育优化结合：教育国际化

二、多元文化

1. 中华瑰宝

文武圣人（姜子牙、孔子）；商鞅变法；秦统一六国；盛世中国；中国脊梁（毛泽东、鲁迅）

2. 文化差异：龙凤含义、枪支管理

3. 宗教信仰：普世价值观

四大圣人：孔子、苏格拉底、耶稣基督、释迦牟尼

三、科学民主

1. 科学巨人：牛顿、爱因斯坦

互联网等高科技应用

2. 民主先驱：曼德拉（追求宪政民主）；圣雄甘地（"非暴力"的哲学思想）

3. 人权与公正

四、和谐发展

1. 可持续发展

2. 联合国

"一战""二战""冷战""凉战"

3. 社会和谐（胡锦涛主席和谐社会理论）：大家不同大家都好

拓展型课程是为满足学生的个性发展和对学生的可持续性发展而开设的，它能对学生的知识能力、社会意识、价值观的发展打下不同的基础。让课程联系考试，当考试自身出现问题时，课程就难以联系学生的差异与实际需要。课程开发利于考试，原本无异议，只是一旦同难以真正测量学生水平的考试挂钩，就对学生构成加重负担的威胁。学校层面课程发展的重要追求就是：放大学生经验的课程，尽可能地追求学生的最大收获。

（二）谁赢得高中，谁就赢得人才

高中，既引领九年义务教育阶段的国民素质教育，又决定学校与社会的人才

质量，具有承上启下的独特作用，以致国际上有一种共识：谁赢得高中，谁就赢得人才。

1. 俄罗斯高中的侧重性教学，以构建完善的知识体系为基础，继而侧重学习某一学科（这一学科应当成为学生的专业方向）。

俄罗斯有完善的学科体系。所有地区采取统一国家考试。受俄联邦教育和科学监督局的委托，联邦考试中心负责统计国家考试的组织和技术保障工作，联邦教育测量研究院负责制订并检查考试材料。

统一国家考试的特点：统一的考试规范、统一的考试时间安排、使用标准形式的题目（考试材料）、使用专门的答题表格、使用俄语书写（外语考试除外）。

统一国家考试完全按照普通教育标准进行制订，按照中学教学大纲。考题包括三类题型：A. 选择题。四选一（统一国家考试的数学、文学和外语科目不包括这一类型题）；B. 简答题（用词组和数字作答）；C. 展开作答题（论述、数学、解答、议论文、证明、个人看法论述）。

所有科目将进行原始评分，之后按照特殊的方法，进行百分制的换算。俄罗斯联邦教育和科学监督局制订最低录取分数线。

健全的免费的校外教育体制。全国70％的学生下午三点以后和周末到校外教育机构学习，学生特长充分得以发展。广泛开展各层级学科奥林匹克竞赛，成绩优异者可免试升入高等学校。

2. 研究是没有止境的，更广泛、更深度的研究依然十分迫切

没有深度的研究，就没有深度的变革；没有综合的研究，就没有综合的改革。据美国教育部公布数据显示，2008年美国各级教育总支出约计10930亿美元，占当年GDP的7.6％。其中，60.5％用于中小学基础教育，39.5％用于高等教育及相关科研项目。

例：名为"美国研究高中"的学校，把学校宗旨定位为："我们的学校强调美国历史的研究，为学生提供全面挑战的学术课程。我们的目的在于装备学生进入高度竞争的学校，以及各种各样的职业领域，如政治、法律、新闻学、商学、科学、数学以及艺术。"

建立健全学生生涯辅导制度。科南特曾建议美国250～300名中学生就应该设一个专职辅导员。我国的高中按照减半配置的话，一般每个学校至少应当配置2～3名专职辅导员，并担负少量的课程，积极构建全校性生涯辅导网络。建立专门网站，系统、及时、科学地提供有关高中课程、高校专业、未来职业、性格类型、智能类型的知识和信息，便于学生、家长、教师等查询。

3. 全球视野下高中课程和高考变革的对策及建议

建议1：课程、高考、招生三者如何协调一致，是必须充分考虑的问题。

《教育发展纲要》指出："高中阶段教育是学生个性形成、自主发展的关键时期，对提高国民素质和培养创新人才具有特殊意义。"在我国，高中"选课制、学分制、走班制、导师制"未得到有效实施。鼓励老师创造性地研究开发适应中学生特质的高考衍生课程。

建议2：从实际出发，将国家基本教育方针转化为具体的发展思路、政策和任务是普通高中亟待破解的课题。

我国原有的高中教育体制属于"高基础＋文理分科"的体系，今后将朝着"中高基础＋市场化的专业分化体系"进行深化改革。为此，应适当减少共同的基础科目，为学生个性化选择提供更多的空间。

建议3：高考的改革，一直是在公平与科学之间做艰难的平衡，是在做一道难解的改革试题。

修改衡量人的"尺子"，试图让尺子更科学、更宽、更柔的同时，就不可避免地影响尺子的刚性，带来公平性的风险。但是过度强调公平性，则强化了惟分数在选拔人才上的科学性不足。自高考改革启动以来，社会各界的很多观点几乎是对立的，比如全国实行统一考试、统一分数线录取，或者主张学习美国，把招生权下放给学校，综合评价录取。无论哪一种主张，都有其道理，只是我们必须立足于中国的实际，做好艰难而谨慎的平衡，两利相比较取其大，两害相比较取其轻。

建议4："聚焦课堂，决战课堂"。

在教学改革方面，建立以"目标达成度""学生参与度""时间利用率"等为重要衡量指标的"理想化课堂教学模型"，引导教师努力探索最优化教学。

（三）国际理解教育融入学校课程的原则

将国际理解教育的课程要素融入学校已有的各学科之中，使教师与学生能将这些课程元素加以转化与统整为有意义的知识和能力，并且能身体力行。

1. 国际理解教育融入学校课程时需遵循整合性、系统性、有效性、校本化和建构性原则。

原则1：整合性。

由于国际理解教育所涉及的全球议题往往是复杂的、多向度的、变化的和持续的，它将时间、空间、内容与目的等四个向度统摄为彼此交融、相互融通的一个整体。因此，将国际理解教育融入学校课程时必须从科际整合的观点来观察与理解，并透过实践行动去体验与反思。

原则 2：系统性。

既要遵循国际理解教育知识的系统性和逻辑性，也要考虑学生的身心发展顺序和学习规律。

原则 3：有效性。

只有将国际理解教育作为学校学习的有机组成部分而予以计划和落实，每一学科都能通过有效的方式促进形成一种持续有效、协调发展的系统，这样，任何年龄阶段各种能力的学生都能掌握其主要的内容，学校内的任何成员都能获得对所有人予以公正、无私、宽容、尊重对待的素质。

原则 4：校本化。

国际理解教育校本课程开发与设计应包括：在正式课程中融入全球意识与概念；在非正式课程、课外活动或社团活动中，实施国际交流与国际服务；在正式或非正式课程中，利用科学技术进行跨国教室联结；在校园与教室中，营造国际理解教育的学习情境与气氛，发挥潜在课程的教育功能。

原则 5：建构性。

建构性原则是指要从培养具有世界公民的整体素养的学生出发，克服学科课程那种告知式、说教式的教育，体现国际理解教育的发展性和建构意义，使中小学生通过学校课程的实施，建构自身世界观和跨文化学习观，从而成为一名负责任的世界公民。

例：东莞市实施国际理解教育地方课程的途径。

途径 1：开设地方课程。

从 2014 年秋季起在全市各中学全面开设国际理解教育课程。普通高中在高二年级每周安排 1 课时；初中阶段学校在初一、二年级每周安排 1 课时。小学以学科渗透及活动为主要实施方式。市教育局编写"国际理解教育地方课程"高、初中读本供学校使用；小学将按实际需要提供教学资源或开发读本。

途径 2：实施学科渗透。

学校要将学科渗透作为国际理解教育主渠道，充分挖掘、科学整合现有学科课程和教材中能够作为国际理解教育载体的内容，注重不同学科教学中国际理解教育渗透方法的探索与实践，重视立足课堂，在日常教学中有机渗透国际理解的思想，提升学生国际理解能力和人文素养，突出国际理解教育特色课程。

途径 3：创新实践活动。

学校要通过研究性学习、社会调查、社团活动等引领学生积极参与到国际理解教育的社会实践活动中去，通过开展主题活动，创新活动载体，打造国际理解教育特色品牌。

途径4：注重文化引领。

学校要坚持民族文化建设与世界文化建设并重的原则，将国际理解教育作为学校文化建设的重要内容，要特别注重传统文化、地域文化与学校文化的结合，彰显文化传统，增强学生文化自信，以开放、包容的世界眼光和现代姿态学习借鉴世界各民族优秀文化。在校园文化建设中体现国际理解的主要理念。

途径5：发挥现代教育技术的作用。

学校要重视并充分利用国际理解教育网络资源，学习借鉴先进地区开展国际理解教育的成功做法，充分发挥现代教育技术的优势，增强国际理解教育教学的吸引力和感染力。

2. 体验·感悟·理解

（1）多元体验，感悟理解

课程不再只是"文本课程"，更是"体验课程"——被教师与学生实实在在地体验到、感受到、领悟到、思考到的课程。体验既有情感的刻骨铭心，又有知识的深刻烙印，更是一个渐进的过程。

在生活经验中感悟体验，领悟理解文本；在情境渲染中体验，开阔情感思维。感情是教学的催化剂，在课堂教学中，教师要尽量创设宽松民主的课堂氛围，唤起学生的学习热情，促使学生以最佳的情绪状态，主动投入、主动参与，获得主动发展。

"感受·体验—积累—思考·表达"，即学生要学会观察，做生活的有心人；要不断积累，注重阅读中语言的积累，也注重成长的生活积累，以丰厚的积累促进学生的健康成长；要学会思考，中学阶段是人生价值确立的关键期，要引导学生独立思考，将生活、情感的态度和体验与学过的"知识"予以"内化"和"外显"，实现表达材料的鲜活、写出生活的本真与自我。其中，核心是积累，因为观察和思考得来的东西最终要形成文字，要表达出来，离不开"积累"。那么，积累什么，如何积累，该如何操作，这是要着力解决的核心问题。

（2）和谐、平等、多思的课堂教学

浓厚的校园人文氛围。从学校培养目标——平民本色，精英气质，爱读书，能思考，具才情，敢担当；到学校每条道路名字的设置等，无不处处体现人文特色。从学校课程设置——人文与科技，人文课程让学生们走进书院，科技课程就是走进自己的实验室；到每一节课无不时时营造人文氛围。试想在这种氛围中学习生活的学生，不仅智商得到提升，而且情商也得到很好的培养，这样的学生走上社会适应能力强。

尊重教育规律：潜心、扎实；接受现实问题：坦然、改进；拥有高远追求：团队合作、坚持精神。改革要有序推进，教育需要宁静：做学问需要静心，推进国际理解教育更要静心！

第二节　课程文化指向："信仰"与"价值"

课程是开展国际理解教育的重要载体。关注国际议题，培育全球视野，掌握跨文化知识，丰富跨文化体验，提升尊重、理解和欣赏不同文化的能力。

一、中学生国际理解教育课程开发与建构

陶西平指出，首先，要借鉴国际课程来推动我国的改革与发展，而不是单纯地照搬西方模式。因此，我们可以引进国际课程，但是不能把这些课程变成中国的课程体系。其次，要加强中外教育融合，而不是抛弃中华优秀传统文化。实际上，世界各国的教育改革也有许多是在借鉴中国的教育经验。最后，要促进我国课程改革，而不是取代国家课程体系，不能简单地用国外的课程体系来取代我们自己的课程体系。

（一）构建国际理解教育主题活动体系

陶西平说："我们必须积极推进国际理解教育，这主要基于当今时代主题——和平与发展，国家的发展目标——建设和谐社会以及主流的哲学理念——和谐等方面的需要。国际理解教育应成为素质教育的重要组成部分，成为中国教育改革的重要内容。"

1. 国际理解教育模型建构要以 PISA 测试理念为思想基础

PISA 的价值所在：经合组织自 2000 年发起，每 3 年举办一次测试。事实上，PISA 更多的是一套教育评价指标体系，用来考查基本完成义务教育阶段的 15 岁青少年，是否掌握了今后社会生活所需要的解决问题和终身学习的能力，其指标反映出一个国家或地区不同社会阶层、不同类型学校之间的教育均衡发展水平。由于测试的科学性，很多国家都会根据结果做出调整改进。

与世界其他国家的学生相比，上海学生的成绩相当于领先几个学期。但学生取得的成绩与辛苦投入、牺牲课外时间密不可分，过多的补习与作业让他们失去

了玩耍、亲近自然、参加社会活动的机会，"失去的童年"再难弥补。

换个眼光看中国教育：应试也有优势。中国学校注重教师培训、教研组集体备课交流，家长更多参与孩子学习过程，营造重视教育、尊重老师的文化等。

日本教育家佐藤学说："教育实践是一种文化，而文化变革越是缓慢，越是能得到确实的成果。"PISA测试为怎样评价学生的学科能力提供了实例，它游离于教材，以新情景、新问题为关键。

2. 国际理解教育与高中拓展型课程

高中学段国际理解教育目标：深入了解国际理解教育的内容和基本要求，深刻理解和平、人权、发展、环境、文化多元、社会公正等中心概念；理解世界人口、贫困、环境等是地球社会所面临的现实性课题；了解和掌握地球社会诸课题与人类自身的关系；为了促进世界诸问题的解决，思考国家和民族能够做出哪些贡献的知识和技能；学会掌握批判地分析、多角度思考、选择与评判问题的解决能力；养成自我尊重、尊重并理解多元价值和多元文化、对生态环境的责任意识、对正义与和平的责任意识、开放的心态、同情的态度、共同体意识等；具有胸怀祖国、关心世界的广阔视野。

例：国际理解教育课程结构图

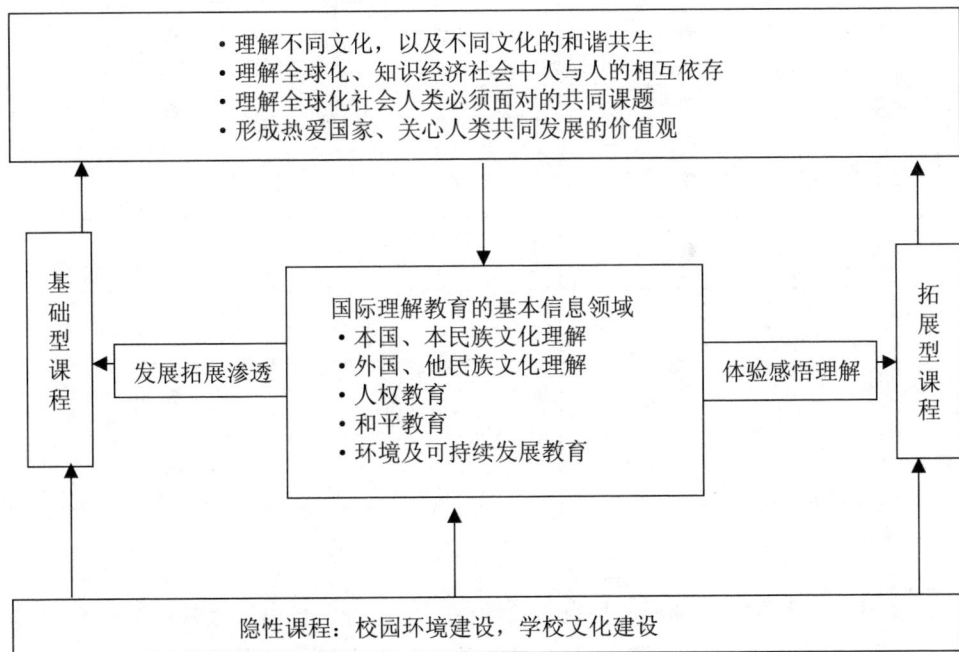

3. 课程是学校生活的核心

我国普通高中新课程的培养目标：使学生"正确认识自己，尊重他人，学会交流合作，具有团队精神，理解文化的多样性，初步具有面向世界的开放意识"。要真正地培养学生尊重、平等、开放、宽容、客观的态度，就要避免国际知识的单纯灌输，要在多学科中渗透国际理解教育的理念。

美国基础教育的学习内容覆盖面较宽，但每个知识点都不深入，同时学校对学生的整体要求标准比较低，造成一些学生"吃不饱"。大学先修项目首先服务于美国本土的高中生。作为高中的选修课程，它面向高年级学有余力的学生，使其提前接触大学课程。

三类外国课程开设科目

科目	国际预科证书课程	大学先修课程	普通教育高级水准课程
汉语	●	●	●
英语	●	●	●
数学	●	●	●
物理	●	●	●
化学	●	●	●
生物	●		●
历史	●	●	
地理	●		
经济学			●
会计学			●
商学			●
计算机			●

美国教育高级水准课程的特点：灵活性。学生可以自由地选择任何适合自己的学科，而不用顾忌领域的限制。另外，普通教育高级水准课程的考核系统较为多样，不仅包括笔试，还包括口头的、实践操作的测试，同时学生的计划方案和课程过程中不同形式的作业也被作为评价标准。

（二）倡导"在活动中学习，在实践中成长"的教学策略

国际理解教育校本课程的组织与实施主要依托"三大支柱"，即特设课程、主题活动和学科渗透。

1. 教学是一门艺术，任何东西都无法取代丰富多彩的教学对话

课程只是一个平台，这个教材只是打开通向世界的窗口。根据校情、学情，在学校特色活动课程——拓展型与探究型活动课程——的实施过程中，学校要始终坚持以下基本原则：

稳定性和流动性相结合；

普及性与提高性相结合；

阶段性与持久性相结合；

接受性与研究性相结合；

制度性与开放性相结合。

例：传统文化进教材获"2014中国教育年度十大关键词"之一。教育部《完善中华优秀传统文化教育指导纲要》把中华优秀传统文化融入课程和教材体系。中华优秀传统文化教育以弘扬爱国主义精神为核心，即开展以天下兴亡、匹夫有责为重点的家国情怀教育；开展以仁爱共济、立己达人为重点的社会关爱教育；开展以正心笃志、崇德弘毅为重点的人格修养教育。

2. 课程设置：加强地理、外语、历史教学，实现"灌输式"向"对话式"国际理解教育的转变。

学科渗透指在学科教学的设计、实施过程中，教师适时地进行延伸、整合、调整学科教学内容，开发学生学习任务，将国际理解素养、价值观的培养及国际交往所需要的知识、技能渗透于有关学科的教学之中，形成学科合力，营造潜移默化的国际理解教育环境，引导学生开阔视野、掌握技能，使国际意识植根于学生心灵深处。

理论在成功的背后：苏格拉底的"精神接生术"。苏格拉底把"怀疑或置疑"作为研究学问和讨论问题的方法、探求真知的手段。

谈话方式。在讨论时，采用谈话的方法，以辩论为技术，寻求真理和概念的正确定义。其真理的发现，是在讨论和问答法中进行。认为知识和真理存在于每个人的心灵内，不过自己因受其他错误观念的影响而没有发现。

是概念的和定义的。他在问答中，想把许多模糊的概念找出正确的定义来。他常问：何谓正义？何谓名誉？何谓爱国？何谓你自己？他这种坚持精确的定义、清晰的思想，及精细的分析态度，他如此苦口婆心的教导，是帮助大家使概

念获得正确的定义，这是知识的基础。

苏格拉底的整个方法是启发的，又可叫探求法。经过归纳过程而归结到一个定义。亚里士多德说："归纳和定义二者，恰可归功于苏格拉底。"罗素则称之为辩证法。

（三）国际理解教育强调科学人文主义教育

人类生活的世界是由自然、社会、人三部分有机构成。故此，中小学国际理解教育即是从人与自然、人与社会、人与人三个维度出发，整体构建课程内容体系。

1. 破解教育理论研究和教育教学改革的困境——从两个教育家的论争看教育研究的两大模式。

1955年9月4日，当斯金纳和罗杰斯登上在芝加哥召开的心理学年会的讲台进行辩论时，出席全美心理学大会的人员都鸦雀无声。在讲台的一边，罗杰斯阐述了认识人类所运用的现象的、主观的方法，宣称在人类行为后面支撑动机的是内在固有的实现趋势，阐述了个人天赋善良，人的自由是来自内部的这一信念。而在讲台的另一边，斯金纳阐述了认识人类的那种行为主义的、客观的方法，论述了个人成为怎样的人是根据环境强化作用的偶然性来解释的，而不是内在固有的实现趋向。这场论争是好事者为两大心理学家、教育学家阐明其宏大的理论观点而设置的。这场论争被教育史学家称为一次具有历史意义的科学事件。

在人类历史的进程中，随着不同时代的转换和不同哲学观点的分歧，科学主义和人文主义这两种"主义"经常表现为互为消长的不同发展形式。历史的发展告诉我们，没有人文情怀关照的科学主义是盲目的和莽撞的，没有科学精神融入的人文主义是虚浮的。社会的发展急需改变这两种文化的分裂态势，急需消除两种主义的人为对立。现今，科学主义和人文主义趋向融合，出现了科学人文主义的哲学观。科学人文主义既信奉科学，又崇尚人道。它以科学为基础手段，以人文为方向和目的，其最高目的是要在科学和人文的相互协调补充中，促进人和社会在物质和精神两方面的和谐发展，并在此基础上不断实现人自身的解放。同样，国际理解教育要求教育在科学文化和人文文化之间寻求一种平衡，它们各有不可取代的价值，但是它们又有其固有的局限性。科学教育的长处恰恰是人文教育的短处，人文教育的长处恰恰是科学教育的短处，两者是互补的，提高或者贬低任何一部分，都会造成教育的失衡。因此，国际理解教育强调要进行科学人文主义教育。

2. 凸显人文精神、公民素养和理性思维

当今社会十分缺乏有关人类未来的科学理性与人文设计，只有蕴含人文情怀与哲学智慧的教育，才能培养出真正关爱人类、理解未来的人。

法国考卷：体现灵活性和开放力，中国考题则是在锻炼学生的记忆力。

日本考卷：同在儒家文化圈，日本考生很少"拼爹"，拼的是意志。日本高考试卷全国统一，各大学在此基础上的分数线划分也就不会产生地域差异。

美国考卷：看重创造性思维和独立思考，"高考"满分被拒正常。美国虽然也有被国人称为"美国高考"的SAT考试（数学、批评性阅读和写作），但是相比我国以高考成绩为主的录取机制，美国大学的录取方式要灵活得多。SAT并没有"定乾坤"的地位，优秀的在校成绩、高标准的论文、丰富的课外活动以及有分量的推荐信都是申请者走进顶尖大学的必备资本。

我国大学教育与中小学教育已走向两个极端：大学过细的专业学科分类淡化了人文，而小学漠视了科学，高中则强行拆分文理，使学生知识残缺。

二、将"国际化要素"渗透于课程之中

将国际理解教育纳入终身教育体系。美国教育部门大力支持教育工作者在海外进修学习，并通过研讨会、出国留学和组织国外项目加强与外界的交流。

（一）教师：国际理解教育的传播者

国际理解教育理念要求教师要掌握各民族文化背景、文化现状与文化发展的趋势，拓展教师的文化结构和素养；要有多元民族文化教育的意识，平等地对待各民族与民族文化；要具备在不同的民族文化间进行文化辨别、文化选择、文化适应和跨文化交际的良好能力。

以科研任务为驱动，引领教师走向理解各民族的文化，广泛开展国内各民族之间的学术交流，培养具有全民族文化内涵的、懂各民族文化的优秀教师。

1. 培养教师国际理解的思维和行为素质

在发展国际理解教育的过程中，教师的个性和态度至关重要。教师培训应致力于减少他们自身的偏见影响，并培养他们国际理解的思维和行为素质。改革教师教育体系，一方面，采取开放的教师职前培养体制，调整课程结构，开设国际理解教育课程；另一方面，要求各级承担在职教师培训任务的机构和各中小学积极为在职教师提供有关国际理解教育的进修机会，提高教师从事国际理解教育教学活动的能力。

（1）教师、校长培训做实"四件事"

用心组织——从调查入手，从实际出发。

明确目标——促进教师、校长提高，促进学校发展。

选准内容——抓住重点，关注热点，主题引路，现场诊断。使学习内容案例化、具体化、校本化。

讲究方法——读读，议议，走走，看看，听听，想想，说说，写写，试试，做做。例如，高中拓展型课程：国际理解教育校本课程的开发与实施研究（高一、高二年级每周 1 课时，计 64 学时）。

按质定型，让研训既实实在在又形式多样：

对理论的认知，难以概述地用情景创设、用讲座对话；

体验是一种直接感知、无以言表的变通载体，用经验体验；

以心灵感知与健康辅导的形式进行故事和游戏互动，让教师明白其中道理；

用信息内化的方式进行共享，内化后的行为就是经验迁移，可用走进真实的课堂进行验证。

教师培训的目标是唤起教师对国际理解教育的兴趣，相信国际理解教育的重要性，并对自己进行国际理解教育的能力充满信心，从而培养一种国际精神。

（2）从学校管理角度出发，校长听评课要关注的问题

问题 1：办学思想是否落到实处？

问题 2：哪些可以成为学校的特色和亮点？

问题 3：教师队伍如何优化？人力资源管理理论认为，每个人的个性特点、学识专长不同，因此适合的职业和工作岗位也不同。只有将二者匹配起来，才能做到人尽其才。

问题 4：哪些制度需要完善？

问题 5：学校还能为教师提供哪些支持？

对学校知识的管理，管理者不能单纯地认为就是对校内知识的管理，因而只关注组织内部的建设。事实上，知识管理更在于构建学校组织知识与社会知识系统的连接、互动与整合。

2. 走在与世界"对话"的路上

知识管理是以人为中心的管理，要"时时处处捍卫和谋求作为人的价值和尊严"。美国联邦教育部邀请学生代表，共同讨论美国教育改革问题。联邦教育部长邓肯说："如果我们不倾听学生的声音，我们的教育将难以进步。"

（1）提升教师国际理解素养

组织教师培训。政府及其学校等相关组织应重视对教育系统各级人员包括教

师、规划人员、管理人员等进行职前培训与继续培训，培训内容包括和平、人权和民主等方面。教师培训可以寻求在和平、人权和民主活动中有经验的人士（政治家、法学家、社会学家和心理学家等）及专门从事人权事务的非政府组织的支持，政府还可组织教师参与区域性的培训，学习有关人权的主要内容等，在更广的范围内传播人权、和平、民主的理念。

在学校中建立民主。要打破师生之间的从属、服从与压制关系，建立平等的合作关系，这就需要使学校系统拥有更多的民主。学校应该允许学生自己制订课堂的规章制度，使得学生能够直接面对自己的责任，并给他们一种真正参与班级和学校事务管理的感觉，使他们积极参与到整个管理及学习的过程中，这样既有助于营造自我约束、自我管理和尊重共同利益的氛围，又可以为学生开辟更多独立自主的空间。

在学校组织教师交流与学习。在学科中渗透国际理解教育，需要教师提高自身的知识素养和能力素养。但教师的时间是有限的，每个教师涉及的知识面是不同的。因此，学校除了让教师通过不断地自学挖掘学科中的国际理解教育资源外，还应组织教师进行集体交流与学习，相互补充，进一步拓宽知识面，从多方面、多层次来挖掘国际理解教育资源，促进国际理解教育的发展。

（2）教师在职研修：国际游学

韩国国际理解教育教师在职研修始于 1997 年，由联合国教科文组织韩国委员会和教育人力资源部来制订并实现国际理解教育，从 2001 年开始由亚太国际理解教育院实施教师研修。研修一般在每年 7～8 月，参加对象一般是中小学教师，自愿报名参加。一般 15 小时算一个学分，研修没有具体成绩。

优质的国际游学项目。学习一定要占据至少 40％的比例，而游玩的设计也需要和学习内容相关联，这样才能起到在游中学、在学中游的快乐学习教育理念。目前国内的游学市场相对混乱，行业中流传着这样的顺口溜："上车睡觉，下车撒尿，见景拍照，最后啥也不知道！"

国际游学课程的十大标准：

标准 1：游学服务机构具有正规资质。

标准 2：游学服务机构具有国际背景，在海外有办公室和工作团队。

标准 3：游学服务机构国际教育资源丰厚，与海外知名院校有深度学术合作。

标准 4：可以直接进入海外名校课堂学习。

标准 5：在海外名校课堂学习时间至少连续一周。

标准 6："游"与"学"比例搭配科学合理。

标准 7：内容丰富、设计合理，能够真实体验海外学习生活。

标准 8：教师配备细致丰富、师资力量雄厚。

标准 9：游学服务机构在海外有高度安全保障。

标准 10：游学服务机构可颁发游学成绩认证或游学经历证书。将在游学中的所见所闻转化为个人的知识财富，在以后的教学、学习和生活中受益。

（二）美国国际理解教育

目前，美国国际理解教育范畴包括全球教育、国际教育、国际理解教育、多元文化教育等。

1. 美国的国际理解教育呈现出强调国家主义倾向

（1）1948 年全美教育协会发表《美国学校中的国际理解教育》报告书，提出了国际理解教育的目标，突出四点：

· 否定战争和祈求和平的精神；

· 基于自由与正义的尊重人权的态度；

· 对他国民族的理解；

· 国际合作的实践态度。

报告书声称，国际理解教育的终极目标是世界和平人类福祉，其直接目标在于培养对人类有新的义务意识及觉悟的"良好的美国市民"。

（2）提出具备良好世界意识的美国人的理想形象

· 认识到倘若再度爆发战争，文化将濒临危机；

· 祈求一切人的自由与正义得以保障的和平世界；

· 了解人类不是不可避免任何战争；

· 确信教育是实现国际理解教育与世界和平的最强有力的因素；

· 了解其他国家的人们的生活方式，认识到文化差异之中有着共同的人性；

· 认识到无限制的国家主权威胁世界和平，各国必须合作，以实现和平与人类的进步；

· 认识到现代技术潜藏着解决经济稳定课题的希望，国际合作有助于增进一切人的福利；

· 以其时刻关注世界性问题、解决世界问题的一切技能与判断力，去认真分析国际问题；

· 将为缔造一切人的自由与正义得以保障的和平世界做出贡献。

2. 美国人将美国视为全世界的中心

"全球化"成为继"现代化"之后学术研究、理论宣传和现实关注的热点。全球教育不是一门另外附加的课程，而是教育观念的更新，需要在现有学科中渗透。从某种意义上说全球教育是国际理解教育发展的新阶段，是新时期的国际理解教育。全球教育不应局限于学生，而应着眼于整个社会民众。应把"世界公民教育"纳入教育体系。

人们发现，社会学习课程与 25 年前惊人的相似。美国的全球教育主要是在社会学习课程中进行的。美国的社会学习课程有两项任务：一是让学生明了作为美国公民应当承担的责任和应具备的能力；二是了解世界民族和文化的多样性，在世界舞台上发挥作用。

（三）韩国国际理解教育

韩国国际理解教育的出发点——"合格国民"和"全球市民"的培养是韩国国际理解教育的双轮。

1. 韩国《教育基本法》的教育理念

1954 年韩国成立了联合国教科文组织韩国委员会，开展国际理解教育，并逐年发展，到 2000 年设立了亚太国际理解教育中心，进行不断地改革创新，国际理解教育的质量日益提高。

（1）韩国《教育基本法》的教育理念

"通过弘益人间的教育理念，陶冶公民人格，弘扬以公民幸福为根本目的的人本主义精神，促进民主主义发展；弘益人间追求利他主义的生活，即关心他人、爱护集体并为他们服务；使其掌握自主生活能力以成为民主市民，为民主国家和人类共同繁荣做贡献"。从这个教育理念中可以看出，韩国以法律形式保障了基础教育政策当中的国际理解教育理念的合法化。

（2）韩国为提高教育竞争力出台新举措

· 进一步加强"学生对国际社会的理解"教育。

· 为中小学聘请大批英、日、中外籍教师。

· 积极引进外国优秀研究生和优秀教授来韩国办学、任教。

· 支持高等院校进一步扩大招收外国留学生。

2. 国际理解教育是教育的新方向、新范式

过去的教育是以"我"为中心的教育，现在的教育是以他人和邻国、以全球为中心的教育。以所有人共同生活为目标来解决问题，这就是新的教育方向，新的教育范式——国际理解教育。

（1）韩国初中国际理解教育的经验

·政府支持；

·学科渗透；

·韩国国际理解教育与社会发展同步；

·通过特别活动开展国际理解教育。

例：韩国初中国际理解教育内容体系。

领域	内容	教学活动主题
多元文化	理解多元文化	世界各地方的多种多样的文化；理解文化的流向。
	消除文化偏见	世界各地区挨饿的孩子；世界各个地区。
	文化共同性的认识	社会制度、习俗之下的女性歧视问题；外国劳动者的窘迫生活环境。
	文化交流	认识国际人权机构及其团体的职能；关于世界人权问题的民间团体活动。
世界化与韩国	日常生活中的世界化	多样化的世界化现象
	世界化与韩国	世界化与韩国的变化；世界化与我们的生活。
	世界化与国际秩序	世界化与国际机构；世界化与非政府团体。
人权保护	维护人类尊严	珍贵的"我"和"你"；人权侵犯现象。
	贫困国家孩子们的困苦	挨饿的孩子们；劳动的孩子们。
	社会上的各种歧视	社会制度、习俗带来的女性歧视问题；外国劳动者的窘迫生活环境。
	人权保护运动	认识国际人权机构及其团体的职能；关于世界人权问题的民间团体活动。
和平世界	世界上的纠纷和矛盾	韩国与部分国家的纠纷。
	威胁和平的因素	看不见的和看得见的暴力。
	和谐文化的扩散	为和平而做的努力。
	构建和谐的社会环境	为和平而努力的人；学习与其他人和谐相处的方式。
全球环境问题	经济发展与环境污染	经济发展带来的各种环境问题。
	被污染的地球	水资源缺乏，全球变暖问题和人口问题。
	拯救地球运动	可持续发展。
	拯救地球的新生活方式	亲环境生活方式。

在开展国际理解教育的过程中应借鉴韩国经验：

借鉴 1：制定和完善国家国际理解教育政策、法规、制度。

借鉴 2：将国际理解教育贯彻到各级各类教育中去。

借鉴 3：利用各界力量全面开展国际理解教育。

（2）美、英、日在推进中小学国际化进程中呈现出的共同经验

· 通过国家立法或政策保证，创造有利于国际化教育推进的政策空间。

· 强化外语教育和教学。

· 强调教师、学生和学校的国际交流与合作。

· 注重将国际化要素渗透到课程之中。

（3）中国、日本、韩国和蒙古在推动国际理解教育上的共同之处

第一，在基础教育阶段，开展国际理解教育无论对于促进学生个人发展、还是增强国家竞争力以及维护世界和平都具有不可替代的必要性和重要性，四国政府都倡导在中小学开展有助于培养学生的国际视野、全球素养、交流与合作能力的国际教育与交流；

第二，强调国际交流与合作。如出国学习或访问、建立长期的合作伙伴关系、共同参与国际项目等，都是开展国际理解教育的有效途径；

第三，有效促进东北亚国际理解教育能力建设，需要四国之间建立长期稳定的交流与研讨机制，定期组织该领域的专家学者开展学术交流与研讨。

三、探索培养国际公民素养的有效途径

公民教育是公民正确认识国家与公民、公民与公民之间的关系，形成提升公民素养的社会化机制。现代公民教育的第一步是承认每个人都是独立的主体，尊重个人在生活中的自主性，引导学生学会尊重公民在私人生活和公共生活中的权利。

（一）在学生中更强调平等、理解、包容的元素。国际理解教育包含三个关键词：理解、宽容、关心。

课程建构创新表现在三方面：

一是重点设计好必修课程，校本化地设计必修课程教学与评价体系，使每位学生获得高水平的学习能力。

二是以构建面向全体、促进学生个性发展和能力提升为宗旨，培养人文素养、科学素养、管理素养的立体化课程体系，形成若干精品课程。

三是强化实践，构建不同体验感受的社会实践课程群，营造思行并举的成长氛围，促进学生可持续发展。

1. 校园即世界

随着教育国际化的发展，跨文化学习已成为教育的重要组成部分，校园即世

界。世界是一个圆，圆周是无限的。每个人是一个圆心，圆心无处不在。教育就是半径，半径越长，人拥有的世界就越广阔。推动教育国际化，就是拉长教育半径的重要途径。教育国际化是经济全球化发展的客观要求，也是我国现代化建设的必然选择。

营造国际理解教育氛围。布置自己的"文化墙"，让学校的每堵墙壁都能对学生进行国际理解教育；充分利用学校走廊，通过"外语之窗"和标语、图画以及"民族文化长廊"和"世界文化广角"，形成走廊文化。

未来的学校是一种"超越学校的学校"。从根本上来说，承担起学生的学习与发展的，不是每一位教师，而是整个教师团队；不是每一间教室，而是整所学校；不是每一所学校，而是整个社会文化。佐藤学说，"所谓'好学校'，绝不是'没有问题的学校'，而是学生、教师和家长共同面对'问题'、齐心合力致力于问题解决的学校"。

2. 开发隐性课程：教育是人类的最大发明

隐性课程是指学生在学习环境中所学到的非预期性或非计划性知识、价值观念、规范和态度。这类课程是非正式的，具有间接性、潜在性和隐蔽性的特点。现代课程观认为，隐性课程是影响人的发展中不可忽视的重要课程。

国际理解隐性课程在学校教育环境中可以广泛存在，包括以下层面：

物质层面，如民族特色的学校建筑、方便实用的互联网设施、绿色的校园环境、富有情趣的教室布置等；

行为层面，如学生间的友好交往、互帮互学，师生相互尊重、平等关系等；

观念层面，主要有以人为本的办学方针、以学生为主体的教学观念和合作向上的校风、班风、学风等；

制度层面，包括学校的民主、参与的管理体制、服务取向的学校组织机构以及开放灵活的班级运行方式等。

国际理解的隐性课程以潜移默化的方式，无时不有，无处不在，在无意识中提升人的精神境界，培育着国际理解品性的养成。学校的各种国际讲座、与外国学生的联谊活动或夏令营、多元的校园文化环境、庄严的升国旗仪式、开放的教师素养等的影响，甚至在显性课程之中，即国际理解专设学科或各学科中贯穿的或体现的国际理解宗旨的各个层面等都属于国际理解的隐性课程。总之，在各个层面创设体现国际理解观念的教育环境，是开发国际理解课程不可忽略的方面。

3. 综合实践活动与学科课程的区别

	综合实践活动课程	学科课程
课程结构	活动项目与方式	知识体系
课程组织	非逻辑性	逻辑性
课程内容	直接经验	间接经验
学习方式	体验、探究、操作	接受、理解、认知
课程实施	跨学科	分学科或单元进行

综合实践活动类课程重视学生的参与性与体验性，强调学生直接经验的获得和自我认同感的形成。

（二）教学生能听懂的，就没有学不会的

学科渗透指在学科教学的设计、实施过程中，教师适时地进行延伸、整合、调整学科教学内容，开发学生学习任务，将国际理解的素养、价值观的培养及国际交往所需要的知识、技能渗透于有关学科的教学之中，形成学科合力，营造潜移默化的国际理解教育环境，引导学生开阔视野，掌握技能，使国际理解意识植根于学生的心灵深处。

1. 归还学生自主发现问题、自主探究的权利

（1）"归还学生权利"，其本意是把本就属于学生的权利返还给他们

学科知识是学科专家对世界的意义的理解与解释，是学科专家的思想、经验与知识。显然，"学科知识"的主体是学科专家。但在课程学习中，主体是学生。教师要相信学生的能力，相信学生能够在自主学习和探究中得到发展。

避免用成人的标准去衡量学生。可能学生花费了很长时间研究一个问题，其结果却不尽如人意，但这种发现问题、解决问题的探究过程，正是一个人成长、发展、创造必须经历的过程。只有经历了这个过程，学生的探究能力才能不断提高。把权利还给学生，真正把国际理解教育课程变成学生的探索之旅。

（2）国际理解教育课程内容选择的一般标准

国际理解教育作为一个相对独立的课程领域，有自身特点，有特定的教育目标、教育内容、教育方式和实施模式：如学科渗透模式、活动课程模式、综合实践模式、专题学习模式、主题统整模式、国际交流模式、单独设课模式等。

标准1：真实性。

国际理解教育是高于知识与技能的教育，具有思想引领作用，是上位的学习。传统教育与国际理解教育是智商与情商、"为学"与"为人"的关系。学校应抓住教育契机，努力让学生意识到天下大事事事关己。

标准2：文化的观点。

国际理解教育旨在建立人类共同的基本价值观，诸如和平、人权、尊重、公正等核心理念，"世界公民"既要具有中国情怀，又要具有全球视野。随着全球一体化的深入发展，这应该成为世界各国培养青少年的育人目标，也是国际理解教育的精髓和真谛。

标准3：普世的伦理原则。

标准4：综合性。

标准5：可操作性。

2. 国际理解教育学科建设的路径

国际理解教育学科建设坚持专业引领、转化实践、立足学校的价值取向。从建设路径上讲，应从理论研究、教师培训、教学实践三个层面推进。

（1）开展理论研究，进行学科基本理论框架建构

从政治学、文化学和比较教育学的视角，加强对国际理解教育理论基础的研究，学习借鉴国内外学者的理论研究成果，建构国际理解教育的基本理论框架，为中小学实施国际理解教育提供理论指导。以能力为导向，结合课程内容用双向细目表的方式加以架构，探索兼顾内容和过程的课程设计模式。把国家意志、社会需求和学生自己的愿望结合起来。

开展课题研究。人有千面，各不相像；校有千人，各不相同。校本课程研发与实施的一个重要环节，就是要充分挖掘学校内部和外部的课程资源，结合学生的需求，开设课程。课程是一种有计划地安排学生学习机会的过程，使学生获得知识、参与活动、丰富经验。从本质上说，它是开放的、民主的、科学的。因此，课程不仅是一种过程、一种结果，而且还是一种意识。联合国教科文组织高度认可的 PBL 教学模型，将讲授、辅导讨论、小组合作学习、实地研究、问题分析、问题解决、研究报告等教学要素融合在一起，从"解答问题"的学习观转向"解决问题"的学习观。

例如：

高中思想政治课程标准中的全球教育研究；

中小学校长（教师）国际理解教育培训教材的开发与研究。

开展教师培训，建设培训课程体系。开发设计灵活多样的国际理解教师培训项目，基于培训对象的专业发展阶段，开发培训课程，努力形成培训课程体系；创新教师培训模式，探索基于观念建构的学习模式，提高中小学教师的国际素养和国际理解教育的教学能力。

（2）推进学校实践，探索有效实施

立足校本研究，探索学校环境建设、特色课程开发、学科教学创新、资源建设和国际交流等实施策略和途径，促进国际理解教育在学校的有效推进，促进《纲要》政策的落实和实践转化。

拓展型校本课程的基本特征：

特征 1：基础延伸性。

特征 2：内容前沿性。

特征 3：知识趣味性。

特征 4：地域乡土性。

特征 5：学校本位性。

校本课程建设必须具备的要素：

要素 1：教学目标——任何一门校本课程首先要有教学目标，即通过课程教学要达到什么样的目的和达到什么样的标准。

要素 2：教学教材。

要素 3：教学时空。

要素 4：教学方法。教学方法是使课程实施并获得成功的手段，手段的优劣当然是成功与否的要素。

要素 5：教学评估。

（三）国际理解教育校本课程的评价体系

课程评价上强调内在评价，减少排名和竞争，倡导民主平等的师生关系。评价将体现：评价内容多元化；评价过程动态化；评价个体主动化；评价方式的质性化；评价行为日常化；评价结果效益化。

1. 总结性评价与形成性评价的区别

总结性评价就像是老师给学生拍照片，拍完了就定型了；而形成性评价就是老师给学生提供一面镜子，学生可以在过程中不断反馈调整。当然照片拍得不满意还可以重拍，但是还是不如照镜子来得方便。而学生的自我反馈就是自拍了，这比别人拍来得更自在方便了……不知道这样的比喻恰当否？

（1）形成性评价指在活动运行的过程中，为使活动效果更好而修正其本身轨道所进行的评价。形成性评价的主要目的是为了明确活动运行中存在的问题和改进的方向，及时修改或调整活动计划，以期获得更加理想的效果。

例：老师改作业的时候，都会用红笔圈出学生错的地方，并用评语或者批注来告诉学生错在哪里？要求同学们事后进行改正，根据大部分学生出现的错误，在上课的时候进行评讲，对个别学生的错误以课后提醒为主。或者是以同学们之间互相批改为主、老师检查为辅的方式，让同学们积极地参与到学习中去。

（2）总结性评价就是对课堂教学的达成结果进行恰当的评价，指的是在教学活动结束后为判断其效果而进行的评价。一个单元、一个模块或一个学期对最终结果所进行的评价，都可以说是总结性评价。总结性评价是对一个学段、一个学科教学的教育质量的评价，其目的是对学生阶段性学习的质量做出结论性评价，评价的目的是给学生下结论或者分等。

例：在选拔参加数学竞赛的学生时，老师会根据学生在学习过程中的整体表现和平时的学习情况，评估学生是否符合条件去参加比赛，从而选出参赛选手。这个过程就是对学生进行总结性评价。学生的毕业考试、教师的考核、学校的鉴定都是总结性评价的例子。

（3）形成性评价与总结性评价的关系

形成性评价不以区分评价对象的优良程度为目的，不重视对被评对象进行分等鉴定。总结性评价是在教育活动发生后关于教育效果的判断。

教育本身是一个循环往复、向前推进的过程，这个循环是开放的，不是闭合的，形成性评价的理念协同总结性评价的行动力，二者的高效配合是教育过程扎实推进不可或缺的动力所在。

2. 建构国际理解教育评价体系

采用等级制评价的方式，着重评价学生在国际理解的融通能力以及在学习过程中表现出的情感、态度和价值观，注重评价的综合性、全程性和多向性，充分发挥评价的诊断、反馈、导向、激励和增值功能，帮助学生养成关注人类命运、关心地球可持续发展的"全球公民"的素养和态度。其考量的是：学生通过国际理解课程的学习，其国际理解的基础与国际理解素养是否有提升、有发展潜质，不以分数来评定学生的课程学业。

（1）构建正确的合理的国际理解教育校本课程评价体系

在评价目标上，课程评价体系需要围绕新课程改革中所要求的"三维目标"进行，培养学生的国际理解方面的知识与技能，培养学生体验国际理解的过程与方法，形成学生国际理解的情感、态度和价值观。

在评价主体上，坚持评价主体的多元化，学校领导、教师、学生自己和同伴等都可以成为国际理解教育校本课程的评价主体。

在评价方法上，坚持多样的评价方法，如学生成长档案袋评价、游戏评价和角色扮演评价等。

（2）多维课程评价体系，立体化评价主体及对象

国际理解教育重在发展学生的爱国意识、国际意识、交往意识等。在课程评价方面，以发展性评价、过程性评价为主要手段。

评价主体多样。充分体现学生家长（课程受益者）、教师（课程实施者）、校长（课程领导者）及其他人士的评价主体性。

评价方法丰富。以学生观察记录、调查分析以及动态性的作品展示、知识竞赛等方法评价国际理解教育课程的实效。

评价维度科学。学生的发展强调与自身的对比，是在原有水平上的发展；教师方面主要在于提高其教学反思与改进能力；课程发展方面强调学校在设计校本课程过程中出现的问题以及完善课程方面所做出的努力。

（3）国际理解教育课程加强对学生综合表现能力的评价

评价采取多种模块占百分比的方式进行统计。在内容上主要从以下四个模块来评价：

测试或知识竞赛。根据需要对学生关于国际理解的知识能力发展进行定期的测试或开展知识竞赛。

作品展示。学生在国际理解教育活动中会完成各种作品，每学期可举行1～2次"学生作品展"，从中捕捉学生的国际理解教育素养。

研究性学习成果。布置研究性课题，让学生分组进行调查研究，最终以数据统计报告或研究论文形式展现成果。

学生参与度评价。为提高学生参与国际理解教育的积极性主动性，根据活动设置情况设计活动参与记录表；或是统计学生登陆相关网站的频数与流量。

3. 走出学生评价的误区

大数据透露孩子真心话。《知心姐姐》杂志对8347名中小学生的调查结果：孩子们渴望成为集体中有用的人，渴望有情感的老师，渴望启发思考互动式课堂，渴望获得父母的肯定、尊重与帮助，渴望行万里路、读万卷书，渴望实现自己的梦想。为此，应走出学生评价的误区，构建健康的评价策略。

策略1：构建学生发展评价新体系。

教师是评价理念与评价实践的"对接"者。应通过培训，使教师正确运用其评价理论、方法、技术手段，促进学生健康地发展。

"增值评价"和"多元评价"。"增值评价"这种纵向设计的评价方法更能客观地反映学校工作的效果，但它对统计水平要求较高，同时输出部分通常是由学生的学业成绩来代表，因此具有一定的不足；而"多元评价"是将学校效能的一

些关键因素制成量表，并对量表中的指标进行逐项赋值，得出衡量学校效能的具体指标，这种评价技术相对简单，容易操作，其结果也容易理解，但其不足之处在于设计多为横截面式的，不能反映学校在某一时期的变化，并容易陷入"以一把尺子去衡量不同背景与个性学校发展水平"的误区。因此在具体评价实践中采用何种评价思路应取决于三个条件：一是所理解的学校效能是什么；二是评价目的为何；三是拥有的条件是否充足。

策略 2：建立健全多主体评价机制。

建立健全教师、学生、家长及社会共同参与的评价机制，其目的是通过评价让学生实现自我认识、自我教育，明确发展方向，促进自身发展；通过评价使教师树立正确的学生观，转变教育行为方式，学会和运用科学的教育评价理论和方法，引导和帮助学生发展。营造有利于学生发展的家庭和社会环境，为学生的发展提供支持和服务。重视学校、学生发展性评价，重在考核学校在促进不同情况学生进步方面的努力程度和实绩。

教育治理的价值基础主要有法治、自由、民主和公正，改造传统的教育体制、机制和关系，以进一步释放各级各类教育的活力，提高教育的质量。

第三节　国际理解教育贯穿人的一生

"人的根源性、族群、语言、性别、年龄、地域、阶级和宗教的力量所起的作用越来越大。"每种文化的价值取向包括三方面内核，即如何认识人与自然的关系、人与社会的关系和人对自身人性的认识。各民族在这三方面的不同认识内在地决定了各自的价值取向。

一、梦想与责任：在学会合作中彰显个性

梦想，是坚信自己的信念、完成理想的欲望和永不放弃的坚持，是每个拥有它的人最伟大的财富。梦想产生激情，奋斗成就梦想。现代社会讲究团队精神，合作共赢；无视他人的力量，是很难取得成功的。

（一）放弃自己就是放弃国家！——奥巴马

美国总统奥巴马 2009 年 9 月 8 日面向全美从幼儿园到 12 年级的学生发表电视演讲，以他和"第一夫人"米歇尔·奥巴马等人的求学经历为例，鼓励学生不畏逆境、发奋学习。

1. 梦想与责任：奥巴马在美国中小学开学日的演讲

我们需要你们中的每个人都培养和发展自己的天赋、技能和才智，来解决所面对的最困难的问题。假如你不这么做，假如你放弃学习，那么你不仅是放弃了自己，也是放弃了你的国家。

我号召你们都为自己的教育定下一个目标，并在之后，尽自己的一切努力去实现它。你的目标可以很简单，像是完成作业、认真听讲或每天阅读。或许你打算参加一些课外活动，或在社区做些志愿工作；或许你决定为那些因为长相或出身等原因而受嘲弄或欺负的孩子做主、维护他们的权益，因为你和我一样，认为每个孩子都应该有一个安全的学习环境。

250 年前，有一群和你们一样的学生，他们之后奋起努力，用一场革命最终造就了这个国家；75 年前，有一群和你们一样的学生，他们之后战胜了大萧条，赢得了"二战"；就在 20 年前，和你们一样的学生们，他们后来创立了 Google、Twitter 等，改变了人与人之间的沟通方式……

2. 英雄只是一个特长生

"所谓英雄，就是做到了自己力所能及的事的人。"罗曼·罗兰如是说。也许英雄就是一个那么平凡的人，并非每个英雄都有着惊天动地的壮举，但必定是让人可敬可佩的人。英雄不是完人，英雄只是一个特长生。

（1）诗人臧克家：数学考零分，作文只写三句话

臧克家当年报考国立青岛大学（今山东大学）时，国文考试有两个题目，一是《你为什么报考青岛大学?》，二是《杂感》，两题任选一题，但臧克家两题都做了。他写的《杂感》只有三句话："人生永远追逐着幻光，但谁把幻光看作幻光，谁便沉入了无边的苦海!"这三句杂感虽然短小却饱含哲理，后来臧克家在回忆文章中说："它是我尝尽了人生的苦味，从中熔炼出来的哲理，也是我在政治大革命失败之后，极端痛苦而又不甘心落魄的一种无可奈何的悲痛消沉心情的结晶。"

批判思维对于成人成事的必然性。闻一多对此极为欣赏，从中看到了臧克家的内心世界，于是便给判了 98 分，将数学考试吃了"鸭蛋"的臧克家破格录入青岛大学。一个没有批判思想、独立人格的人是很难真正成事的，但凡风格鲜明、个性怪异、为人傲气的独立思考者往往成名成家的可能性更大，因为他独特他创造他不人云亦云，往往也不受人禁锢，让人刮目相看，为之一亮，脱颖而出就是迟早之事，当然他必须是在正道、合原则。

（2）校长罗家伦：数学零分，作文被胡适一眼相中

1917 年，蔡元培出任北大校长，并"循思想自由原则，取兼容并包之义"，

对北大进行了思想解放和学术革新。这一年夏天，北大在上海招生，刚从美国回来的胡适参加考试阅卷工作。在招生会议上，只是普通教授的他激动地说："我看了一篇作文，给了满分，希望学校能录取这名有才华的考生。"可当委员们翻阅这名考生的成绩单时，却发现他的数学考了零分，其他各科成绩也并不出众。这样一名考生，若放在今日，就连一所普通大学都很难考上。但在当时，主持招生会议的校长蔡元培却明确表态，支持胡适的意见。在蔡、胡二人的执意要求下，这名只会写作文的考生，最终被北大外国文学专业录取。

（二）每个人都有自己擅长的思维方式

教育应该更注重个体的发展。只有个体发展、个性发展，加上机会的均等，教育才可能真正成功。大学里的学习和中学的学习有很大的区别，中学期间离不开老师的讲授、督促、跟踪，大学里老师课堂上更重要的是传授一种思路、方法、技巧，学生应受老师的启迪而用更多的时间去自主学习、探究、拓展。

1. 思维最初是人脑借助于语言对客观事物的概括和间接的反应过程

思维以感知为基础又超越感知的界限。它探索与发现事物的内部本质联系和规律性，是认识过程的高级阶段。

分析与综合是最基本的思维活动。分析是指在头脑中把事物的整体分解为各个组成部分的过程；综合是指在头脑中把对象的各个组成部分联系起来。分析和综合是相反而又紧密联系的同一思维过程不可分割的两个方面。没有分析，人们则不能清楚地认识客观事物，各种对象就会变得笼统模糊；离开综合，人们则对客观事物的各个部分、个别特征等有机成分产生片面认识，无法从对象的有机组成因素中完整地认识事物。

比较与分类。比较是在头脑中确定对象之间差异点和共同点的思维过程。分类是根据对象的共同点和差异点，把它们区分为不同类别的思维方式。比较是分类的基础。比较在认识客观事物中具有重要的意义。只有通过比较才能确认事物的主要和次要特征、共同点和不同点，进而把事物分门别类，揭示出事物之间的从属关系使知识系统化。

抽象和概括。抽象是在分析、综合、比较的基础上，抽取同类事物共同的、本质的特征而舍弃非本质特征的思维过程。概括是把事物的共同点、本质特征综合起来的思维过程。抽象是形成概念的必要过程和前提。

2. 英雄未变，改变的是时代和人心

英雄常常是力量的象征，他们至少有一副常人所不能拥有的功夫和力量，比如武松打死老虎，项羽"力拔山兮气盖世"，英雄崇拜多表现为对力量的崇拜。

每个人心中都有一个英雄梦，每个时代都有自己的英雄。

（1）英雄总是不变的偶像，从他们身上可以看到普世的精神价值

时势造英雄是个永恒不变的概念。时势，就是一个势。所谓势，即趋向，这个趋向可以是一个事实趋向，也可以是人们的意识趋向，还可能两者并存。时势是人造出来的。什么人？英雄。"没有共产党就没有新中国"这首歌耳熟能详，难道这不是在说英雄造时势吗？

毛泽东可谓大英雄也，救民于水深火热之中，救中华民族于危亡之中；中国革命不是他，兴许结局就会改变了。英雄乃得人心者也！得道者多助，失道者寡助。得道者，得势；失道者，失势。时也，势乎？势者，命也！时势中出现英雄，英雄又改变了时势，如果没有清朝末年一片混乱景象，就不可能成就毛泽东，成就不了毛泽东，就没有现在社会的一片繁荣景象。

（2）自我牺牲是英雄最主要的特征

《孙子兵法》通篇上下，十分强调"将"的作用，把"将"视为取得战争胜利的关键。"将"要具备什么样的素养呢？孙子曰："将者，智、信、仁、勇、严也。"换成现代语言，就是指将领一要足智多谋，二要赏罚有信，三要对部下真心关爱，四要勇敢果断，五要军纪严明。

放眼当今商界，尽管成功的企业家通向成功的途径各不相同，但究其实质都有不少相同的特质：勤奋好学，比任何人都能吃苦；勤于思考，精于谋划，凡事多想一层或几层；坚强勇敢，敢想敢干，看准了的事情就不轻易放弃；海纳百川，善于利用社会资源办大事；军令严明，在攻城掠寨中讲究战略战术。

英雄是具有自由意志的行动着的人。英雄之所以赢得人们的尊敬，不是因为他们拥有强大的力量，而是因为他们为了他人、集体或者某种信念和价值牺牲了自己。

（三）实践中思辨的生命力

思考是教育的生命力。有思考才有自己的观点与思想，思考是教育的生命力之所在。学会思考的关键在于：保持广泛的思考兴趣，拥有持久的思考精神，掌握巧妙的归纳方法。

1. 让教学研究从思辨回到实践

实践中思辨的生命力。哲学是理论的先导，是人类最高形式的智力探索；理论是实践的指南，是人类抽象而概括地反映客观事物内存机制的系统知识；实践是检验真理的唯一标准，是人类证明自我动机与行为正确与否的具体途径。"哲学－理论－实践"三位一体、相互为用的思维模式，是人类感知与认识万千事物，总结已知、探索未知、智慧生存的理想选择。

让教学研究从思辨回到实践。毛泽东说过：人的正确思想不是从天上掉下来的，也不是人头脑里固有的，是从实践中产生的。他阐明了一个哲学问题：实践与认识的关系。鲁迅说过：世上本没有路，走的人多了，便成了路。他道出了一个真理：路是人走出来的。

中国的教育改革与发展，必须解决理论与实践结合这个根本问题，让教育教学研究从天上回到地上，从思辨走向实证，从浮躁转向冷静，深入到校园，深入到课堂，深入到学生。教学是教师的教与学生的学两者紧密联系的过程。从教的过程看，应遵循：教→教会→不教；从学的过程看，应遵循：学→学会→会学。

在思辨中碰撞出智慧的火花。思辨能力是一个"社会人"应具备的基本素质。只有在不同的思想和观点的交汇中，才能碰撞出智慧的火花。

2. 要让学生勇于说"不"，敢于说"能"，善于质疑

（1）随着国际竞争日趋激烈，面临新的挑战，教育是一如既往地制造统一规格的"标准新产品"，还是培养具有鲜活个性的新型人才？

要培养学生的创新能力，就应该重视学生批判性思维的培养，让学生勇于说"不"。培养学生批判性思维，要引导学生掌握简单的判断方法。敢于说"能"——鼓励学生充分发表不同想法。善于提问——引导学生学会质疑。学贵知疑。爱因斯坦指出："提出一个问题比解决一个问题更为重要。"由此可见，让学生"善于提问"，才是值得我们关注和研究的。

在弘扬个性的今天，要让学生学会创新，还有一个重要的问题亟待解决，那就是民主、和谐师生关系的建立。因为只有在这种平等、愉悦的氛围中，才有可能张扬学生个性，才有可能培养学生创新能力。

在创新教育的课堂上，教师不仅是知识的传授者，更要做好学生活动的组织者、参与者、指导者，要让学生勇于说"不"，敢于说"能"，善于质疑，在个性的张扬中成长为创新型的人才，从而真正实现学生的全面、个性化发展。

（2）教师的教育智慧

·三流教师用惩罚，二流教师用语言，一流教师用眼神。

·智慧与快乐——智慧的教师，应该是一个自己快乐，也能给别人快乐的人。与学生同乐，才是教育的大智慧。

·智慧的老师——把自己当成学生，把学生当成自己，把学生当成学生，把自己当成自己。

·教育智慧首先是发现儿童的智慧——发现他的特殊性、差异性和复杂性——对教育对象的天赋、心灵，一切独特的行为奥秘的独具慧眼的发现。

·适当的时机用适当的方法处理问题。教师在教育活动中，根据教育对象、内容的变化，设计出最佳的教学方案，并能在实施过程中，根据学生反应，适时调整教学速度、难度、教师心态，使教与学达到动态平衡，表现出一种较好的教育机智。

·充满教育智慧的教师首先是一个"年轻"的教师，有一颗年轻的心。

·教育智慧的类型——硬智慧（教师必备的文化素养和学科的技能、技巧）与软智慧（教师的教学观念、教学方法和教学情感）。

·教师实践智慧就是指教师对教育合理性的追求，对当下教育情景的感知、辨别与顿悟以及对教育品性的彰显。

·教育智慧是教师通过实践探索、积累而形成的专业素养的高级阶段。具有准确判断最有价值的新鲜信息的能力，具有善于转化教育矛盾和冲突，调节自己的教育行为以求最佳效果的机智，具有吸引学生积极投入学校生活、热爱学习和创造，并愿意与教育者进行心灵对话的魅力。

3. 教育既是遵循教学模式的过程，也是一个挣脱其束缚的过程。这才是创新的空间。

例："创意教学"理念——走向实践。

教学即生活。把生活作为一种教学资源。把时代活水引入课堂教学和引导学生走向社会大课堂，把教学与时代生活联系起来。

教学即生命。人是一种生命体，幼儿园、小学、初高中、大学……本身就是一种生命历程，又伴随着学生的学和教师的教，教与学是一种生命存在形式。

教学即生存。"物竞天择，适者生存。"学习是人类学习生存和发展生存能力的过程。

教学即发展。教然后知困，学然后知惑，改然后知难而进，研然后知教无止境，教学、求学、教改、科研互促互补，周而复始，螺旋上升。

教学即快乐。孔子的"知之者，不如好之者；好之者，不如乐之者"，体现了"学会""会学""乐学"三种学习境界。乐学是最高学习境界，从成功学习中体会到快乐，甚至"欲罢不能""不亦乐乎"。

教学即创新。列夫·托尔斯泰说："如果学生在学校里学习的结果是使自己什么创造也不会，那么他一生永远是摹仿和抄袭。""教是为了不教"，追求"教是为了创新，学是为了创造"。

教学即合作。学生在学习中学会合作，在合作中学会学习；教师在教学中学会与学生、同事、家长合作，在与学生、同事、家长合作中学会教学。

教学即交流。"独学而无友，则孤陋而寡闻。"教与学其本质是教师学习与学生学习的交流过程，是师生在知识、情感、行动价值等方面的平等对话。

教学即文化。教学既是师生各自拥有的"个体文化"的交流、学习，又是师生共同创造新的"教学文化"的过程。

教学即财富。"学习，财富蕴藏其中。"面对社会向教育的挑战，教师进行创造性教学，以适应知识经济的要求。教师不断创新，发展教学个性，形成教学特色，提升自己的教学品位，以增加自己的"无形资产"。

思考：人薄课薄，人厚课厚。提高教师的学科水平。一个教师对学科教育的理解是其教育水平的标志。

二、再"长"的光荣榜也遮挡不住应试的"短"

评价制度的背后是评价思想，其中最核心的是对人的尊严和价值的认识。如何认识人本身的尊严和价值决定了设立什么样的评价标准和评价制度，也就间接决定了如何评价学生。因此，要通过建立可行的多元评价生态体系，冲淡实际的一元评价体系。

（一）PISA 提倡"为生活而学习"

PISA（国际学生评估项目）是一项前瞻性的测试，关注终身学习能力，包括具备知识技能基础、学习的内在动力以及自主学习的能力（掌握学习方法和策略）。PISA 评价教育系统是否能够培养合格的公民，而不是培养科学家、文学家，它涉及的学科知识要求是基础的，提问的视角是结合生活情境的而不是单纯从学科知识体系出发的。

1. PISA 的主要目的是改进教育政策，而不是筛选学生

由于 PISA 实施过程严格，结论都是基于证据的，对各国教育政策产生了很大的影响：

（1）倡导多维教育质量观。PISA 使我们能够以全球视野来审视教育的质量、公平、参与度和效益。PISA 还研究教育投入和资源分配与 PISA 成绩的关系，分析教育的成本效益，这种多维的质量评价框架已经在各个参与国家推广。

（2）树立新的质量标杆。PISA 给出了各国平均成绩的排名，使各国教育决策者从别国的成绩中反思自己的政策，寻找更有效能的教育政策。

（3）提供政策借鉴。PISA 不仅要向政策制定者描述结果，而且还要提供改进的方法和过程性的信息，使成功的过程变得透明。PISA 不只是对成绩的统计分析，还要收集其他数据，包括教育系统、学校、家庭、学生个人特征等方面对

成绩的影响，使政策制定者能够对影响学业结果的因素和模式做出推断，知道为什么会产生这样的成绩，怎样改进。

（4）对学生的能力做出最佳估计。PISA 的评分标准是根据学生的回答发展出来的，而不是由教师拟定的标准答案，体现了学生的视角和思维水平，而不是用教师的思维水平来要求学生。

2. 课业负担重是 PISA 测试为上海学生提供的第一张 X 光片

2009 年首度参加 PISA 测试，上海学生获得阅读、数学、科学三项第一。2012 年再度参加这一测试，又获三项第一，再次证明了上海基础教育的实力。同时测评显示，上海学生作业时间同样位列世界第一，中小学生"减负"向全社会求解。

课业负担重是 PISA 测试为上海学生提供的第一张 X 光片。报告显示，上海学生上课时间平均为 28.2 小时，在 65 个国家和地区中位于第九位。对于完成老师布置的回家作业时间，上海学生每周需花费 13.8 小时，远远高于 OECD 平均课外作业时间 4.9 小时，比排在第二位的俄罗斯不到 10 小时也高出一大截。高负担与高成绩相伴相随，成为上海 PISA 测试的显著特点。

2013 年 12 月 3 日英国《金融时报》指出，中国教育必须抛弃死记硬背模式，"就算外国人起初可能被上海学生在国际学生评价项目 PISA 考试中的优异表现所震惊，进一步考察后，他们对上海的教育模式就没那么感兴趣了。"

中国的考试自古以来就扬名天下，而有什么样的考试，就反映出什么样的公共文化。早在 1990 年初，国内就有学者担忧人文精神的匮乏导致国民素质下降。而"全民皆考"的文化现状和"应试心态"的教条性和封闭性也促生出畸形的上升机制，生在这个残酷竞争的时代，面对臃肿的体制，似乎"一考定终身"也成了一种路径依赖。但究竟考什么才是合理的？又需要什么样的一份考卷才能更好地达到选拔优秀人才的目的？一份考卷实际上折射了一个时代、一个民族的文化素养和心态。

（二）可持续发展的教育才有未来

可持续发展教育，是根据可持续发展需要而推行的教育，其目标是帮助受教育者形成可持续发展需要的价值观念、科学知识、学习能力与生活方式，进而促进社会、经济、环境与文化的可持续发展。为此，做好实践探索：

研制规划政策。从国家和地方经济社会可持续发展实际出发，各级政府在本地区教育规划纲要中强化可持续发展教育的理念内容，进而制订实施区域可持续发展教育的行动计划。

定位育人目标。政府、学校、家庭和社会都应更加重视人的终身学习和可持续发展问题，将培养学生的终身学习能力与可持续发展能力作为重要的育人目标之一。

更新课程教材。中小学应开展有关可持续发展的综合教育，开发地方与校本课程教材，诸如节约资源、保护环境、应对气候变化、建设低碳经济与社会、弘扬传统文化与借鉴世界优秀文化等。学校应强化可持续发展领域的学科课程建设，实施与可持续发展相关的通识教育。

创新教育模式。教师应积极引导学生将所学知识同解决经济社会可持续发展的实际问题结合起来，在指导自主探究、合作探究与应用探究过程中，着力增强未来社会的建设者与接班人的创新素养。

加强校园建设。深入开展平安校园、文明校园、绿色校园、和谐校园创建活动，特别是推进节能减排校园和节约型学校建设，努力培养具有可持续发展价值观念和生活方式的新一代公民。

1. 教育规划纲要中关于教育国际交流的十大亮点

亮点 1：教育规划纲要是提及教育对外开放内容最多的一份教育文件。全文约有 20 处直接讲到教育对外开放内容（"国际""国外""对外"等）。

亮点 2：教育规划纲要提出必须"加强教育国际合作与交流"，把教育国际合作与交流作为教育发展的一条成功经验予以肯定。

亮点 3：第一次在国家正式文件中提出"教育国际化"，以开放促改革、促发展，统筹教育改革。

亮点 4：提出教育对外开放进入新阶段，要建设具有中国特色、世界水平的现代教育强国。不仅要继续"请进来"，还要积极地"走出去"。

亮点 5：要求发挥各方面的积极性，官民并举，鼓励各级各类学校开展多种形式的国际交流与合作，加强中小学、职业学校的对外交流与合作。

亮点 6：强调教育国际交流与合作要更积极地服务于国家的人文交流、公共外交，完善工作格局，加强国际理解教育，增进学生对不同国家、不同文化的认识和理解。

亮点 7：鼓励各方积极参与双边、多边和全球性、区域性教育合作。培养能参与国际事务和国际竞争的"国际化人才"。积极参与和推动国际组织教育政策、规则、标准的研究和制定。

亮点 8：要求提高交流合作水平，引进优质教育资源，搭建高层次国际教育交流合作与政策对话平台，注重内涵发展。

亮点 9：强调要加强教育研究领域和教育创新实践活动的国际交流与合作，

提升我国教育的国际地位、影响力和竞争力。

亮点 10：重申加强内地与港澳台地区的交流与合作的重要性。

2. 像"大师"那样思考

"迄今人类思想史上有四个时代，在历经神的时代、先知的时代和英雄的时代之后，如今已进入共同探索的时代。"这样一个时代需要大师，而在全社会倡导"像大师那样思考"更重要。

大师有三个最明显的特征：

第一，具有非凡的创造性，执着追寻本源问题答案，而他们的创造性源于深刻的思索；

第二，对人类活动做"云中观"，探索并发现不同领域乃至相距甚远的事物间的高度关联；

第三，真诚地关爱人类，研究人类社会真正需要解决的问题。

"钱学森之问"与教育本源问题。武汉大学原校长刘道玉曾言，教育本源问题有三：其一，教育理念；其二，教育体制；其三，培养人才模式。他认为，迄今具代表性的教育模式主要有两种，一是美国的通识教育，二是苏联的专业化教育。他说，我国目前高等教育仍为专业化教育。"钱学森之问"带给人们的思考是：我们的社会为大师成长铺就了什么样的道路？

"借力打力"是解决"钱学森之问"的力学之道。"整体中看局部"是解决"钱学森之问"的几何之道：教育三角形的底边是大众教育，三角形的两个侧边是人才教育，三角形的内部区域是素质教育，三角形的三个顶点是特殊教育。当教育三角形变成等腰三角形时，教育的金字塔就形成了，而此时的三角形两腰交点就是创新教育了。杰出人才的培养问题就是创新教育的实现问题，也就是教育三角形是否能够成为金字塔的等腰三角形问题。破解"钱学森之问"就等于要把中国的教育三角形变成等腰三角形的教育问题。

科学的教育发展模式是可以设计出来的。发达国家培养杰出人才的途径是从小学教育自然化、中学教育鲜活化、大学教育创新化、人才成长生态化、评价机制科学化等因素开始的。教育的责任是培育人们具有大师那样的思维能力，教育若以大师的标准塑造人，大师就会在充满生机的人类活动中自然涌现。

3. 对儒家思想的政治哲学解读成为 2014 年学术界的一个研究热点，期待儒家政治哲学的研究为解决当代广义社会政治领域的问题提供更多的历史与哲学智慧。

热点 1：社会主义核心价值观的培育和践行。

热点 2：依法治国与国家治理现代化。

热点 3：儒家思想的政治哲学解读。

热点 4：微时代的文化传播与话语表达。

热点 5：中国经济新常态与国家发展战略转型。

热点 6：社会治理体制创新。当前社会开放性所带来的全球风险、社会危机以及新型社会治理力量的兴起，迫切需要中国创新社会治理体制予以回应。

热点 7：甲午战争与东亚历史进程。

热点 8：老龄化背景下的养老服务体系优化。

热点 9：教育综合改革背景下招生考试制度的理性探究。以高考为核心的考试招生制度，对提升文化教育水准、维护教育公平和社会稳定、促进社会阶层流动具有重要的作用，其改革不仅一直是教育界关注的热点，而且经常成为全社会关注的焦点。

热点 10：边疆民族问题研究。

（三）将国际理解教育贯彻到各级各类教育中去

一般说来，教育制度都是民族主义的。当教育制度变成具有挑衅性的民族主义时，它就会使全世界的和平共处处于危险的境地。现在全球处处存在的种族中心主义是世界和平最大的障碍之一。

1. 历史往往被当作镜子和记忆的卫兵，体现着文化的内核

联合国教科文组织 1976 年的《建议》认为，教育要遵循以下指导思想：

（1）在各种层次学校用各种形式进行国际和全球观教育。

（2）理解并尊重所有民族及他们的文化、文明、价值观与生活方式，包括国内外民族文化与其他国家的文化。

（3）增强民族与国家间日益增长的全球性相互依赖意识。

（4）培养学生与他人交往的能力。

（5）培养不仅是对权力同时也是对个人、社会群体与国家义不容辞的责任意识。

（6）理解国际团结与合作的必要性。

（7）为个人参与解决他所在社区、国家和整个世界的问题做准备。

美国中学生的"社会研究"课程，极力鼓吹美国的责任就是领导世界，青少年应该为美国维护世界和平与设计秩序而努力。

2. 如何在中小学教材中融入更多的传统文化精髓是国际理解教育研究中的一个重要课题。

国际理解教育在课程中的体现：

- 不局限于科目而成为课程的灵魂。
- 强调共同理念，承认差异。
- 教材编写的国际合作。
- 多视角，以科研成果为基础。
- 重视外语交流工具。
- 贯穿于日常教学中。
- 促进教育国际合作。
- 使学生获得成功的机会均等，体现教育平等。

在中小学开展国际理解教育，是建设现代化国家的战略要求。搜集"人类的共同遗产""中华五千年"等资料，形成国际理解教育资料库。开展中小学国际理解教育实施模式研究，让体验性的经验知识及时转化为学生认可的概念。

3. 为了大家共同的明天要重视国际理解教育

韩国一大学教授说了一个案例。他曾邀请 30 名日本人、30 名韩国人一起做实验。分别问日本人对韩国的看法和韩国人对日本的看法。结果双方对对方的看法非常消极。经过讨论，60 个人的最终结论是：我们的未来需要和平，不是战争。看来，沟通极为重要，这正是教育应该做的。

（1）国际理解教育在中国

素质教育要解决两个问题，一是培养什么人，二是通过什么途径来培养。国际交往能力已经成为中国素质教育的一项内容。国际交往能力的培养可以通过三种途径进行：融入国家课程、地方课程、校本课程中；主题探究与社会实践；国际交流。

国际理解教育必须遵循下列原则：

联系经济发展；

是各级各类教育的一部分；

强化相互依存意识；

尊重人权；

强调通过国际合作来解决地区冲突。

（2）强化教育决策的国际化意识

一是放开眼界看世界，以开放视野办教育。二是开放借鉴，兼容中西。大胆兼容国内外不同的教育流派和怀有不同教育理想的名家。三是面向世界，运筹帷幄，积极引进国际教育优秀成果。

教育是促进文化与和平的手段。国际理解教育有助于保卫和平，教育将传播理解的种子,通过宽容促进多元文化共存。在全球化时代,各国联系更加紧密,我们的着眼点不是区域,而是整个世界。

三、在成人中渗透国际理解教育的实践思考

成人教育作为一种制度化的继续教育方式,是成年公民教育的重要途径。成人教育必须在价值取向上完成向公民素质培养的转向,把现代意义上的公民素质的提升和成年人公民意识的培养作为成人教育的首要目的。

（一）终身教育是使个人具有健康精神生活、精彩人生情趣的重要途径

个人的终身教育开展得怎样,在很大程度上取决于个人的学习态度。曾有人将人的生活比喻为三个阶段:一是"吃饭"阶段,主要是解决温饱,满足基本的生存需要;二是"吃药"阶段,指人们开始关注健康,包括对环境、对绿化的重视,追求生活的舒适;三是"吃书"阶段,就是要生活得高雅一些。

1. 优化城乡学习型社区的学习教育体系

在新型城镇化进程中,由于地域发展的差异,城乡学习型社区的学习教育体系应该更具包容性。统筹各类教育资源,着重促进社区居民人文素养的提高和全面而自由的发展。对于经济社会发展相对滞后的农村社区,加强实用技术培训、职业技能培训。

注重整合社会资源,推进优质公共资源的教育共享。例:上海将在首批建立的红色文化、科普教育、文化艺术、智慧生活、海派文化、服饰文化、陶艺创作和创意手工等八个市民终身学习体验基地的基础上,进一步整合文化、科技、宣传等社会优质公共资源,加强和完善市民终身学习体验基地建设,探索一条有效整合社会资源为市民终身学习服务的新途径。

2. 三个相互关联的政策杠杆

经合组织的《技能战略》为成员国制定有效的技能开发政策提出一个整体性、跨政府的战略框架,目标是帮助成员国制定和实施更有效的技能政策,并在促进就业、经济增长和人们更好的生活方面发挥积极作用。

（1）涉及三个相互关联的政策杠杆

杠杆1:开发相关技能。

政策制定者要响应劳动力市场和社会的需求,设计公平和高质量的教育与培训系统,满足经济发展对技能的需求。

杠杆2:激活技能供应。

一方面鼓励人们将技能投放于劳动力市场,建立有效的激励机制,消除人才

进入劳动力市场的非经济障碍；另一方面留住人才，阻止人才的流失。

杠杆3：促进技能的有效利用。

通过更好的管理和更透明的信息减少技能不匹配的发生，使人们的所有技能都得到有效利用。

例：福建省全民终身教育宣言。

我们十分关注中国教育目前存在的两个问题：一是大量因各种原因未接受系统教育的未成年人和成年人的教育问题；二是虽曾受过教育却又停滞在所学阶段，或固守落后时代的思想及观念，导致已经无法适应社会发展及日益激烈竞争要求的人的教育问题。

为此，我们特发出呼吁：

全民终身教育要兼顾社会公平。教育公平是社会公平的重要基础，全民终身教育应本着"有教无类"的精神，让全社会所有的人都公正平等地享有终身教育的权利。

全社会都应为构建全民终身教育尽一份责任。全民终身教育是为民、惠民的事业，也是于国于家都十分有利的事业。为此全社会都有义务为全民终身教育事业尽一份责任。即为了国家的发展、民族的振兴、人民生活的幸福，所有的个人、组织、企事业单位，都应该为所在地区的终身教育事业奉献人力、物力、财力以及知识和智慧。

实现全民终身教育，政府责无旁贷。科教兴国是我国的重要国策，构建全民终身教育体系则是科教兴国的重要内容，它也是一个国家、一个地区软实力得以增强的主要途径。为此各级政府有责任和义务为所在地区的全民终身教育提供人力、物力、财力及包括利用政府无形资产、组织大型活动等方面的支持。

公民应确立主体意识，积极参与全民终身教育活动。公民是参与终身教育的主体，在政府和社会全力推进终身教育之际，如何确立终身学习意识，积极投身全民终身教育活动，以完善自我、提升自我，并不断更新知识、更新技能、更新理念、以更好地服务与发展社会，是公民责无旁贷的义务。

全民终身教育的形式和内容必须与时俱进！

（2）信息时代，知识、技术、理念时时更新，要让全民终身教育产生实际效果，其内容与形式必须做到五个适应：

· 适应科技发展形势；

· 适应生产力发展水平；

· 适应社会形态的变化需要；

· 适应意识形态发展需要；

· 适应大众的审美品味和生活情趣。

（二）遍游天下山川，仅留脚印一串

文明是最美的风景，旅途漫漫、文明相伴。陶醉于人类文明的历史长河，将自己变成美景的一部分，那是悦人悦己。马克思的脚印是一部博大精深的历史巨著。他是资本主义的掘墓人，社会主义的首倡者。他以自己的思想发起了一场席卷世界的革命，他以自己的著作为人们指出了前进的航线，他以自己的革命实践唤起了普天下劳苦大众的革命热情。他用思想写就了自己的"脚印"，又用实践深深印下了自己的"脚印"。他的"脚印"是历史的火车头。

1.《强秦九论》乃商鞅谋划的变法大纲

著名法家代表人物，中国古典法制社会的创始人商鞅，其信仰是尊奉法治，追求的目标是"为万民立法，为国家立制。"商鞅一切行为的根基，皆在于坚不可摧的人生信仰。商鞅对法治社会的追求，有着一种近乎宗教信徒的笃信与虔诚，甚至远远超过了对自身生命的热爱。秦国的成功，根本在于高度协调了个人利益与国家利益，以及法律的公平。商鞅的《强秦九论》更使其看到了秦国的未来希望。

《田论》：立定废井田、开阡陌、田得买卖之法令。

《赋税论》：抛弃贡物无定数的旧税制，使农按田亩、工按作坊、商按交易纳税之新法。如此则民富国亦富。

《农爵论》：农人力耕致富并多缴粮税者，可获国家爵位。此举将真正激发农人勤奋耕耘，为根本的聚粮之道。

《军功论》：凡战阵斩首者，以斩获首级数目赐爵。使国人皆以从军杀敌为荣耀，举国皆兵，士卒奋勇，伤残无忧，何患无战胜之功？

《郡县论》：将秦国旧世族的自治封地一律取缔，设郡县两级官府，直辖于国府之下，使全国治权一统，如臂使指。

《连坐论》：县下设里、村、甲三级小吏。民以十户为一甲，一人犯罪，十户连坐，使民众怯于私斗犯罪而勇于公战立功。

《度量衡论》：将秦国所行之长度、重量、容器一体统一，由国府制作标准校正，杜绝商贾与奸恶吏员对庶民的盘剥。

《官制论》：限定各级官府官吏定员与治权，杜绝政出私门。

《齐俗论》：强制取缔山野之民的愚蛮风习，譬如寒食、举家同眠、妻妾人殉等。

此九论为大纲，若变法开始，尚须逐一制定法令，落于实处。

汉代著名法家桑弘羊说，商鞅"功如丘山，名传后世"。商鞅虽死，"秦法未败"。秦国从秦孝公到秦始皇，相传六代，基本上都沿用了商鞅的法制，新兴地主阶级的势力日益强大，奴隶主贵族的势力日益削弱。而当时的中原各国却法制不定，内乱频繁。各国之间尔虞我诈，互相攻打。三晋人民纷纷入秦，更增加了秦国的力量。

2. "自由之魂"将永远存活于每一个不愿做愚民的人的心里

鲁迅："石在，火种是不会绝的"。"自由之魂"将永远存活于每一个不愿做愚民的人的心里。"坚持以笔的力量来对抗言论自由的禁制"。"一个学者如不关心民族的前途，不关心人民疾苦，即使受过最好的教育，也不够格称知识分子。"

鲁迅，探究他的作品，用一句话概括就是：他生于封建迷信的旧社会，在中国正值动乱的环境下成长，在仍然动乱、仍然封建迷信盛行的社会背景下死去。终究他的一生是不安稳的，才能以笔当枪，换到现今和平世界，王蒙说过："世人都成了王朔不好，但都成了鲁迅也不好——那会引发地震！"

3. 读懂大时代里的中国政治

"依法治国"顶层设计的基本轮廓已逐步明晰。美国《纽约时报》撰文表示，"中国向着现代法治体系迈进的种种变革并不是'做样子'，而是反映了中共领导层认识到推进法治的重要性。"

（1）为"公仆"体检

心胸"透视"——看心胸是否宽广、襟怀是否坦荡，看胸中是否还保持着为群众工作的激情；

肝胆"B超"——检查腹中还有多少才华、业务是否精通，还能不能满足工作需要；看是否能够理解包容，理性处理问题的能力。

脑"CT"——检查中枢神经是否运转良好，工作中创新精神强不强，是始终精神昂扬、精力充沛还是精神萎缩、萎靡不振。

古人云：以铜为镜，可正衣冠；以人为鉴，可明得失；以史为鉴，可知兴替。对学者来说，挖掘历史事实，目的是考证、研究历史演变过程中的兴衰成败，以兴替之事为后事之师。

（2）强调五"破除"，五"树立"

要破除"老框框、老套路"的重重束缚，破除盛名之下、志得意满的安逸心态，破除"为官不为、做官老爷"的消极状态，破除"差不多、过得去"的粗放思维，破除"光说不练、做而不实"的漂浮作风。

树立敢破敢立的开拓精神，树立居安思危的忧患意识，树立舍我其谁的担当精神，树立精益求精的较真精神，树立一抓到底的实干精神。"不动摇、不懈怠、不折腾"。

（3）"不忘初心，方得始终"

工作不是靠力气、速度和身体的敏捷完成的，而是靠性格、意志和知识的力量完成的。所有的伟大源于平凡的坚持！政治生态是一个国家政治生活现状以及政治发展环境的反映，是党风、政风、社会风气的综合体现，核心是领导干部的党性问题、觉悟问题。

（三）携民族之"魂"，牵世界之"手"

办学核心价值观是"文化育人，和谐发展"。"文化育人"即是在教育中注入文化因素，建设优良的学校文化，积淀起深厚的文化底蕴，让学生在"无痕"的文化环境中受到"浸润"和"熏陶"，从而提高学校教育品位。"和谐发展"的核心是以人为本，即通过营造宽容和谐的人文环境，让师生的个性魅力充分展示，让多元文化相互交融。学校以尊重人、信任人、激励人为出发点，追求以"文化育人"的境界，实现"和谐发展"的目标。

1. 信仰是民之魂国之本

国家具有天然的信仰功能，是信仰的共同体。国民之魂，文以化之；国家之神，文以铸之。文化的核心是价值观念，而价值观念来源于信仰。文化的意义在于它对人们的思想启迪、精神引导与提升。

（1）民族主义成为决定教育制度性质的最强大力量之一

教育的主要目的就是培养对民族的忠诚感。无论是早期的资本主义殖民扩张、"二战"后的国际交流合作，还是当今的全球化历程，都没有抑制、消除或终结民族主义，相反，民族主义如影随形，在全球的相互依赖、逐渐加强的同时，民族意识和思想也不断地得到强化。在全球化时代，国家利益依然有着不可动摇的地位，争取和维护民族国家利益依然是国家在国际关系中的主要任务。

（2）在推行国际理解教育的历程中，不能忽视的问题

在国家化的价值观念和知识体系基础上建立一种国际理解的和平文化是一个复杂的过程，必须以实践和生活经验为基础；媒体应担当起对国际事务方面所产生的影响以及在促进国际理解中的责任；影视、文学、游戏中的侵略性角色和历史教科书施加更微妙的影响。

我们在一个多维的思辨空间里以立体感的视角去寻求那一瞬间，是国际理解教育共同谋求的理想，也是国际理解教育的价值所在。

2. "世界学习"的学习目标

开阔学生视野、活跃学生思维，是国际理解教育课程的一个基本点。"世界学习"被定义为旨在掌握在多种文化共存、人人相互依存的世界中作为一个负责任的公民生活所必须的知识、态度、技能的学习。"世界学习"，学习他国的文化，理解外国同本土的异同点，同时学习不同国家和文化面临的主要问题，诸如和平与争端、开发、人权、环境等。

在"世界学习"中设定的中心概念有：原因与结果、争端、合作、权力分配、公正、相互依存、类似与差异、社会变化、价值观与信念。

"世界学习"8～13 岁的学习目标

知识	了解自身社会和文化及自己在其中占有什么位置，也了解包括少数民族在内的其他社会与文化；理解地球上的我们都处于相互的关系中，经济与文化对人们的生活方式带来的影响。 了解别国和本国双方在世界的财富与权力上极不平等。理解为什么会持续这种不平等，如何才能解决这种不平等。 了解现在及过去发生的主要争端及解决这些争端的尝试，也了解日常生活中解决争端的方法。 了解地球的地理、历史、生态的基础。了解人类与地球的相互依存关系及为了保护环境，在社会和全球应当采取何种方法。 考虑个人、社区、国家乃至全球的未来，也了解有哪些方法能对未来产生影响。
态度	尊重个人的自我价值，他人的价值，以及社区的、文化的、家庭的背景。 兴趣爱好。作为多元文化社会中相互依存的世界中生活的一员，探索各种问题自身的关系。 发现并从中学习其他文化的价值。 设身处地对待他人，尤其是处于不同文化与状况的人们的感情和观点。 在社区、国家层面，尊重真正的民主主义，为实现更公正的世界做好准备。
技能	能从包括印刷品、视听设备、人们的谈话在内的信息源中，发现有关世界问题的信息，并做出记录。 能用多种方法陈述、阐明有关世界的观点，能同其他集团与不同文化的人们一起写作、讨论。 理解有关世界的基本概念，能将这些概念概括、活用，能用于验证。 能够不先入为主地、批判地把握事件，做出深入的思考。 掌握对社区、国家、世界各层次的决策施加影响的能力。

在"世界学习"中，学习目标不限于知识理解，还涉及培养学习态度、技能，编制学生主动学习的材料。

3. 既要有"引进来"的气概，又要有"走出去"的信心

美国《科学》杂志曾于 2008 年 7 月刊发《美国大学博士学位获得者综合报告》。该报告显示，美国大学博士学位获得者中，来自我国清华、北大两校的本科生数量名列全球前两位。有调查称，他们中绝大多数表示要留在美国工作。这表明来自我国顶尖高校出国深造的留学生，当他们在美国就业并成为业务尖子后，其多数人的文化选择和服务选择，首先是美国而非祖国。

（1）"引进来"与"走出去"

"走出去"：提高对外开放水平。把引进来和走出去紧密地结合起来。走出去，就是我们顺应潮流而采取的一项重大战略措施。在实施走出去的战略中，妥善应对，就一定能趋利避害。

"走出去"，不是可以忽视"引进来"。走出去和引进来是对外开放的两个方面，二者相辅相成，缺一不可。没有过去的引进来，就没有今天的走出去。而走出去，也有利于我们更有效地引进来。走出去，既不能迟疑不决，又不能一哄而起。如同过去引进来一样，走出去也要循序渐进，逐步发展。思想要积极，行动要稳妥。要注重经济效益，防止盲目冒进的"六大忌"：

一忌：坠入多元化的陷阱。

二忌：盲目无度地搞资本扩张。

三忌：耗巨资搞虚假的广告宣传。

四忌：不自量力地跨国远征。

五忌：不切实际地高攀世界 500 强。

六忌：只重策划眼前而忽视规划长远。

（2）敞开胸怀"引进来"

从引进来到走出去，意味着我国改革开放发展到了一个新阶段。这一重要历史转折，充分体现了中国人民敢于面对世界政治、经济舞台的勇气、信心和力量。

"走出去"，要有依靠、有支撑。千方百计地增强综合国力，是我们"走出去"最重要的依靠、最有力的支撑。"走出去"，是一项崭新的事业，许多事情我们还不太熟悉，需要虚心学习，大胆探索。鉴于世界经济形势瞬息万变，科技创新一日千里，我们特别要强调培养具有创新意识、创新精神和创新能力的创新人才，尤其是中青年创新人才。

实践证明，培养人才，特别是培养具有"国际头脑"并能从事国际创新的人才，要有一套能使优秀人才脱颖而出、充分发挥聪明才智的机制和制度。要允许人才流动，完善人才市场，让人才在竞争中成长。

第四章 培养确立国民意识前提下的全球公民

"公民"是一种资格和身份，而"人才"则象征着某种能力。"全球公民是一个没有明确定义又被广泛使用的概念，是将世界视为一个全球社区并承认在这个社区内的公民所具有的权利与义务的人。"

第一节 换位思考：创新思维方式

文化的问题实质是人的问题，而人的问题关键是思维的问题。"换位思考法"通常被人们运用在人际交往中，教育人们在人与人之间产生矛盾时，应懂得站在他人的角度，设身处地地为他人着想。那么，生活中便少了许多责骂、埋怨和勾心斗角。

一、先瞄准再射击：用远大理想来指导思维

拿破仑说："政治家们坚持错误比改正错误更容易渡过难关"。撒切尔夫人说过，"中国不会成为超级大国""因为中国没有那种可以用来推进自己的权利，从而削弱我们西方国家的具有国际传染性的学说。今天中国出口的是电视机而不是思想观念"。

（一）三个国家领导人：习近平、普京、奥巴马的思维方式

美国《福布斯》杂志 11 月 5 日公布了 2014 年度全球最具影响力人物排行榜，俄罗斯总统普京、美国总统奥巴马、中国国家主席习近平，蝉联了该排行榜的前三甲。

1. 普京："变形金刚"

普京执政以来，致力于复兴俄罗斯超级大国地位，对内加强联邦政府的权力，整顿经济秩序，打击金融寡头，加强军队建设；对外努力改善国际环境，拓展外交空间，维护本国利益，在国际舞台上恢复了世界性强国地位。被认为是一位"铁腕总统"，被美国《时代》《福布斯》杂志评选为世界最有影响力人物。

（1）奥巴马评价普京冷战思维：弗拉基米尔·普京做事"一半跨在旧套路，一半跨在新方式"。

例：中新社华盛顿 2013 年 8 月 9 日电：奥巴马直言不讳地指出，自从普京再次出任总统后，俄罗斯方面出现了更多"反美的言辞"，重新上演了冷战时期美苏较量的老一套。他因此鼓励普京总统在思维上应当向前看，而不应向后望。他希望随着时间的推移，俄罗斯能够认识到，两国若一起合作而不是进行零和博弈，或许就可一起改善两国人民的福祉。而如果大家都想抓住每个机会"捅对方一刀"，那两国能一起做的事不会太多。

（2）普京称柔道改变自己思维

日本山下泰裕在世界各地传播柔道。他受俄罗斯总统普京之邀访俄，亲自指导普京的柔道课程。普京告诉山下泰裕："我的性格曾经非常火爆，经常对事情做出激烈反应。柔道改变了我的思维方式以及与人交往的方法。"

普京：我早已走出"冷战思维"。普京称："我们将坚定保持既有立场，而且始终展望未来。"

2014 年 10 月 24 日俄罗斯总统普京警告说，世界应该尊重莫斯科，不应触犯俄罗斯的利益。他说，俄罗斯不想竞争世界领袖的角色，但莫斯科也绝不允许别人不考虑俄罗斯的利益。俄罗斯在出牌时不会请求别人的同意。

2.《时代周刊》呼吁奥巴马放弃冷战思维

《跟奥巴马学思考》书中讲述了从一介平民到一国之主的奥巴马的人生传奇，吸引了无数人的关注。小学三年级的时候，奥巴马在作文中写道：我想成为总统！而现在他做到了。他经历过家族、种族、血统、信仰及文化的挣扎，也曾承受过歧视、挫折、迷茫、辛酸的人生，但他却奋斗不止，坚持开拓。他的远见卓识让所有人刮目，他的思考方式值得人们学习。奥巴马的传奇告诉你：思想有多远，你就能走多远！

（1）普京强调俄地盘绝不予人

参考消息网 2014 年 10 月 27 日报道：普京强烈指责美国自冷战结束以来的政策，华盛顿通过"打破一切规则"来"力图将自己的观点强加给世界其他国家"。普京表示："这种想要重新建立一个单极世界的意愿不是一件好事，美国不能继续羞辱其伙伴国。"

普京长期以来一直渴望成为俄罗斯划时代的领袖之一，这位俄罗斯总统已把重建一个足以赢回曾被给予苏联的尊敬的强大国家作为自身使命。当前，主要大国受核战争的威胁，大国之间直接的战争可能性很小，都是利用代理人战争削弱对手。

（2）奥巴马的外交政策核心：想要做一个"领导世界的人，必须以世界上大多数人认同的价值观与态度为依据来行事"。

对华政策："中国是一个巨大的崛起的国家，在世界舞台上扮演着至关重要的作用，没有人能忽视中国的作用。长期来讲，中美关系是日益改善和加强的，改善和加强中美关系是至关重要的。"在钓鱼岛问题上，美方一改此前的建设性"中立"立场，重新解释"日美安保条约"，承诺钓鱼岛等也在其武力保护之内，并公开选边站，聒噪中国在东海和南海威胁邻国。这是明显的冷战手法。

美国《时代周刊》日前以封面故事评论美国应如何处理对华关系，指出两国关系磨合充满挑战，过程十分艰巨，奥巴马须以新的世界观和外交策略，寻求共同演化，应对复杂的中美关系，中国香港《文汇报》援引《时代周刊》的文章指出，美国一向沿用"冷战"的旧思维，但对今时今日的全球政治而言，"围堵"已经变得不合时宜。

（3）奥巴马的平衡思维旨在巩固美国的全球经济战略地位

奥巴马在西点军校演说时指出，美国军力世界第一，但世界上不是每件事都像钉子，可用锤子解决。欧美势力退缩，中东和东欧传统势力和文化对抗重新兴起，宗教、民族、文化断层不是美国完全能理解，更不是美国军力能解决；军力打击手段最多只能发挥短暂表面的治标作用。

美国《世界日报》社论称，全球正出现地壳变动式的政治大断裂，美国不能以"二战"和"冷战"霸主思维去应对，必须冷静虚心，对症下药。

3. 习近平的"法治思维"

十八届四中全会万余字的《决定》、180多条具体改革措施，让很多法学界人士都感觉一时难以"消化"。这份法治中国的纲领性文件，不仅重申了执政党对宪法和法律的尊重，更从立法、执法、司法、守法的层面进行了详细的改革部署，所涉范围涵盖立法机关、政府、司法机关和全社会，体现出"共同推进"的依法治国思路。

（1）公正是法治的生命线

法治思维，就是按照法治的观念和逻辑来观察、分析和解决问题的思维方式。它要求思维主体崇尚法治、尊重法律，自觉将法律付诸实践，善于运用法律手段来解决问题。领导干部是否具有法治思维，直接关系权力能否得到正确行使，直接影响依法治国成效和经济社会

发展。对于法治理想的实现，有两种途径，一是自上而下的政府推动，构建法治所需要具备的形式要件和实质要件；二是靠在社会生活中逐渐地培养法治的思维方式和行为方式。

法律的权威源自人民的内心拥护和真诚信仰。构建对维护群众利益具有重大作用的制度体系，建立健全社会矛盾预警机制、利益表达机制、协商沟通机制、救济救助机制，畅通群众利益协调、权益保障法律渠道。引导全民自觉守法、遇事找法、解决问题靠法。

（2）不惹事，不怕事

"我们不惹事，但也不怕事"。习近平在德国演讲中说，中国已经确定了未来发展目标，就是实现中华民族伟大复兴的中国梦。中国要聚精会神搞建设，需要两个基本条件，一是和谐稳定的国内环境，二是和平安宁的国际环境。只有坚持走和平发展道路，只有同世界各国一道维护世界和平，中国才能实现自己的目标，才能为世界做出更大贡献。和平、发展、合作、共赢是当今世界的潮流。中国不认同"国强必霸"的陈旧逻辑。只有和平发展道路可以走得通。

中国对周边国家坚持亲、诚、惠、容理念。同周边国家的关系总体是好的。我们主张通过协商和对话妥善管控分歧，解决争议。在事关国家主权和领土完整的重大原则问题，我们不惹事，但也不怕事，坚决捍卫国家的正当合法权益。

（二）让我们把对话一直持续下去：共赢才是根本

政治就是妥协的艺术，有时候外交就是要保持某种模糊性比较好。没有永远的敌人，只有永远的利益。构建"新型大国关系"，合作共赢才是根本。

1."冷战思维"的三方面内容

第一，"非友即敌"，一直在寻找潜在竞争者并将其视为头号敌人；第二，过分强调国家间意识形态或价值观念的对立；第三，喜欢把社会主义国家和苏联做类比，"冷战经验"仍影响着国家的外交决策，过于强调国家的政治和军事安全。

换一个角度看"冷战"，它其实是一种被精心管控的和平状态。纵观冷战全过程，美苏始终避免同对方进行直接的军事对抗，每次危机的边缘，双方都有意无意地相互合作，采取有效措施避免了战争，这不能不说是一种历史的进步。冷战时期美苏保持"持久和平"的主要原因有四：一是两个超级大国实力相当，都无力消灭对方；二是"核威慑平衡"，核武器的巨大毁灭性使两国都不敢发动全面战争；三是"二战"的残酷性给各国留下深刻的印象，主要大国都渴望和平、抵制战争；四是两个大国形成了一系列机制和原则，缓冲和调和了彼此的紧张关系。

2. 发挥联合国的作用，抑制第三次世界大战的爆发

由于第二次世界大战的惨烈，根据雅尔塔会议协定，为了维护国际和平与安全，中、英、美、苏、法为首的同盟国在 1945 年 10 月 24 日发起成立了联合国，用以取代国际联盟，去阻止战争并为各国提供对话平台。联合国下设许多附属机构以实现其宗旨。中、美、苏、英、法则成为安理会常任理事国。

联合国是一个由主权国家组成的国际组织，致力于促进各国在国际法、国际安全、经济发展、社会进步、人权、公民自由、政治自由、民主及实现持久世界和平方面的合作。联合国在维护世界和平，缓和国际紧张局势，解决地区冲突方面，在协调国际经济关系，促进世界各国经济、科学、文化的合作与交流方面，都发挥着积极的作用。

发挥联合国的作用，抑制第三次世界大战的爆发。爱因斯坦曾说："我不知道第三次世界大战会是怎样，但是第四次世界大战时，人们手中的武器将是木棒和石块！"体现了第三次世界大战可能造成的严重后果和人们对第三次世界大战的不安与担忧！

3. 改革自己——反思冷战历史，从中汲取智慧和力量，不断推动"新型大国关系"向前发展。

呼吁"对话"！"对话"成为 21 世纪人类社会的一个关键词，成为现代人的生存方式、思维方式和行为方式。在现代生活的各个领域，人们通过对话分享并丰富对世界的认识、对意义的理解，实现"视域的融合"，从而站在更高、更新的角度审视社会、他人和自己，发现不同利益和理解共生共存的更好的方式和途径。"对话"所倡导的平等信任、参与分享、融合创生，已经成为人们追求的一种状态，成为一种时代精神。

重视"国际理解"！在"地球村"时代，整个人类的命运夕夕相关。有人说："教育孩子是我们所有事业中最重要的事业，比任何所谓的防卫措施都更加紧迫和重要，它是我们唯一真正的防卫。"事实上，我们也的确可以说："教育提供了保卫未来的武器"。

期盼"和平世界"！"和平"是心与心的相连！

（三）批判性思维与反思

批判性思维是指对于某种事物、现象和主张发现问题所在，同时根据自身的思考逻辑做出主张的思考。

1. 失败的集体里没有英雄，成功的集体里人人都是英雄

国际化：现在这个世界是全球的世界。未来 50 年这个世界的和平，一定是

反对战争维护和平

打结的枪

铸剑为犁

联合国的圆形会议

国和国之间互相谅解、互相理解以后的一种和平。

对"新帝国主义"的批判。发达的资本主义国家纷纷抛出"新帝国主义",宣称"由于'失败国家'带来的威胁与日俱增,作为'历史上唯一的非帝国主义超级大国',美国才临危受命,不得不变成帝国主义,担负起扭转乾坤的重任"等论调。在这一论调的指导下,单边主义、先发制人等政策纷纷出台,并与经济、文化等的扩张结合在一起,构成新的帝国主义的时代内容。

列宁认为:"新帝国主义从来不仅仅是一种政策,而是植根于资本主义发展本性之中。人们如果考察帝国主义的历史变迁并将其与'单级世界'的出现联系起来,就不会把帝国主义在当代的发展简化为少数强权人物的疯狂野心。"西方左翼学者指出,新帝国主义与以前的帝国主义一样,都是由资本竞争和扩张的本性决定的,它的出现仍然是源自资本主义本质的一种体制性现实,是资本力量急剧膨胀的表现,因而新帝国主义仍然是"资本主义的垄断阶段",而所谓的追求民主价值、"人权大于主权"等只是为新帝国主义的扩张行为提供了一个借口。

2. 地域文化决定思维方式的差异:沟通从心开始

无论社会怎样变幻、岁月如何更替,有一种东西是不变的、千百年来一直存活着,那就是我们从先人身上遗传下来的人性和人情。

（1）列宁说过："我们应当说真话，因为这是我们的力量所在。"

跳出教育看教育。要汇聚向上的力量，在理性与经验间攀升。要主动适应依法治国新思维，奋力书写教育质量新篇章。

精致教育对教育管理者来说，心中没有小事：

观察——洞察秋毫，于细微深处见精神；

预测——防患于未然，未雨绸缪；

选择——心细方能胆大，微不足道的变项可以影响全局；

行动——以小博大，找到事情的关键点。

管理是一项艰巨细致的工作，需要耐得住寂寞的平和心态，需要抓得住每一个教育教学环节，通过细化责任目标，规范、科学管理，使教育规律从理想状态变为活生生的现实。列宁说："吹牛和扯谎是道义上的灭亡，它必然导致政治上的灭亡。"领导者只有学会倾听，才能善于汲取群众中的智慧和力量。

（2）创新成为解决现代教育发展的唯一出路

文化游学。发现彼此思维差异，体验彼此尊重，以及与相异文化背景的人合作的方式。游学就是换一种学习情境、换一种学习方式，获得一种新的体验和成长。或者说寻找下一个学习目标，为理想的实现寻找新的起点或突破口。

例：高中"游学生"体验到的中法差异。

维度	中法差异
生活	法国人生活休闲；人种多，包容性强，尊重人；法国城市建设注重人文环境、考虑得很远，给人很多活动空间；艺术文化氛围浓厚；法国人率直、幽默；法国人没有中国人好客；谈恋爱不需要地下；太自由开放了。
教育总体	法国更轻松、更自由、但是感觉更投入，进各种特殊班级都是依靠天赋，不强求学生；法国课余生活丰富；课堂上，学生更加自主；对个人兴趣爱好很注重；学习较为注重实践，如理科注重动手能力，强调做实验。
课程	课程安排更自由，上课时间每天不同；课程少；课程容量大、时间长；学生课堂活跃，畅所欲言。
教学方式	文学课，中国一段一段地分析，法国给较大的范围，比较整体地分析讨论；法国课堂上教师讲的少，学生做的多。授课方式都是练习加课堂讲解，但是主动权更多地在学生，由学生引导；很多时候都是先由教师出题目，然后学生进行准备，再做演示，师生评论，最后总结；教师有更多发挥空间，没有规定要用多媒体。老教师讲的多，年轻教师互动多，自由发挥，无人干涉。

教学内容	法国教科书上的内容多，只讲授重点；中国教科书上内容少，教师补充的多；法国的教学内容很多、很广泛，比较前沿，但是都比较浅；学的东西也很新。为学生提供更加宽阔的视野，有天赋的学生，自己挖得更深。

创新主要集中在三个层面：第一，观念的创新，理念的创新，思维方式的创新；第二，体制和机制的创新创造；第三，教育的内外技术的创新创造。

国际理解实际上有两个层面：一个层面是自己理解他人，即对别国文化的理解。另一个层面是自己能够被他人所理解，即立足于中国文化传统，尊重、理解、正确对待中华民族的文化传统，扎好本土文化的根基，并通过合作与交流，被世界认识和理解。

二、团队思维与个体思维——孙悟空斗不过白骨精的原因

毛泽东的革命为什么能成功，我们说他对蒋介石太了解了。在斗争哲学中，不仅仅要做到知彼，还要做到知己，不仅要做到知己，还要做到教育改造自己的队伍。

团队思维与个体思维——孙悟空斗不过白骨精的原因是什么？如果说孙悟空在打妖怪这件事情上有问题的话，还不是因他那猴脾气，而是他只顾自己跟妖怪做斗争，而没有很好地发动猪八戒和沙和尚。

（一）包容发展：寻找问题的哲学

老子提出"治大国，若烹小鲜"。老子是告诫执政者，要遵从社会自然秩序，不能朝令夕改、随意搅动、胡乱折腾，否则国家就会出乱子。

1. "治大国，若烹小鲜"思维

有人说得好，"他人的地狱就是我们自己的地狱"，因为你、我、他都处在"生活世界"之中。应谨记：社会上的罪恶，很多时候是集体的无意识，每个人都有责任的。人类已经步入新纪元了，每个个体都应思考，什么是现代人。拥有手提电脑未必就是现代人，公民应是现代人的共同身份，他们是拥有公共精神的存在者。

康德云，"头上有明亮的星空和上帝"，无非是告诉我们：人做事，天看着，每个人应有所畏惧，要做到自律。爱自己，就是珍惜自己所拥有的，包括父母赐予的发肤，也包括自己的言行。每个人应认识到自己独一无二的特性，这是无与伦比的差异，世界之丰富乃来自于万物之不同。正因为爱自己，爱自己的所思所为，说真话，做有价值的事，就成为必要的追求。当今社会，打哈哈，视他人为工具，难免也落入被工具化的俗套。

人不在于你的想法大不大，而在于你做到的多不多。这个社会不乏踌躇满志的人，而是缺少把想法付诸行动的实践者。既然渴望成功，就必须做行动的巨人，而非空想的矮子。在实际生活中，想法与做法相互缠绕、相互影响。任何想法都要借助于做法才能表达出来，任何做法中也都蕴藏着想法。

2. 双赢是一种必然的最佳选择

（1）双赢的智慧

故事：皇帝造屋，百工齐集。木工、石匠暗暗竞赛。一天，木工师傅求胜心切，重责小徒弟。徒弟为了泄愤，把师傅的木尺偷偷锉短了一分。结果，根据木尺做成的木柱都短了一分。而那些稀有木材是从远方进贡来的，无法在当地补充，皇帝必然为此震怒。木工师傅知道自己死亡临头而大哭。这时，石匠想出了一个方法，他把承托长柱的石磉的平坦磉面改为微微隆起，补足了木柱短缺的部分。这样，不但宫室如期落成，木工全家得救，也改善了石磉设计，为中国建筑多增一分姿采。

该故事寓有中国人处事的哲理：别人的短处可以"彰显"我们的长处，我们的长处也可以"承托"别人的短处，这样彼此都有好处。推而广之，这是一种竞争中"双赢"的智慧，而这在现代社会中尤为重要。

（2）合作铸就"双赢"

俗话说："一个篱笆三个桩，一个好汉三个帮。"中国革命的先驱者孙中山曾说："人类进化之主动力，在于合作，不在于竞争。"合作，顾名思义，就是心有灵犀，彼此关爱，彼此付出，一起走过人生的风风雨雨，一起共享人生的酸甜苦辣。

（二）分歧管控：管理的按钮，就是要抓住人性

国际理解教育是一个不断发展、不断生成、不断丰富的动态过程。而更重要的是，世界上每种文化都处于生生不息、吐故纳新的运动发展与变化的过程中，因此，在实施国际理解教育的过程中，要动态地看待和理解异域文化传统。

1. 国际理解教育重视对历史的解读

理解首先是对历史的理解，"没有历史，理解便不可能，因为人是生活在历史中的，历史使理解得以可能。"从民族文化来讲，"历史浸淫着文化底蕴，体现了文化的价值内核。"我们要理解历史，最重要的是要理解文化。

电视剧《解放》中的胡宗南在占领延安时曾说：政治的"政"，左边是"正"，右边是"反"，正也是反，反也是正，无所谓对错，只是看问题的角度不同而已。

所谓政治上成熟的同志，就算辅导儿子做"1＋1"这样的题目也多半会说："这个嘛，原则上说，不排除等于二的可能；当然，任何事情都需要一分为二地分析，1＋1到底等于几，我们还需要科学地、严肃地调查研究，做到既对群众负责，又对组织负责。"

2. 每一个管理者都很明白：人就是管理的一切

列宁说："只有当全体人民都参加管理工作时，才能彻底进行反官僚主义的斗争，才能完全战胜官僚主义。"

(1) 管理的按钮，就是要抓住人性

抓住了人性，也就抓住了员工的需求，也就抓紧了员工，从而让管理紧随我心。用人性做管理，首先是管理者管控自己的人性，并坦诚地面对别人。做自己的事，走自己的路，用自己的方式让自己成功。

人性化管理就是用健康的管理机制去激发人性的善，用健全的制度去抑制人性的恶。人性化管理是将制度与文化完美结合的观点。管理中有推有拉，有激励有惩罚，帮助员工找到动力也消除阻力。张弛有度之后才能游刃有余。

(2) 管理到底是管什么

西方的管理学要求管理者通过掌控事情的进度来完成工作，但在中国，管理者通过管理人来达到做事的目的，比掌控事情的进度来完成工作要简单得多。

日本的松下企业塑造了"家"的理念，意为企业就是一个大家庭，应尽可能给予员工关心；松下公司让员工家属到企业来参观，让他们知道他们的亲人是在什么样的环境下工作，让员工的家人了解企业，让他们的家人放心，并支持他们的工作；甚至，松下幸之助还会亲自给员工的家属写信，感谢他们的父母为松下公司培养了一个优秀杰出的人才，让他们的家人放心，他们的亲人在公司工作很出色；松下公司从各方面给员工以家的归属感，让职员在企业中有家的感觉，从而愿意尽心尽力为公司工作。日本人的"团队精神"反映出来的集体性向，对于经济生产率的提高和社会的和谐都十分有益。这也就是为什么许多亚洲人不喜欢个人之间竞争，却又表现出很强的集体竞争力的重要原因。

海尔管理的严谨性体现在，海尔独有的市场链管理，在海尔的市场链管理体系中，如果因上一道工序而影响到下一道工序的工作，下一道工序有权向上一道工序进行索赔。如果企业的管理没有一个标准、没有严格而科学的制度来保证，海尔的"日事日毕，日清日高"市场链管理能做到吗？相信做不到！人都有惰性，如果没有一个好的监管体系，自觉性再好的员工也会滋生惰性。

所谓的人性化管理，就是在制度允许的情况下，让员工参与管理，关心每个员工，而不是放弃管理制度听之任之。

（三）建设性对话："坚持自己"还是"改变自己"

一位英国主教的墓志铭："当我年轻自由的时候，我梦想改变这个世界。当我渐渐成熟明智的时候，我发现这个世界是不可能改变的。我将眼光放得短浅一些，那就改变我的国家吧！但我的国家似乎也是我无法改变的。我抱着最后一丝努力的希望，决定去改变我的家庭，但他们根本不接受改变。现在临终之际，我才突然意识到：如果起初我只改变自己，接着我就可以依次改变我的家人，然后，在他们的激发和鼓励下，我也许就可能改变我的国家。再接下来，也许我连整个世界都可以改变。"

变道：世界上没有一条笔直的道路。眼观四路，学会变道。学会变道，以变制变，是我们战胜一切变化的根本之道，也是我们人生旅程唯一不变之道。眼观四路：用发展的眼光，用全球化的眼光，用创新的眼光，用慈爱的眼光。

1. 教育如水——对教育自然之道的认识与理解

生命教育的开展，需要生命哲学的支撑。当别人不明白的时候你明白了，别人明白的时候你行动了，别人行动的时候你成功了，别人成功的时候你富有了。这就是：超常思维，先见之明！

老子倡导"无为"。这个"无为"是在与那些违反常理、不符合事物生存与发展运行规律的"擅为"相对比之下提出的，并非毫无作为或毫不作为，而是顺其自然，按"道"而行，即循规律而为。同样的一种教育模式，有的人运用得非常好，而且效果显著，而有的人却无法有效地进行运用，这是由于学习者、使用者对这种教育模式所蕴含的教育思想的理解程度不同。

维护好教育自身边界和规律需求。新常态下的教育，需要更加注重品质和内涵，更加注重遵循教育规律，需要回归社会、回归自然。学校的发展、学生的成长根植于社会、根植于生活，教育才是人性化的、多样的、鲜活的，这才是正常的教育生态。政府成为"游戏规则"的制订者、教育秩序的"检验官"和维护者。教育品质是校长带领教师团队，经过专业劳动创造出来的。提高教育质量，就必须像保护自己的眼睛一样保护这个劳动过程的自主性、连贯性，给学校以休养生息的时间和空间。

2. 道法自然的教育境界

儒家讲"天人合一"；佛学讲"众生平等"；道教讲"道法自然"。老子思想的核心就在于"道法自然"：

"道"是总纲。"道"者，路也。路是人走出来的，人走多了，小路就变成了大路。万物的起源受此启发，"道"便成了生养万物的本源，成为自然界与人类社会的总法则，成为宇宙万物所必须遵循的规律。

"法"是路径。所谓"法"，就是效法、学习、遵循的意思，就是通往真理与理想彼岸的"船"和"桥"。

"自然"是本源。一切按照自然法则和客观规律进行，就风调雨顺、万物和谐，一旦在某些方面背离了自然法则和客观规律，就灾祸频发痛苦不断。

老子"道法自然"的思想中包含了丰富而深刻的教育生态观。道家所向往的自然之道，可以弥补"模拟世界"带来的缺失；道家所推崇的天真之性，可以平衡高科技引起的情感倾斜；道家所乐谈的虚静之心，可以造就有利于生长化育的精神状态；道家所追求的中正之路，可以帮助人们改变由于走极端所造成的种种失衡现象。老子"道法自然"的思想对生命本真的深切体悟，为我们消除应试教育的弊端提供了思想武器。

3. 中国文化走向世界面临机遇与挑战：三大问题，可能让中国走上不归路

民众信仰问题。人民大众和治国者，必须找到一种信仰。这种信仰，老百姓相信，官场也相信。大家心往一处想，劲往一处使，国家就能形成合力，这个国家是任何强大的外敌不能战胜的。

民生问题——发展方式问题。《泰坦尼克号》一部美国的大片，拿走了中国当年 3.2 亿票房。可知道，中国当年的总票房才 14.4 亿。一部电影，就拿走了中国票房收入的五分之一。人家发展高科技和文化产业，创造品牌，挣全世界的钱。

民主问题——官场腐败问题。最重要的是铲除产生腐败的土壤，关键在于还权于民，让人民监督官员，所有的腐败，皆因脱离了人民，害怕人民。"维稳"人民，只有还政于民，才能遏止大面积腐败。

寻找解答"当代中国从哪里来、向哪里去"的"钥匙"。国家副主席李源潮直言："中国共产党一定要靠自己的表现，来接受人民的选择，努力使人民过去选择我们执政，现在选择我们执政，将来还能选择我们执政。"

三、重视法理的"契约精神"

契约精神是基于契约关系的一般要求而焕发出的平等自由精神和尚法、守信品格。"和谐"与"契约"具有内在的一致性。契约精神蕴含的平等自由理念、法律信用机制对重塑人与人、人与政府、人与自然关系有重要价值：平等自由是和谐社会的精神向导，法治是和谐社会的根本保障，信用是和谐社会的基本

机制。

（一）什么是精神契约

制度的出路在于回归"集体契约"的本质。人与人之间的关系是由某种社会契约维护着，但是这种关系是外在于人的，是以人与人的分离、分裂、对抗为其预设的，认为人与人之间不存在任何关系，只能凭借外在契约而生存在一起。

1. "为我们的冷漠付费"

故事：1953 年的冬天是美国经济最萧条的日子，有一天，纽约穷人居住区的一个法庭上，正在审理一个案子。被告席上站着一个衣衫破旧满面羞愧的、年近六旬的老太太。她因偷窃面包被面包房老板告上了法庭。

法官审问道："被告你确实偷了面包房的面包吗？"老太太低着头嗫嚅地回答："是的，我确实偷了。"法官又问："你为什么去偷面包？难道是因为饥饿吗？"老太太抬起头两眼看着法官说道："是的，我虽然饿，但是我的三个失去父母的孙子已经几天没吃东西了。"接着又说，"我不能眼睁睁地看着他们饿死，他们还是孩子呀。"老太太刚说完，旁听席上响起叽叽喳喳的低声议论。

法官敲了一下木槌，严肃地说道："肃静！下面宣布判决。"法官说："按法律你有两种选择，即处以十美元罚金或十天拘役。"老太太为难地说："我若有十美元就不会去偷面包了。我愿拘役十天，可我那三个孩子谁照顾？"这时，旁听席上站起一个男人，面对老太太鞠了一躬说："请你接受罚十美元的判决吧。"说毕他转身面向旁听席上的其他人，掏出 50 美分，摘下帽子放了进去。又接着说："我是纽约市长拉瓜地亚，请诸位每人交 50 美分的罚金，这是为我们的冷漠付费，以处罚我们生活在一个要老祖母去偷面包来喂养孙子的城市。"法庭上所有的人都惊讶了！片刻，所有旁听者都起立，每人都拿出 50 美分放到市长的帽子里，连法官都不例外。

思考：人和人之间并非孤立无关，人来到这世间作为社会的高级动物，是订有契约的：物质利益的来往有法律的契约；行为生活的交往有精神的契约。

2. 善，不仅仅是与冷漠相对的一种品质，还是一种精神的契约

据报道，英国伦敦奥运筹委会很羡慕中国提出了"同一个世界，同一个梦想"的口号，认为再提出一个更好的口号很难。是的，人类只有一个地球，经不起自相残杀的"文明冲突"。如果大家都抑私欲、尚公德、崇善良，则互信可期，天下也就太平了！

故事：美国波士顿犹太人纪念碑上铭刻了一首德国牧师马丁·尼莫拉的短诗：

在德国，起初，他们追杀共产主义者，我没有说话，因为我不是共产主义者；

接着，他们追杀犹太人，我没有说话，因为我不是犹太人；

后来，他们追杀工会成员，我没有说话，因为我是新教教徒；

最后，他们奔我而来，再也没有人站出来为我说话了。

这正是背弃精神契约的最终结局！

思考1：人生在世，谁都有可能遭遇危难和困境，谁都有可能成为弱者，如果我们在别人危急时不援手，谁能担保自己不会吞咽孤立无援的苦果？人心只有向善，才能被阳光照耀，所以善的契约才能在世界普遍存在。懂得珍惜这种契约的人是高贵的。懂得为冷漠付费的人是明智的。当前的社会太冷漠，人们会为自己的自私付出代价啊！

思考2：制度不是强制，是集体的契约，是人们相互的承诺。如此，遵循制度就是履行承诺。"契约"是以平等、自由、权利为前提的，而不能以强制性为前提。契约意识的形成、普及确立的是制度、法律的权威，严格的守法意识与成熟的契约意识是"孪生兄弟"。契约意识与法治精神是相伴而生、相互促进、共同发展的。

（二）俗话说："篱巴扎得紧，野狗钻不进。"

曾经听到这样一句至理名言："如果你想整治一个人，就想方设法让他去做官。"这句话很有哲理，说明在官位上有很多诱惑，就需要在做人这一关过关，没有包拯那样的铁面无私是当不好官的，也办不好事，更不会给自己带来一个美好的人生。

1. 寻找"空白点"：日本的教育病理

所谓教育病理，即作为结果或症状出现在教育领域中的病理现象。是指在教育过程中出现的偏移和失调状态，是教育内部和外部的异常条件使教育职能的实现受到严重阻碍，结果派生出多种越轨行为的过程。

有不少人认为，现今日本教育病理发生的原因在于战后日本学校忽视了心灵教育；也有人认为，战后的日本教育过于重视权利和自由的教育，而忽视了责任、义务和规范的教育。

教育病理的发生时期与日本社会的转型时期的重合是值得我们思考的。日本的现代化给日本社会带来了巨大的变化，对赋予教育以基础的学生生活文化产生了巨大的影响。这一影响，可以用"过度给予"和"过度剥夺"来概括。日本的现代化，特别是战后前所未有的经济高速增长，使日本社会以难以预测的速度达到富裕化。在这个过程中，孩子们获得了许多东西，它往往因为过剩而有害。

随着日本教育事业的发展，其教育问题也日渐暴露出来。日本把困扰着日本学校教育、家庭教育及社会教育的种种不正常的现象叫作"日本教育病"。

病根1："求分主义"与"教条主义"的教育方式。

在日本，教师必须按照文部省提出的教育大纲和所规定的教科书来完成教学。学生不能去读课外参考书，教师不能教与教科书无关的内容，长期下来，学生的思考范围和视野，就变得越来越窄。

病根2：缺乏生存本领与病态的家庭教育。

家庭教育应该说是孩子在成长中最重要的环节，在日本恰恰就是这个环节出现了相当大的问题，大部分家长不愿配合学校做好学生的教育工作。

病根3："高学历追求"与"教育商业主义"。

日本是学历社会，大学毕业和初高中毕业，在参加工作后的薪水是有较大区别的。就有人以教育为名大搞"商业主义"。

病根4："没有理想的一代"与电视等媒体。

现在的日本青少年可称为是享受型一代的"新人类"，学生没有自己的未来计划和设计。难怪欧美一些研究日本的专家说："为什么日本人不爱自己的国家？国民对政治不关心是直接影响学生的重要因素。"

生活文化是支撑儿童成长的基础。"教育繁荣，文化覆灭"这个震撼人心的话语，表明了发达国家的教育状况。在"家庭教育智育化""社区教育空洞化""学校教育疲怠化"的教育状况下，学校教育难以发挥其本来功能是可以理解的。

2. 善于发现知识链条中的空白点

理论是什么？就其内容而言，是系统地说明事物本质及规律的知识；就其结构而言，是以其逻辑体系及其对本质、规律的揭示，构成一个理性的解释系统，具有解释、规范和预测的功能。理论也是一种生活方式。理论总有一种超越的和追求普遍的性质。理论的生活是崇高的，享有理论的生活是受人尊敬和幸福的。

一个成功的商人，必须要有一双善于发现并把握商机的眼睛。艺术家说：世界不是缺乏美，而是缺少发现；同样，世界上绝不缺乏商机，缺乏的也是发现。若要出奇制胜，除了大多数人都采用的"人有我优"之外，还该积极主动地寻找整个市场链条中的空缺，善于抓住空白点。

3. 点道·论道：学术的魅力

"在中国，一个不会应对考试的老师是不合格的，但一个只会应对考试的老师是可悲的，一个只会用做题来应对考试的老师是愚蠢的。"

（1）用技术解决教与学

教育的技术是什么？是思维、理念和方法的装备。建设"录播教室"，把课程录下来，交给其他教师和家长评教评学；思维教育是素质教育的一把钢刀，有了它，便可以教会学生找规律、抓本质、归纳总结、化繁为简，并铸就精彩与深刻，而不要在问题的沼泽地里苦苦挣扎，在题山题海中耗费太长时间！

教育的技术，能为孩子缩短十年或者几十年的成才期，并把难以到达的目的地变得唾手可取，在别人根本走不通的道路上走远……

（2）课程发展的重要追求就是学生的最大收获

教育家办学与其他人办学最核心的区别在于是否具备课程领导力。按照古德莱德的课程层次说，学校层面实际上发生着三种课程，教师领悟的课程、课堂运作的课程与学生经验的课程。这三种课程相互联系、彼此制约。教师领悟的课程影响课堂运作的课程，而课堂运作的课程作用于学生经验的课程，而学生经验的课程才是与学生发展距离最近的课程，这种课程也就是指向学生获得的课程，是学习本位的课程。

学校层面课程发展的重要追求就是放大学生经验的课程，尽可能地追求学生的最大收获。如果老师有心把作业变成资源放在网络上，把知识变成题库实施任务教学，那将会给未来的教学带来成千倍的回馈。

（3）教学设计应当是基于行为的问题诊断式设计

"诊断"主要包含两层含义：一是对被诊断对象进行察看；二是根据察看结果进行判断。在临床医学中，"诊断"主要指察看病人症状并对其病症及病情进行判断。"教学诊断"则是对"诊断"一词内涵和外延的丰富与拓展。

教师的价值观、学识、才华、眼光和魅力在很大程度上左右着学生学习的进程、思考的深度、习惯的养成、知识的转化和发展的水平，也影响着学生的学习从量变到质变的时间表。教师对课程资源的开发、选用以及对教学进度的把握，也会影响教学临界阈的变化。

在"知行合一"中提高专业水平。"知"与"行"是儒家哲学中的一对重要范畴，在此强调"知"与"行"的同步交互与"悟性自足"——在"行"中"知"，"行"和"知"齐头并进，注重主体悟性的发挥和行为的同步跟进，正是优秀教师"在课堂拼搏中学会教学"的践行方式。

（三）功夫有时候是在"诗外"的

陆游之所以说："功夫在诗外"，就是因为"诗外"与"写诗"有着隐性且又内在的联系。写作是人的思维本质的体现。人不仅"能够思想"，而且必然要寻求思想的表达，写作的过程是心灵和精神的炼狱。

1. 一个激情燃烧的团队，不但活力四射，还会收获一个又一个的成功

（1）心有多高，世界就有多广

激情是什么？应该是一个人在任何情况下，对生活对理想都充满希望和信心的心理状态，一种可以让人行动积极的人生态度，是成功的精神基石。在激情的支配下，一个人常能调动身心的巨大潜力。一个人、一个团体乃至一个国家的成功，不只在于技术、知识和能力，更在于精神心态是否充满激情，"激情可以使人生灿烂"。

二战期间，丘吉尔发表了著名的激情演说，他说，我们的目的是什么？可以用一个词来答复：胜利——不惜一切代价去争取胜利，无论多么恐怖也要争取胜利；无论道路多么遥远和艰难，也要去争取胜利；因为没有胜利就不能生存。以绅士风度著称的英国人被点燃了激情，疯狂的德国法西斯的末日就不远了。

（2）激情＝热情＋执着＋才能＋价值

一个激情燃烧的团队，不但活力四射，还会收获一个又一个的成功。激情不断，收获不断，学校也就有了持久的发展能量，师生也就有了人生境界的不断提升。

点燃激情，保持学习持续力，首先需要我们保鲜理想。天下兴亡，匹夫有责，作为炎黄子孙，相信每一位同学的胸中都激荡过"为中华之崛起而读书"的豪情。在当今风云动荡、激烈竞争、优胜劣汰的国际大环境里，没有经济的富强，就没有国家的长治久安。

激情不等于青春的冲动，激情不等于作秀，激情＝热情＋执着＋才能＋价值。在你有限的生命里，尽情发挥你的热情，执着释放你的才华，展示你人生的价值，这才是激情四射的人生。就如一个舞者，舞就舞出自己生命中的最精彩，即使站在刀尖上，任自己脚下鲜血流淌，也要让火热的激情舞蹈着生命中的最强音，释放所有的一切，你也必将得到所有。

2. 一个人视野的宽窄，有时会决定其成就的大小；一个追求"道"与只学"技"的人，其成功大小也是有天壤之别的。

（1）万事万物，按照规律去做，事半功倍；违背规律去做，事倍功半

抓好"高技能人才培养链"，从8个方面确保人才培养质量：夯实一个基础：优化环境；贯穿一条主线：产学结合；突出一个重点：强化师资培养；围绕一个中心：规范教学；注重一个根本：内涵教育；落实一个导向：促进就业；实现一个目标：特色办学；实践一个宗旨：服务社会。

创新人才培养同样需要遵循其成长规律。这些受教育者往往具有种种特质，譬如强烈的好奇心、追求真理的执着、开放的思维、探究不凡的能力等，而此中既有天然品质，亦有后天熏陶、知识传承和启迪。教育需反思是否保护了这种天然品质，是否熏陶了科学精神，是否为其潜心探究提供了更加宽松的环境，决不能以灌输更多知识取代创新人才培养。

（2）美国名校选拔优秀人才的标准是什么

中国是通过高考这座"独木桥"选拔优秀学生的，而美国高校选拔优秀人才是多样性的。首先是语言成绩。因为一些专业核心课程，涉及大量专业词汇，而中国学生赴美读本科，英语能力必须过硬。其次，高中期间的平均成绩（GPA）应达到3.8分（按中国每门学科满分100分计算，100分合4.0分）。再次，是否热心公益事业。最后，推荐信的重要性。

评价一所大学能不能培养出优秀的人才，最重要的应该是毕业生的表现情况。优秀的人才要看其在实现自身价值的同时为社会贡献的程度和创造的价值是否得到社会的认可。

杰出人才移民是美国政府"招才纳贤"、积极吸引招纳世界各国优秀人才这一精神在移民政策中的具体体现。"杰出人才"指的是那些在科学、艺术、教育、商业、体育五大领域中具有特殊才能，取得很高成就，并享有国家级或国际性声誉，而且其成果和贡献在该领域得到广泛认可的杰出专业人才。这些人应是被认为是该领域中少数的顶尖人物之一，申请人在获得杰出人才绿卡后，将在美国继续从事其领域内的工作，而其工作会对美国社会的相关发展，提供实质贡献。

衡量优秀人才的标准，第一是激情。第二是坚韧，不能怕挫折。一个人忍受挫折和成功是相对的。你越能忍受工作和生活中的挫折，你才能越成功。第三是追求卓越。"精英人才"：即健全的公民素养；卓越的学业基础；突出的创新素质；开阔的国际视野。杨振宁教授说："优秀的学生并不在于优秀的成绩，而在于优秀的思维方式。"

改变人才管理制度方能造就大师。中华民族伟大复兴的时代需要一批学术大师和巨人。大师的智力是内因，良好的学术环境及人才制度是外因。内因和外因结合才能大师辈出。一个民族的任何一个时期，具有内在大师智力者在人口中的比例不会有显著差别，关键是教育和人才选拔体制这一外因适不适应人才内因的发展。没有大师或大师甚少的时期，是不是外因出了问题？

3. 互联网思维应成为基本的思维模式

"互联网思维"的实质是一种"用户至上、开放合作"的思维模式。在移动互联的时代，任何环节的信息交流均会被加速，这是重新审视市场、用户、产品、企业价值链乃至整个经济发展的思考方式与思想方法。它更注重开放、平等、参与、协作、共享，有无限创造力和可能性。

（1）教育首先是教育资源的问题，而不是技术问题

慕课，一场人人受益的教育革命。慕课是大规模的网络开放课程，它是为了增强知识传播而由具有分享和协作精神的个人组织发布的、散布于互联网上的开放课程。慕课形式下，最有可能的是，当地老师不再主导上课，而是让学生上全世界最优质的课程资源，但学生要在本地老师的指导下进行讨论和互动。在这里，现场老师不是不重要，而是变得更重要了。因为人与人之间面对面交流依然是教育的重要环节。学生之间及学生与老师之间的讨论，老师对学生的引导等，依然是教育的重要组成部分。

虽然教育资源是可以分享的，但学校本身应该是个性化的。个性不同的学校，培养出的人才不同，所培养的人才思维方式也不一样。所以，教育首先是教育资源的问题，而不是技术问题。

（2）教育发展与区域经济发展、文化环境的支持条件相关

邓小平说："教育是一个民族最根本的事业。"教育的现代化发展，与教育的高水平投入与高水平教师的配置、增加优质生源有具体关系。而不是所有学校的办学都可以满足这些条件。优质教育尽管不是要把好的学校的教育水平拉下来，削峰填谷，可是也一定不是树立一些超标准的学校作为样本，使绝大部分学校和教师望洋兴叹，觉得遥不可及。教育并不能渴求豪华的气派。若追求超前，更主要的改变要看发生在学生身上，是以什么态度在学校里生活的，而且学校是否提供了最优质的课程资源和最周到的教师辅助支持。

汤敏在《慕课革命》中说，让中国人民最需要的课程在慕课系统中实现。现在美国的慕课模式对应的是精英教育，全是哈佛、耶鲁、普林斯顿等著名大学的教授在上面授课。这些课的目的用户是全世界想要听这些课的人们。中国真正需要解决的问题是大众化教育问题，中国最需要解决的是中小学教育的不均衡问题，还有就是中国职业人士的培训，尤其是基本的职业技术培训等。因此，我们应"寻找教育的遗憾""抓住教育的契机""享受教育的幸福"。

革命堪称是个复杂的技术活。如何筹备，如何组织，如何动员，如何控制……所有的细节都最终决定着革命的成败。尤其是前期的资金筹集，更成为制约革命走向的瓶颈。一种主张，一个主义，在被具体化的过程中，首先面临的是如何物质化的问题。从云端、从历史的远处看到的革命与从根基、从近处看到的革

命是完全不同的两个图景。

第二节 兴趣培养：善于思考者终将成功

马克思说："科学绝不是一种自私自利的享乐，有幸能够致力于科学研究的人，首先应该拿自己的学识为人类服务。"

一、智力革命：在学术研究中自己培养自己

尼采："更高级的哲人独处着，这并不是他想孤独，而是因为在他的周围找不到同类。"知识分子用知识和笔作为时代的眼光，依靠知识和见识取得指点江山的权力。他们想得深、看得远，下笔如千军万马，人们屏息注视。我的笔，不能出鞘。

（一）爱因斯坦反应迟钝成科学巨匠

爱因斯坦："想象力比知识更重要，因为知识是有限的，而想象力概括着世界上的一切并推动着脚步，想象力是知识分子知识进化的源泉。"知识分子是中国文化的天然传道人，是心灵的导师。"做发现社会病灶的医生"是知识分子最重要的担当和责任。

1. "天行健，君子以自强不息。"——陈景润

（1）上世纪 60 年代，一个中国人把"哥德巴赫猜想"证明到最接近"1＋1"的地步——"1＋2"，他的成就至今无人超越。这就是中国著名数学家陈景润。

在中科院忘我的研究：在 3 平方米的厕所里住了 2 年，有时候走着路，碰到电线杆了，他还说，对不起。

徐迟在《哥德巴赫猜想》一文中说："理解人不容易，理解这个数学家更难。他特别敏感、过于早熟、极为神经质、思想高度集中。外来和自我的肉体与精神的折磨和迫害使得他试图逃出世界之外。他成功地逃避在纯数学之中，但还是藏匿不了。"

陈氏定理："任何充分大的偶数都是一个质数与一个自然数之和，而后者仅仅是两个质数的乘积。"简称"1＋2"。如 $28＝13＋3×5$。

世界数学大师、美国学者安德烈·韦伊这样称赞他："陈景润的每一项工作，都好像是在喜马拉雅山山巅上行走。"

（2）读懂大师

伟大有三种：一种是帝王、首领的伟大；一种是精神、理智的伟大；还有一种是仁爱、心灵的伟大。这三种伟大一个比一个高，心灵的伟大是最高级别。

大师是国家和民族的瑰宝，也是青少年乃至全社会尊崇的榜样。作为大师，首先应该有作品，作品一定要传达某些核心问题、基础概念。总之，一个大师的作品一定会形成一个有阶梯的话语系统。可以称作"大师"的人，往往都有先知般的感受力、领悟力，更重要的还在于，他们有传承真知的载体。这个载体就是他们的作品。大师在人类历史上所起到的重要作用，在于他不仅给我们提供思想范式，而且给我们提供社会发展的范式、社会治理的范式。

2. 科学巨人是如何长大的——爱因斯坦

爱因斯坦搞相对论，他没想到这东西能用上，他只是想通过这个研究来了解宇宙的本质。结果，相对论改变了世界。现在的核技术，就来自于他著名的质能转换公式 $E = MC^2$。

（1）在青少年时代，爱因斯坦的才能一直不断地受到人们的怀疑

爱因斯坦于 1879 年 3 月 14 日出生在德意志帝国一个犹太人家庭。4 岁时他还不会说话，人们开始担心这个孩子可能根本不会说话。后来开始学着说了，可是从他嘴里说出的每个词人们听起来都需要费很大的劲。7 岁了，他还是只能固执地重复大人教给他的一些短句。邻居怀疑他是个低能儿；老师干脆就认为他生性愚钝，不堪造就；同学们则叫他"小老头"，因为他一点儿也不喜欢和同龄的孩子们一起热热闹闹地玩耍，总是独来独往，躲在一边糊里糊涂地、像说梦话一样地自言自语。

在常人眼里，爱因斯坦是个怪孩子；在死板的教育制度下，爱因斯坦也真的算不上一个好学生。小学教师送来的成绩单使其父亲感到很痛心。

（2）爱因斯坦常常被称为一个孤独的人

数学想象的领域有助于把精神从纷繁的俗物中解脱出来，就这个意义而言，他确实是一个孤独的人。但他跨越了时间的长河，看到了一个充满秩序和法则的和谐世界，是这个世界抚慰了他敏感的心灵上的创伤。

爱因斯坦后来说，狭义相对论和广义相对论的萌发都发生在他的少年时代："我有时自问，怎么偏偏是我创造了相对论呢？我认为原因如下：一个正常的成年人不见得会去思考空间和时间问题。他会认为这个问题早在童年时代就搞清楚了。我则正相反，智力发展得很慢，成年以后才开始思考空间和时间问题。很显然，我对这些问题比儿童时期发育正常的人想得要深。"

爱因斯坦对卓别林说："人人都懂您的艺术，您一定会成为一个伟大的人

物。"卓别林对爱因斯坦说:"没有一个人懂得您的相对论,您已经成为了一个伟大的人物。"

(3)将人类科技带入原子时代的新纪元

1939年8月,著名科学家爱因斯坦写信给美国总统罗斯福,建议研制原子弹。他的建议马上引起美国政府的高度重视,美国政府开始立项拨款,并于1942年8月正式将这一计划命名为曼哈顿工程。为完成这一工程,美国动用了近60万名工程技术人员,投资达200亿美元,历时三年多,终于在德国败亡之后、日本垂死挣扎之际的1945年7月16日成功地爆炸第一颗原子弹。1945年8月6日、9日,美国分别向日本的广岛、长崎投掷了最新研制成功的原子弹"小男孩"和"胖子",使两座城市倾刻间化为一片焦热的火海。原子弹的杀伤力令整个世界震惊。

(二)牛顿幼时顽皮成科学家

牛顿是个十分谦虚的人,从不自高自大。曾经有人问牛顿:"你获得成功的秘诀是什么?"牛顿回答说:"假如我有一点微小成就的话,没有其他秘诀,唯有勤奋而已。"

1. 伟大的人类之光——牛顿

一个偶然的事件往往能引发一位科学家思想的闪光。这是1666年夏末一个温暖的傍晚,刚从剑桥大学毕业的牛顿坐在花园里的苹果树下,思考着一个复杂的数学运算问题。忽然,一阵微风吹过,"啪"的一声,一只苹果掉下来,砸到牛顿的头上,打断了他的沉思。牛顿自悟道:"看来上帝不让我懒坐在这里傻费心思。"心中一动:为什么这苹果偏偏垂直落向地面呢?由此,牛顿凭直觉意识到地心引力的存在,进而深入研究,发现了万有引力定律。

传说中的苹果树于1814年——牛顿逝世87年后枯死。但它早已被人们用嫁接法分植于世界各地。

牛顿自己是怎样看待自己的天才的呢?他说:"如果我看得要比笛卡尔远一点,那是因为我站在巨人的肩上的缘故。"

2. 对科学研究的痴情

牛顿对于科学研究专心到痴情的地步。据说有一次牛顿煮鸡蛋,他一边看书一边干活,糊里糊涂地把一块怀表扔进了锅里,等水煮开后,揭盖一看,才知道错把怀表当鸡蛋煮了。还有一次,一位来访的客人请他估价一具棱镜。牛顿一下就被这具可以用作科学研究的棱镜吸引住了,毫不迟疑地回答说:"它是一件无价之宝!"客人看到牛顿对棱镜垂涎三尺,表示愿意卖给他,还故意要了一个高价。牛顿立即欣喜地把它买了下来，管家老太太知道了这件事，生气地说："咳，你这个笨蛋，你只要照玻璃的重量折一个价就行了！"有一次牛顿请朋友吃饭，准备好饭菜后，自己却钻进了研究室，朋友见状吃完后便不辞而别了，牛顿出来时发现桌上只剩下残羹冷饭，以为自己已经吃过了，就回去继续进行研究实验。牛顿用心之专注被传为佳话。

3. 牛顿被评为最伟大的英国人之首

晚年的牛顿开始致力于对神学的研究，他否定哲学的指导作用，虔诚地相信上帝，埋头于写以神学为题材的著作。2003 年，英国广播公司在一次全球性的评选最伟大的英国人活动当中，牛顿被评为最伟大的英国人之首。"全球的公众意识到牛顿的成就是世界性的，而且对全人类都产生影响。这些投票者显然都跨越了国界。"

两个世纪前，托克维尔有一个著名的发问，他说：为什么当文明扩展的时候，像牛顿这样杰出的个体反而少了？为什么当知识变得每个人都可以获得的时候，天才反而难以见到？陶行知先生曾提醒老师们说："你的教鞭下有瓦特，你的冷眼里有牛顿，你的讥笑中有爱迪生。"

（三）"科学"界定为：以有系统的实证研究方法所获得的有组织的知识

把科学看作是一种行为方式，一种用以解释实在的方式。"科学"不能以严密的或者简单的定义来诠释，必须用广泛的阐明性的叙述作为唯一的表达方法，科学具有多种质的规定性，应当从这些规定性中提炼出科学的完整意义，现代科学的主要形象是："一种建制""一种方法""一种累积的知识系统""一种维持和发展生产的主要因素""一种重要的观念来源"。科学是解决"是什么""怎么样"以及"为什么"的过程。

1. 由于教育的实践性决定了教育研究者永远面临新问题

理论是灵活的，可以根据需要重新组织。写作是思想的积淀，也是一种形成资料的技术，是一种发现"你自己"与"你"的主题的一种技术。写作本身也是研究形式。

对现代社会和社会科学研究中出现的种种"潮流"化趋向的反思："现在，许多学术上的狂热不到一两年，在尚未冷静下来之前，就为新的狂热所代替。这种热情或许可以给文化活动增添一些佐料，但却没留下什么学生发展的痕迹。"

以"仁"为核心伦理价值的中国文化，有可能伴随中国经济的发展而复兴。人文、社会科学的学问，是人的学问，是对人类命运、对人类社会发展中的困惑的无穷尽的探索；人文、社会科学的成果，是对人类社会进步经验、教训的不断总结；人文、社会科学的学者，还要对隐藏在这一切社会现象背后和深层的人类灵魂做出无止境的询问与回答。

2. 有效地寻找到教育研究同学校实际问题的结合点

教师的专业能力主要体现在两个方面：教学能力和科研能力。科研能力的高低则决定了教师的高度。尊重学术研究的规律，鼓励教师甘坐"冷板凳"，创"传世之作"，应从"三个点"上下功夫：

（1）在现实问题中寻找突破点

学校开展教育研究不能脱离教师的实际需要，要从教学实践中提取鲜活的素材。学校教科室可通过发放教学问题记录卡，收集整理教师们普遍感受到的问题，然后，设计出重点研究的方案，组织好课题组相关人员，围绕一个主题，在教学实践层面上去试行、验证、领悟。这种有的放矢的教育研究方法，贴近教学实际，很容易找到突破性的解决方法，等到这种方法在实践中摸索、探讨、积累了比较丰富的经验，就整理成文，也就成了很有实用意义的研究成果。

（2）在现有成功经验中寻找生长点：到有"鱼"的地方去"钓鱼"

不管学校的办学实力如何，如果认真总结，总是能找到几条成功的教学经验。学校教育研究要全力发掘本校的办学优势，要以教育研究为武器，进一步完善这个优势，提升这个优势，使学校现有的办学经验成为提高学校办学层次的生长点。

公平配置教育资源。让贫困家庭的孩子都能接受公平的、有质量的教育。让每个人都有机会通过教育改变自身命运。对于教师发展来说，专业化发展的兴趣和能力才是根本要素。在物质被过度追捧的今天，物质刺激当然起着重要的作用，而给教师带来长久愉悦感和动力的，不一定是物质，而是精神发展。如何引领教师走向精神追求，寻找再发展的动力，是教育面临的一个问题。

（3）在教学发展中寻找连结点

教育是没有终点的马拉松长跑，教育需要教育者不断地坚持。学校教育研究，既要看清本校的实际情况，进行校本化的课题研究，也要以超前的眼光洞察教学发展趋势。这样才能抢占教育研究的制高点。要寻找先进教育理论作为学校教育研究的支撑点。用先进的理论指导实践，往往容易取得突破性的发展。对国家课程进行二度开发，不仅是国家的要求，更是提高课堂教学效益的需要。适应学生的课程，才能最大程度地激发学生的学习兴趣，提高教育质量。

3. 多研究些问题，少谈些主义

胡适在《多研究些问题，少谈些主义》一文中指出：空谈好听的"主义"，是极容易的事，是鹦鹉和留声机都能做的事。

空谈外来进口的"主义",是没有什么用处的。一切主义都是某时某地的有心人,对于那时那地的社会需要的救济方法。我们不去研究现在的社会需要,只会高谈某某主义,好比医生单记许多汤头歌诀,不去研究病人的征候,如何能有用呢?要把中华文化先贤的精神财富变成孩子们成长的精神养料。

偏向纸上的"主义"是很危险的。这种口头禅很容易被无耻的政客利用来做种种害人的事。欧洲政客和资本家利用国家主义的流毒,都是人所共知的。罗兰夫人说,"自由自由,天下多少罪恶,都是借你的名做出的!"

"只有一种观点的学术,是窒息了的学术;没有争论的学术,是死亡了的学术。"凡是有价值的思想,都是从具体问题下手的。先研究了问题的种种方面的种种事实,看看究竟病在何处,这是思想的第一步工夫。然后根据自己一生的经验和学问,提出种种解决的方法,提出种种医病的丹方,这是思想的第二步工夫。最后用一生的经验和学问,加上想象的能力,推想每一种假定的解决法,该有什么效果,推想这效果是否真能解决眼前这个困难问题。推想的结果,选定一种假设的解决,使人们认可我的主张,这是思想的第三步工夫。凡是有价值的主张,都要先经过这三步工夫。不如此,不算舆论家。

二、形象思维的研究是"思维科学的突破口"

钱学森在《关于思维科学》中说"思维科学只研究思维规律和方法","素质教育的关键是培养学生的思维方法"。

(一)钱学森教授称形象思维的研究是"思维科学的突破口"

第二次世界大战结束时,美国空军高度赞扬钱学森为战争的胜利做出的"巨大的贡献"。钱学森已是"制订使美国空军从螺旋桨式向喷气式飞机过渡,并最后向遨游太空无人航天器过渡的长远规划的关键人物""是帮助美国成为世界第一流军事强国的科学家银河中一颗明亮的星"。

1. 思维科学的研究将孕育一场新的科学革命

人工智能已成为国际上的一大热门,但学术思想却处于混乱状态。在这样的背景下,钱学森站在科技发展的前沿,提出创建思维科学这一科学技术部门,把20世纪30年代中国哲学界曾议论过、有所争论,但在当时条件下没法讲清楚的主张,科学地概括成为思维科学。比较突出的贡献有:

钱学森在20世纪80年代初提出创建思维科学技术部门,认为思维科学是处理意识与大脑、精神与物质、主观与客观的科学,是现代科学技术的一个大部门。推动思维科学研究是计算机技术革命的需要。

钱学森主张发展思维科学要同人工智能、智能计算机的工作结合起来。他以自己亲身参予应用力学发展的深刻体会，指明研究人工智能、智能计算机应以应用力学为借鉴，走理论联系实际，实际要理论指导的道路。人工智能的理论基础就是思维科学中的基础科学思维学。研究思维学的途径是从哲学的成果中去寻找，思维学实际上是从哲学中演化出来的。他还认为形象思维学的建立是当前思维科学研究的突破口，也是人工智能、智能计算机的核心问题。

钱学森把系统科学方法应用到思维科学的研究中，提出思维的系统观，即首先以逻辑单元思维过程为微观基础，逐步构筑单一思维类型的一阶思维系统，也就是构筑抽象思维、形象（直感）思维、社会思维以及特异思维（灵感思维）等；其次是解决二阶思维开放大系统的课题；最后是决策咨询高阶思维开放系统。

2. 思维科学的社会价值

法国作家雨果说过："已经创造出来的东西比起有待创造的东西来说，是微不足道的。"

（1）思维科学是与自然科学、社会科学并列的大部门的思想，明确了思维作为一门系统科学所应有的重要地位。

（2）把科学理论划分为基础理论、应用科学与技术工艺三个层面，我们要明确思维科学的研究任务，首先要突破基础理论部分。

（3）要把形象思维作为研究的突破口，是他已察觉到了形象思维的基础地位和广泛意义。

（4）提出创造思维形式。

柏拉图所制定的教育和人才培养制度既关注身体的健康又注意心灵的健全，既重视知识的学习也强调实践的锻炼。他的教育是与伦理、政治密切结合在一起并为它们服务的。他的教育和培养模式是循序渐进，从具体到抽象、从个别到一般。他要求先具有一定的具体知识和实际经验，在完成数理等高级课程、经历实践锻炼，被遴选为统治者以后，提出了更高的学习研究理论、辩证法的要求，并且把它们与城邦的治理结合起来，直接服务于城邦政治。

3. 是进，还是退？质疑 2015 年 1 月 1 日起，将取消奥赛等项全国性鼓励类加分项目：

项目 1：在高中获得重大国际体育比赛集体或个人项目前 6 名、全国性体育比赛个人项目前 6 名。

项目 2：国家二级运动员（含）以上称号。

项目 3：高中阶段获全国中学生数学、物理、化学、生物、信息学奥林匹克竞赛全国决赛一、二、三等奖。

项目 4：高中阶段获全国青少年科技创新大赛（含全国青少年生物和环境科学实践活动）、"明天小小科学家"奖励活动、全国中小学电脑制作活动一、二等奖，国际科学与工程大奖赛或国际环境科研项目奥林匹克竞赛奖项。

思考 1："为什么我们的学校总是培养不出杰出人才？"

对于"钱学森之问"，钱老本人曾经有过解释。他说目前中国没有完全发展起来，一个重要原因是没有一所大学能够按照培养科技发明创造人才的模式办学，没有自己独特的创新，总是冒不出杰出人才。

思考 2："高分学生"还是"趣味学生"？

在美国，如果一名学生在高中阶段不搞研究和创新，根本没希望进入顶尖大学。在培养拔尖创新人才方面，大学应该提供个性化的教育，但我们恰恰走了背道而驰的路。

思考 3：现在很流行的一句话是，"理想很丰满，现实很骨感"。

高考改革有三个目标，一是优化人才培养，能够更科学地选拔合适的人才进行深造，二是促进入学机会的公平，三是深化教育改革，促进学生的发展和成长。

（二）"一个伟大的矮子"——拿破仑

拿破仑身高不足 1.7 米，最怕人说他矮。有一天，他想取下书架上的一本书，因那书放得太高，他够不着，便叫人搬凳子来给他。此时，一位刚好在那里的将军说："陛下，不用抬凳子了，让我给您取吧，因为我比您高。""您是想说您比我长吗？"拿破仑当即予以纠正。

拿破仑是一名出色的军事家，对当时的军事知识深有研究，善于将各种军事策略运用到实战之中，尤其是主张将火炮集中使用，以及充分发挥骑兵的机动作用。

1. 自助者天助：在人生的低潮中积蓄能量

1799 年 11 月 9 日，拿破仑发动了雾月政变，并获得了成功，成为了法兰西第一共和国执政官，实际为法兰西第一帝国独裁者。

1814 年 3 月 31 日，巴黎被占领，同盟军要求法国无条件投降，同时拿破仑必须退位。4 月 11 日，拿破仑宣布无条件投降，并于 4 月 13 日在巴黎枫丹白露宫签署退位诏书，法兰西第一帝国灭亡了。拿破仑本人在退位后被流放到地中海上的一个小岛厄尔巴岛。拿破仑保留了"皇帝"的称号，可是他的领土只局限在厄尔巴岛上。

1815 年 2 月 26 日拿破仑逃出小岛，率领 700 士兵于 3 月 1 日回到法国。原本被派来阻止他的法国军队转而继续支持拿破仑。拿破仑一路发表演讲宣布自己将给法国带来和平，不再向外扩张，而且他不会再实行专制统治，而是改为君主立宪制，确保人民的自由。国王屡次派兵堵截，但是所有军队一见到拿破仑就阵前倒戈。拿破仑的重新执政，是他以敏锐的政治洞察力和无与伦比的勇气和魅力在世界历史上书写了光辉的一页。

2. 重视科教：旨在促进人类发展

在法兰西第一帝国期间，制定了保留至今的国民教育制度，成立了公立中学和法兰西大学来培养人才，鼓励科学研究与技术教育事业的兴起。

拿破仑对科学和文化事业极为关注。掌权后，他定时出席研究院的会议，邀请院士们报告科学进展，将许多奖赏授予科学家，包括伏特、戴维等外国的科学家。执政初期，他就将巴黎理工、炮兵、路桥等高等专科学校分为基础和应用两种。巴黎综合理工学院原本诞生于共和体制时期，拿破仑加冕皇帝后，在第二天的阅兵式上，将一面绣有"为了祖国、科学和荣誉"几个字的锦旗，亲手授予参加检阅的理工学院的学生，从而赢得了他们的忠心。拿破仑每次出征，都有理工学院的毕业生跟随。在法兰西第一帝国时期的理工学院毕业生中，后来成为法国科学院院士的就有 16 人。拿破仑对科学和文化事业的关注促进了法国科学的繁荣，可以说拿破仑时代是法国历史上科学成就最丰富的时代之一，出现了一大批耀眼的科学明星。

拿破仑对研究院进行了重组，使其成为法国文化的官方代表并为国家利益服务。参照启蒙思想家绘制的蓝图，法国大革命以来的研究院隶属国民教育体系，而拿破仑则奠定了延续至今的中央集权管理的国民教育体系。其中，大学是为了监督整个教育体系而建立的，中央具有绝对的控制权。国家元首直接任命总监，总监下设大学区，由学区长管理，监督各市镇的大学和中小学。教师成为国家官僚体制的一部分，从而实现了国家对教育的垄断。1908 年，拿破仑敕令恢复高等师范学校，使之成为专门培养国立中学教师的模范学校，职业和专门学校的教育则为军队和政府培养训练有素的职员。

中央集权的科学和教育体系在一定程度上能够促进科学的繁荣，但科学成果只有被全社会充分应用，才能真正实现国家的强大。

3. 拼出来的拿破仑

拿破仑有一句名言："在我的字典里没有'难'字"，也就是法国历史学家泰纳所说的：“他的毅力远比他的智力更可怕”。“替人才开道”这是拿破仑的名言。他的用人政策帮助他建立了一个强盛的帝国，使他在国家活动的各个领域都有一批得心应手的执行者。在思想领域中重视发挥宗教的作用，将天主教会完全控制在自己手中。教会必须遵守国家法律，不得收回革命中已没收的财产，教会人员的薪金、主教的任命、教皇的宗教活动必须经法国政府批准，从而将天主教变为新政权服务的工具。

马克思：拿破仑已经了解到近现代国家的真正本质；他已经明白，资产阶级政权的无阻碍发展和私人利益的自由运动等，都是这些国家的基本体现，他决定承认和保护这一基础。

恩格斯：将他的法典带到被他征服的国家里，这个法典比历来的法典都要优越得多，它在原则上承认平等。

拿破仑说：“中国是一只睡狮，一旦它醒来，整个世界都会为之颤抖。它在沉睡着，谢谢上帝，让它睡下去吧。”现在的中国，睡狮已醒，让世界为之震惊吧！

（三）发展科学技术必须具有全球视野

科学技术是世界性的、时代性的，发展科学技术必须具有全球视野。国际上有舆论认为，机器人是“制造业皇冠顶端的明珠”，其研发、制造、应用是衡量一个国家科技创新和高端制造业水平的重要标志。

1. 科学技术是世界性的、时代性的

何谓发展科学技术必须具有全球视野？就是要从人类社会发展和世界科技发展的历史规律与现实特征的全局来看待和谋划我国科技发展。“世界性”是就科学技术发展的空间维度而言。“时代性”是就科学技术发展的时间维度而言的，它包含两层意思：一是历史回溯，二是现实展现。

科技是国家强盛之基，创新是民族进步之魂。历史告诉我们一个真理：一个国家是否强大不能单就经济总量大小而定，一个民族是否强盛也不能单凭人口规模、领土幅员多寡而定。只有把核心技术掌握在自己手中，才能真正掌握竞争和发展的主动权，才能从根本上保障国家经济安全、国防安全和其他安全。

2. 科技是“根”，应用是“果”

在产业发展上，科技和应用是“根”与“果”的关系，科技是“根”，而结在各行各业的应用是“果”。科技本身应该更加关注和突破基础、前沿、共性和关键技术，以带动各行各业的发展，同时也要鼓励各行各业应用创新。

科技创新，就像撬动地球的杠杆。“我国科技发展的方向就是创新、创新、再创新。""把创新驱动的新引擎全速发动起来。"提高自主创新能力，聚焦三个方面。第一，眼界决定境界，要进一步提高认识，打破视野上的局限。第二，思路决定出路，要进一步转换思路，打破僵化观念。坚定不移地进行理念创新、思路创新、方法创新。第三，制度决定高度，要进一步深化改革，打破体制机制上的障碍。既要借鉴国际经验，也要总结自身经验，不跟风、不盲从、不简单模仿，因地制宜地走出一条符合自身特色的创新发展之路。

3. 推进高素质教育人才培养工程，择天下英才而用之

重视人才成长的规律性。规律所反映的是事物之间的本质联系。我们只有逐步认识并掌握了人才成长的规律，才能逐步达到"人成其才，才尽其用"的理想境界。

强调人才工作的系统性。人才作为社会存在的个体，从成才到展才，再到尽才，是一个长达几十年的漫长过程。习近平在《从政杂谈》中就谈到了用知、举、用、待、育五字概括"人才经"。"知"就是识别人才，这个问题包括什么是人才和如何识别人才两个方面；"举"就是荐纳人才，强调尚贤使能，唯才是举，任人唯贤；"用"就是量才授任，用人如用器，用其长，而不强其短；"待"就是尊重人才，即尊重他们的个性、创造性，不要压抑和埋没他们的才能；"育"就是培养人才，一要精心扶植，二要严格要求，三要大胆使用。

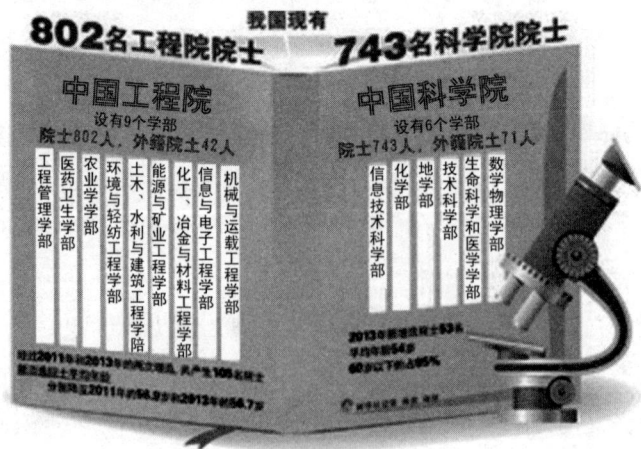

立足人才发展的时代性。只有立足于时代，才能抓住问题、分析成因、寻找对策、科学解决。

坚持人才管理的开放性。中华民族历来具有尚贤爱才的优良传统。现在，比历史上任何时期都更需要广开进贤之路、广纳天下英才。要实行更加开放的人才政策，不唯地域引进人才，不求所有开发人才，不拘一格用好人才，在大力培养创新人才的同时，积极主动地引进国外人才特别是高层次人才。

三、考试的目的是大家一起求进步

教育评价不仅仅是学生的产出、学生的表现，更多要考虑到教育的条件、投入，教育的过程，是什么样的因素带来了学生的表现。

（一）美国学生为什么数学差

费克多的研究证明，美国数学教育失败，是因为它为了平等牺牲了效率，或者说为了普罗大众而牺牲了精英，而从长远看普罗大众也没有得益。

1. 美国文化最大的特点并不在于它的发达，而是多元化

美国学生为什么数学差？美国的平等主义体现在初等教育的数学教育中，就是迁就中等程度的学生。中国初等教育的数学比美国要高深，这一方面有利于人的早期逻辑思维的发展，但另一方面它的灌输和强化所需的时间和精力，又确实让孩子们的童年和少年付出了太大代价。美国教育制度基本是把数学作为工具来看的。可以说，一般人的生活经验都可以证明，他们日常生活中需要的数学知识确实不超过中国的初中数学水平。

美国学校没有根据课程安排毕业考试。美国学生固然抽象思维差，但他们在生活实践中动手能力强，团体协作意识强。这两点都是在初等教育中培养起来的，一定意义上是用数学成绩差换来的，这和中国学生正好倒过来。中国学生成绩再好，往往是一个人从小就被灌满危机和竞争意识，丧失了童年的天真和乐趣。美国小学生相互是玩伴，中国已经是竞争对手。

2. 泰勒认为："评价的过程实质上是一个确定课程与教学计划实现达到教育目标的程度的过程。"

课程评价不是在儿童的生长过程以外去寻找一把度量的尺子，而是不断地发现生长的问题，并为解决问题提供理性的价值评判。课程评价是事实与价值的判断，是课程价值的发现和创造。课程评价应起到发现课程价值、创造课程价值，并为课程价值的实现"保驾护航"的作用：通过价值判断确立目的，预测和评判什么样的经验符合儿童的生长需要；在课程实施的过程中检验已经实施的课程是否满足了儿童的需要；通过比较、判断，在诸多可能性中做出理性的抉择；为课程的改进提供价值指导。

"课程评价是连续的课程变革与课程开发的一个基本成分，课程应该不断地接受评价。"诊断是一个循环往复、螺旋式演进的过程，从发现问题到诊断原因，再到实践改进，随着已有问题的解决，新的问题又会产生。因此，效果评估也要及时调整与改进，最根本的解决办法是持续提升教师的专业境界，以实现教学的

"自我诊断"和"自我矫正"。

3. 柏拉图说："好奇者，知识之门"，敬畏！

"兴趣是最好的老师"，人们对自己感兴趣的事物总是力求探索它，认识它；兴趣是一个人力求认识并趋向某种事物特有的意向，是个体主观能动性的一种体现。

（1）向美国教育学什么？怎么学？

秘诀1：自己找课题，创新教育从娃娃抓起。

中国孩子画完画，经常问老师"像不像"，而美国孩子则问"好不好"。"像不像"是从模仿别人的角度出发，"好不好"是从自己创造的角度出发，从这个细微的差别中似乎就能"注定"他们的人生走向。"教"美国孩子学画画，老师往往不设样本，而且不规定模式，让孩子自由"构图"，孩子画的画也完全是一种"创作"。如此培养出的孩子，思维充满创造性和活力，日后才可能是开放型和创造型人才。

秘诀2：没有残疾的孩子，只有残疾的教育。

美国教育的任务是发现孩子的短处，并想方设法弥补孩子的短处。美国的小学没有在课堂上对孩子们进行大量的知识灌输，他们想方设法把孩子的眼光引向校外无边无际的知识海洋；他们没有让孩子死记硬背公式和定理，他们煞费苦心地告诉孩子怎样思考问题，教给孩子面对陌生领域寻找答案的方法；他们从不用考试把学生分成三六九等，而是竭尽全力肯定孩子们的一切，并努力赞扬孩子们思考的一切结论，保护和激励孩子所有的创造欲望和尝试。

秘诀3：尊重差异，才能挖掘潜能。

尊重差异，不仅尊重一般性差异，而且尊重特殊性差异。让每个孩子知道自己的潜能，让每个孩子建立起自信，让每个孩子从事属于自己也属于这个社会的富有个性的创造，这是美国教育为自己设定的任务。他们为了完成这个任务，孜孜以求。教育孩子关注每个生命，开掘每个生命的能量。这是美国在中小学教育目标上的国家意志，起码是落在文字上的国家法律。

（2）美国孩子的五大优点

优点1：独立性很强。在美国，学习是孩子自己的事。学生从小就养成"按照兴趣学习""学习是自己的事"的自主学习态度。不仅如此，这种独立精神早已深入到孩子成长的各个方面。孩子18岁以后，要自己去赚钱养活自己。

优点2：充满幽默感。孩子很小就喜欢与大人们交谈并带着与生俱来的幽默。

优点 3：喜欢直来直去、毫不掩饰。

优点 4：孩子的好奇心非常强烈。只要是他们未闻未见的事物，他们都会围着你不停地追问。柏拉图说："好奇者，知识之门"，敬畏！

优点 5：懂得尊重、包容开放。孩子间发生矛盾时一般不用老师和家长解决，往往由双方当面说清楚，或服从裁判或说理解决，很少记恨在心，伺机报复。

（二）传统文化是我们民族的文脉

变"推进国际理解教育、弘扬和平文化、学会共同生存"的思想为一条实现教育平等、社会公正、儿童身心和谐发展的有效途径。

1. 守住传统是教育的根本

教育需要的是"求真、至善、达美"的理想境界、自由宽松的外部环境、默默无闻的长期探索和体验，每个教育者要用平和善良宽容的心态，守住教育的"根"。

"根"的内涵。根是一个生长的原点，根是一种内谦的品质，根是一种质朴的境界。万物都有根，根正，则杆直；根固，则生长；根深，则恒久。寻根究底，就是寻本正源，就是寻求万物之道。教育一定要回归草根，立足于本国、本地、本校、本班和本人，这样才能让教育根深叶茂。

例：一位真正的"人类灵魂工程师"。

2015 年 3 月 15 日早晨，广西都安瑶族自治县县城。数千人自发前来，人们抹着眼泪，送别离世的都安瑶族自治县高中校长莫振高。整个县城花圈被抢购一空，校友们从北京、上海等地赶回；清华大学招生办等高校机构发函吊唁。美国哈佛大学、俄亥俄州立大学的多名教授致信吊唁，谁能说这样的校长不是一座"丰碑"呢？

莫振高连续 35 年用自己微薄的工资资助数百名贫困生，让他们顺利进入大学。据统计，2014 年该校有约 200 名学生每月获得 200～400 多元的资助。这些年来，莫振高先后筹集 3000 多万元善款，资助 1.8 万名贫困生圆了大学梦。在家人、群众和贫困山区孩子眼中，他是一个"总是惦记着山里贫困孩子"的校长爸爸，一个被瑶山的孩子称作"莫爷爷"的好心人。

2. 传统文化是我们民族的文脉

毛泽东说过："思想文化是一块阵地，你不占领，别人就会占领"。中国是一个拥有上下五千年历史的国家，国家的繁荣发展离不开文化，文化是一个国家综合实力的体现。作为蕴含着丰富文化的国家，我们应该重视创新和弘扬中国的传统文化。

（1）根教育的灵魂：价值引领

"根教育"，其核心、其灵魂在于"价值"一词，没有高尚价值引领的教育是平庸、低劣、粗鄙的教育。"根教育"摒弃功利世俗的、喧嚣尘上的价值取向，"根教育"立足于对生命敬畏和尊崇，着眼于培养真正的人，培养具有"人的精神"的人，培养具有和谐素养的人。解放天性，让受教育者拥有丰富而又自由的心灵。"根教育"信奉"以人为本、与人为善、成人之美"的原则，其核心追求就是"守住教育之根，让生命快乐绽放"。

（2）"根教育"是生活的教育

"根教育"崇尚"生活即教育"的思想并努力践行。"根教育"认为，教育的外延就是生活的外延，教育不能离开社会生活，生活的需要应成为提高学生个人素养的主要目标。生活是教育的源头活水，不到源头活水中去进行教育，不为生活而学习，那么，教育就失去了生命力。

3. 做有根的现代中国人

"根教育"是民族的教育。"根教育"特别提出把"根"留住，倡导"做一个有根的现代中国人"。其"根"就是民族精神和民族文化。让学生从小就扎下民族的根，珍惜扎根"儒家文化圈"而且具有全球意义的核心价值：仁义礼智信，关注同情、公正、责任、谦让以及和谐社会。

例：重视"根教育"实施工程。

培根——先进文化建设。

育根——"新公民"素养教育路径研究。

扎根——课程建设、有效教学。

养根——书香校园建设。

守根——教师专业化成长。

护根——家校互动大教育格局建设。

"根教育"是教育思想，也是教育目标。它是以世界眼光和中国灵魂为主线，培养有"本土文化之根"的世界公民。

（三）世界教育的三大命题：科学、民主、修身

随着我国改革开放不断深入、社会不断发展，经济将日益国际化，我国市场也正变成一个国际化的市场，急需大量具有国际竞争力的人才。

第一，在科学研究领域中具有国际水平的学科带头人和优秀高科技人才；

第二，通晓多种语言和具有多种文化背景的各方面的专业人才；

第三，熟悉中国企业特点和经营环境，又具有国际先进管理理念和全球视野的高层管理人才；

第四，精通世贸组织规则的复合型人才；

第五，能够驾驭经济发展全局，善于利用国内外两个市场和两种资源的党政各级领导人才。

1. 切实做到科学发展，必须坚持三个方面

发展是硬道理。科学发展观的第一要义是发展，必须坚定不移谋发展。

硬发展没道理。科学发展不是一味追求 GDP，要坚决反对各种形式的"乱发展"，正确处理经济发展与环境保护、与科学政绩观的关系，坚持统筹发展，全面、协调、可持续的发展。

以人为本。发展的目的是为了人民，发展的成果也应由人民共享。学校领导应始终坚持科学发展观和正确政绩观。在学校发展中，明确目标，合理定位，不等不靠，认真规划学校发展，坚持开拓创新的办学特色，营造纯正朴实的和谐校风；在学校管理中，坚持以人为本，突出管理的科学性、民主性、实效性，建立健全教代会制度、校务公开制度，努力创建温馨、和谐的发展环境。

2. "人类一思考，上帝就发笑。"

民主很简单，就是一种生活方式，一种社会规则，一种现实中存在且运用的普世价值观，如公平、自由、公开等一些大众化的道理而已。

民主应该被分成两层意思，一是精神层面上的民主修养，二是现实层面中的规则运用。

美国小布什曾经这样说："人类千万年的历史，最为珍贵的不是令人炫目的科技，不是大师们浩瀚的经典著作，不是政客们天花乱坠的演讲，而是实现了对统治者的驯服，实现了把他们关在笼子里的梦想。"

民主有两大敌人，一是为了私利反对民主的人，二是对民主闻所未闻想所未想的人。对前者而言，就是要坚决争取，对后者就是要加大启蒙，使之先闻再想。——这也算是民主的一个社会前提、也是开端。

3. 全民修身行动是一个系统性工程

价值取向在人的精神境界和思想意识中起着主导作用，营造共有的精神家园，形成正确的价值引领，是开展全民修身的核心和基础。

(1) 要"勤于学"，切实增强修身行动的认同感

开展修身行动，需要准确把握其丰富的科学内涵和时代要求，以认识深化增进行动自觉，使之真正成为广大人民的心灵坐标和价值追求。开展全民修身行动

要与学习和践行社会主义核心价值体系活动紧密结合，在学习中凝聚共识，在实践中坚定方向。

（2）要"潜于心"，切实将修身内化为行动自觉

全民修身行动是一个系统性工程，是一个春风化雨的文化素养培植工程，着眼于信仰的培育、素质的提升、文化的认同、文明的创建、幸福的创造。要在潜移默化中实现内修和外化的有机融合、从他律到自律的转化。全民修身行动的主体是个人，要增强成员参与行动的自觉性和积极性，将"要我行动"变为"我要行动"，把修身行动成为广大成员的自觉追求，将参与修身行动作为自我素质提升的内在自觉需求，落实到日常工作和生活中。

（3）为人人搭建职业可持续发展的"立交桥"

现代职业教育是一个教育类型，而不是教育层次；以就业为导向，不断契合产业发展升级，可以直接创造价值；体现终身教育理念，让每个人都有机会通过教育改变自身命运，为人人搭建职业可持续发展的"立交桥"。要从三方面下真功夫解决吸引力问题：一是转观念。大力弘扬劳动光荣、技能宝贵、创造伟大的时代风尚，引导政府、社会、群众以及教育部门自身转变观念。二是促改革。全面推进现代职业教育体系建设，推动职业教育与产业升级、公共服务、人的全面发展紧密对接，为国家、社会、家庭和个人创造价值。三是强内涵。提升技术技能人才培养质量，夯实职业可持续发展能力，使职业教育成为人们改变自身命运的重要选择和有力支撑。

第三节　习惯养成：生活在感恩的世界

应当正视这样一个事实：与欧美日韩等发达国家相比，我国中小学生的知识基础并不差，甚至还好于他们，但行为习惯、文明礼貌、交往能力等方面与他们有很大差距。这个问题不解决，不仅影响着国际教育的交流与合作，也影响着国家的整体形象，阻碍着世界各国对中华民族认同水平的提升。

一、商界领袖：政治是经济的集中表现

全球商界领袖要对国际上特殊市场的文化和语言具有良好的洞察力。当今时代，全球商业世界和商业教育课堂之间的差距在不断加大，因此需要在两者之间架设一座桥梁以使两者形成协作、共同发展的关系。美国经济学家表示，美国的

商界领袖需要更加务实，并着手使用有效的方法进行人员培训，从而提高美国企业在全球的竞争力。

（一）战争是政治的继续，政治是经济的集中表现

西方军事家克劳塞维茨说过"战争是政治的继续"，列宁说"政治是经济的集中表现"。

1. 战争的根源在于人们的思想

现在世界的力量存在于商业世界中。有些公司为远远超过一些国家的国民生产总值而自豪，越来越明显地看出我们的未来不再单一地掌握在政客的手中，而是掌握在善于赚钱的人的手中。

竞争力＝平时的努力＋关键时期的拼搏＋其他因素。

世界上所有的富翁都是最会用智慧赚钱的，你就是把他变成穷光蛋，他很快又会成为富翁，因为他失去了资金、厂房，但他还有智慧。富翁之所以富有，是因为他们有过人之处：他们有着磅礴的野心、积极的心态、敏锐的眼光、坚韧的毅力、果断的执行力、良好的习惯、广博的人际关系，他们懂经营、善管理，他们努力创新，有着强烈的危机意识。1868 年的美国政要内贝特就指出，在新的时代，人们已经不再试图用剑来进行统治，他们发现用金钱作为武器同样锋利而且有效。

2. 崛起的中国应该学会与西方对话

当代中国人面对全球性、人类性的生命矛盾与生命危机和中国人自身传统文化失落与社会转型的痛苦抉择，面对自身生命观的困境，需要有当代中国人自己的生命观念。当代中国人应以现有的生活世界为根基，现有的生命境遇为契机，以对老子哲学生命境界之把握为财富，实现当代中国人真实的"自然"生命观转变。

社会变革的根本原因是有自然规律可循？国外《君主论》说"人君必须有狮子般的威严和狐狸般的智慧。"国内有老子倡导的道法自然，无为而治；有韩非子倡导的帝王之术。

（二）培养宽容理解与互利共赢心态

雨果说过：世界上最宽阔的是海洋，比海洋宽阔的是天空，比天空宽阔的是人的胸怀。所以宽容是人生博大的境界。如果人们学会了宽容，世界上的一切就会变得美丽。

1. 高效能人士的七个习惯

习惯 1：积极主动，个人愿景的原则。弗兰克尔曾指出，人生共有三种重要

的价值，一是经验价值，来自遭遇；二是创造价值，出自个人独创；三是态度价值，也就是面临困境时的反应。这三种价值中境界最高的是态度价值。

习惯2：以终为始，自我领导的原则。所有的事物都有心智的即第一次创造，和实际的即第二次创造。我们做任何事都是先在心中构想，然后付诸实践。

习惯3：要事第一，自我管理的原则。

习惯4：双赢思维，人际领导的原则。

习惯5：知彼解己，同理心交流的原则。

习惯6：统合综效，创造性合作的原则。

习惯7：不断更新，平衡的自我更新原则。

人生最值得投资的就是磨炼自己，因为生活与服务人群都得靠自己，这是最珍贵的工具。工作本身并不能带来经济上的安全感，具备良好的思考、学习、创造与适应能力，才能立于不败之地。拥有财富，并不代表经济独立，拥有创造财富的能力才真正可靠。

2. 培养宽容理解与互利共赢心态

人心不是靠武力征服而是靠爱和宽容大度征服的。宽容如阳光，亲切、明亮。温暖的宽容也确实让人难忘。"二战"结束后不久，在一次酒会上，一个女政敌高举酒杯走向邱吉尔，并指了指邱吉尔的酒杯，说："我恨你，如果我是您的夫人，我一定会在您的酒杯里投毒！"显然，这是一句满怀仇恨的挑衅，但邱吉尔笑了笑，友好地说："您放心，如果我是您的先生，我一定把它一饮而尽！"这样从容不迫的回答，给对方一个极其宽容的印象。宽容是一种大智慧，一种大聪明！

共赢观简单来讲就像一句广告语中所说的"大家好，才是真的好！"这是对过度竞争观的否定，是一种真正的集体主义。林肯总统对竞争对手以宽容著称，终于引起了议员的不满，议员说："你不应该试图和那些人交朋友，而应该消灭他们。"林肯微笑着回答："让他们变成我的朋友，难道不是在消灭我的敌人吗？"林肯总统的话一语中的，多一些宽容，公开的对手或许就是我们潜在的朋友。

佛家有云："精明者，不使人无所容。"我们常说的"得饶人处且饶人"，也是这个道理。事实上，宽容并不代表无能，却恰恰是一个人卓识、心胸和力量的体现，即所谓"海纳百川，有容乃大"。

共赢的定义：

双赢的扩展，不仅要相互交往的双方互利（共赢），更重要的是不以牺牲第三方（个体、整体、环境）利益为代价，甚至第三方也可能从中获益，故被称为双赢或共赢。共赢是一种心态，共赢是一种价值取向。我赢，你也赢，是双赢；我赢，你赢，他也赢，是共赢。

共赢的心态：

别人和自己一样重要；

情商比智商重要；

学会宽容；

控制愤怒；

修炼同理心；

懂得分享；

团队精神。

与人为善，成人达己。"现今社会是知识经济时代，是以共赢为主题的时代。在一个共荣共赢的时代，没有共赢思维和合作能力的人，最终将失去生存发展的机会"。人合作共赢的基础就是你有多少能给别人的价值。

（三）发掘和提供中国的生存智慧

所有的伟大思想，包括圣经和儒家思想都经历了很多坎坷——在历史上也被曲解过很多次。然而，这些伟大的思想并不仅仅给了我们谋求财富和权利的方法，最为重要的是告诉我们什么样的生活本质是最美好的，而这些恰恰是现代化所不能赋予的。

1. 思想对于社会的能动作用

毛泽东认为，法家历来主张中央集权、郡县制，在历史上一般说来是向前进的，它是厚今薄古的。而儒家呢？它是厚古而薄今的，是开历史倒车的。

毛泽东是极其推崇法家的，他重新评价秦始皇、曹操、武则天、朱元璋等"刻薄寡恩"的法家人物，并且在给郭沫若的诗中写道："劝君莫骂秦始皇，焚书之事待商量。祖龙虽死魂犹在，孔丘名高实秕糠！"

2. 全球化时代的精神反思

创造一个和谐共处，全人类共同繁荣的世界，这是今天所有人共同的理念目标。托马斯·杰弗森在1776年的《独立宣言》里说"人生来平等"，用现在的话来说，也就是"人人平等"。当然，大家都知道虽然人生来是平等的，但是仍然被区别对待。不仅是妇女，还有黑奴、美国土著，甚至是贫穷的白种人都被剥夺了投票权。呼声越来越高的"人生来平等"在西方社会有着悠久的历史。据《圣经》所说，人类是按照上帝的模样而存在的，因此应该受到与生俱来的尊敬，每个人都是潜在的圣贤。

明朝自万历以后，国家政权逐渐落入宦官之手，他们把持朝政，专权乱政，在政治上乃至经济上实行残酷的独裁统治，整个社会法纪废弛，民不聊生，内忧外患，与日俱增。面对着朝政腐败、国危民艰的社会危机，评议时政，反对阉党、济世救民。"风声、雨声、读书声，声声入耳；家事、国事、天下事，事事关心"，名士聚众讲学，不畏邪恶，不屈强暴，以天下为己任，思考救国理民之道。以求通过读书、讲学、议政的务实之学，以传统儒家学者关系实现社会人生的忧患意识和救世精神，主张社会变革，解救社会危机，开启了中国儒学中早期启蒙思潮的先声。

中国宗教发展应正视对方长处、兼美通融，比如主张"以儒治世，以佛修心，以道养身"就是典型。

3."天下兴亡，匹夫有责"的士君子担当

孔子本身不是宗教，也不要人信仰他，他只要人相信自己的理性。两千年儒家文化一言以蔽之，就是"家"文化。用家这个词可以充分揭示儒家思想及其制度最内核的东西。我们看家国天下如何贯通起来？怎么个家？祖国之家。我们天下、天地都是阴阳创生的，我们所谓的天，一种解释就是，天是我们祖宗、祖先的名字，我们都是天子之子，天就是天子的父亲，他是我们祖先；我们都是天子之子，从天子之子到家国就是祖国，一直到个人的小家庭，这样，就发现了内在核心、讲得通的一以贯之的道理。

"天下兴亡，匹夫有责"的士君子担当，发掘和提供中国的生存智慧。个体、家、国、天下都是真实的存在，在儒家的思想脉络里都有各自的位置，各有意义和价值，而与西方基于个体的契约组合完全不同。

学习孔子思想，不是学习形式，而是学习精神。不是去死板地背诵孔子的言论，而是学习孔子的思维，即使孔子的言论一句也不记得，但是我们已经把他的优良思想内化，这就达到目的了。素质教育的内涵是什么，就是"人文精神的内化"。这个"内化"过程竟然是如此之艰难！

世界是多样化的世界，文化也是多样化的文化，儒、释、道、法等也百花齐放，这才是正路。世界上每个人只要很好地接受一种强势文化就能保证很好地生存，所有文化在本质上都是相通的，对于个人或国家而言，功能和效果都是一样的。

二、天公疼憨人：生活在感恩的世界

北欧的进步，其实是在"思想"上的先进、在其努力落实的真平等、在其善待人民，不论是贫、是富、是贵、是贱。这项"人人生而平等"的价值观，才是其人文社会的深层意涵。"天公疼憨人"。"老天爷，还真是会疼憨人！"但真正的"憨人"，必须一步一个脚印、不求快、不求第一、不求立竿见影地走稳每一阶段。

（一）替天行道：姜子牙佑周灭商脱困苦

"姜子牙钓文王"指的是姬发的父亲姬昌，也就是说姜子牙先受聘于周文王，又辅佐于周武王。民间传说周文王为姜子牙拉纤走了八百步，姜子牙回报承诺保周朝八百年基业，从数字上看是基本吻合的。姜子牙在兴周灭商进程中，主要是做周军队的军师，治军，开疆，筹划多于统兵，后来又兼统兵主帅，后人尊其为"谋圣""兵家鼻祖"。待周朝建立，姜子牙被拜为丞相治理国家。

1. "百家宗师"：姜子牙

姜子牙封神为何？姜子牙在建西周伊始，功勋威望都具资格，封神仪程按说应该是国家行为，周制厉害之处也在于确定了世俗社会的分封制与官史秩序，还自此确立了鬼神的统治秩序，等于在意识形态领域里完成了大一统的格局，对于老百姓来说，是一件权威的"公器"。尽管这是后世民间传说与文人墨客共同创造的结果，仍说明姜子牙在民间崇尚的威望和偶像而自然成为托古言事的信仰选择。

周武王灭商克殷，偏远的西岐国成为一统天下的新主人，为了让殷商旧族放弃对往日荣耀的留恋而不再生叛念，周的意识形态极力宣传强化他们的权威。《逸周书·商誓解》记载了如下三要点：一是周国虽小，之所以克商是出自天命，纣王违反汤的传统政策才导致了今天的革命；二是殷商贵族与纣不同，后者乃独夫民贼，前者只要听命于周则可安居乐业；三是不要不敬天命和周命，否则会遭刑罚。这完全是一派强者的话语霸权，即便是恩施也要夹带威胁！

2. 姜子牙的宗教文化角色

百姓造神，而被神统治，皇权封阐，希望宗教来教化人心。姜子牙就成为儒家、道教、佛教等都有所关联的形象，是谓"百家宗师"。春秋时期是中国历史上第一个社会大变革、政治大动荡、思想大解放的时代，也是中国历史上发展的第一次高峰。作为商末周初的军事家，姜子牙战功卓越，存有《六韬》兵书传世；作为政治家帮助两代周王富国强兵，推翻了商纣王朝，其权谋思想独树一帜，参与颁行了周王朝治世法典；作为思想家，提出并推行了周代礼制和意识形态的构建；所以分别被兵家、法家、儒家所认同。

具有普世影响和公信力的中国人自己创立的宗教就是儒家和道教。儒家主张积极"入世"，儒家的纲常和忠君爱国思想维护了中国两千年来的封建皇权和大一统局面，在文化传统和思维惯性上形成"专制集权"和中庸世故的家国模式。道教貌似清高地以"元气—阴阳—五行"解释自然与玄学思想体系创造了一个独特的精神世界，其玄学思想的顽固性与儒家思想的保守性一起构成了中国农耕文明社会的文化景观，阻碍了中国科学发展的历史进程，却也维护了中国传统文化的承续。

孔子创儒家学说使天下读书人都以"修身·齐家·治国·平天下"自许，但往往在道路通畅时"学而优则仕"，道路不通畅时以追求佛道学说排遣压抑。儒、道由农耕文明的文化早熟而生，并观照着中国人心性与思维的定势，结果儒家博大厚重在历史变革中往往成为思想的包袱，相对于儒家更显得滞重深奥的道教也同样是在麻醉人的精神，使社会发展在外来文化冲击下不断重构却不能发生质变。

3. 姜子牙受孔儒推崇而神圣

唐朝以来，姜子牙追封为"武成王"，与受封为"文宣王"的孔子并驾齐驱，成为我国古代一文一武两尊偶像。那么，姜子牙何以会如此显赫？想来大概有以下原因：先周时期，商纣王暴虐无道，周武王的军队代表着正义力量，扶周灭商的姜子牙就是正义的化身，更因姜子牙出身偏远吕姓小国，为生活计曾经编筐、卖饭，有穷人背景，姜子牙的谋略、功业、思想便具有了道德力量与人格魅力，后人自然容易把他看成"英雄"偶像。中国封建时代，将睿智超群、学识与技能达到极高境界的人，冠以"圣人"雅称。"姜太公"何以后来成为了"武成王"，其实乃唐玄宗李隆基追封之故。世有借先祖旨意向天下暗示正宗之意。

早期儒家文化主要包括三部分：周礼思想，教育精神，做人之道。孔子主张"正名"，试图用国礼的形式去匡正当时已经产生变化的社会现实，要求人们"克己复礼"。当时的老百姓没有时间去听孔子的教化，当时的统治者也没有人真拿孔子当回事儿，孔子没办法就只有广收门徒，通过办教育进行"曲线救国"，以图向后世立言。

武功与道行是练出来的，苦难是成就一个人的财富与资本。姜子牙钓鱼案例具有特定的涵义。比如一个官员和一个商人之间，谁都可以是姜子牙，也都可以是周文王，彼此之间与"局"本身可以没有关系，只要有钓鱼的名义，其中的利益就会使有需求的一方趋向另一方，哪怕鱼钩是直的是钓不上来鱼的。这个原理几乎可以推展到各行人之间的合作关系。

（二）真正的哲学在于重新"看"世界

在海格特墓地宽厚的墓碑上刻着马克思的话："哲学家们只是用不同的方式解释世界，而问题是改变世界"。马克思在世的时候，世界的确发生了变化——其中一些变化是他始料未及的。但是资本主义并没有被推翻。在他生活的年代，任何地方的革命都没有获得成功。但是在一代人之内，就在他去世之后的 34 年，作为他的生活和工作的直接结果，整个世界发生了深刻的变化。坟墓中的马克思引起了 1917 年 11 月（俄历 10 月）的俄国革命——世界历史上一个真正的重大事件，世界从此与以往不同了。

1. 鞠躬尽瘁的诸葛亮

诸葛亮是一位出色的政治家。诸葛亮理政刘蜀政权的政治、军事能力而言，其不愧为一个封建时代为民所仰的好领导、好干部，一个为国所需的重臣。

诸葛亮为官"淡泊宁静，清正廉洁"。能否清正廉洁历来是考量一位官员的政治要素。对于掌握社会权力与公共资源的官员来说，清正廉洁是一种政治信用。清正廉洁作为政治家的为政之道，其目的在于要求官员能够自觉地维护手中权力的合法合理合情行使，能够排除各种诱惑而维护公众利益的均衡与公正公平，拒不当利益于外，维护自身的清正。

淡泊宁静与清正廉洁是相互联系的。其中淡泊宁静，成就其清正廉洁，而清正廉洁则是其淡泊宁静的政治上的成熟表现——于是而成就南阳卧龙的千古美名。对于把握公共权力资源的官员阶层来说，淡泊宁静，能够使官员排除干扰，节约精力，从而提高行政效率。因此，淡泊宁静不仅是治学者的一种思想境界，也是从政者的一种高贵品质。而清正廉洁更是从政者的政治信用的标签，也是为官者个人感召力、号召力与领导力的基础。

一个地方的经济能否全面振兴，政治局面能否蒸蒸日上，社会能否安定和谐，干部队伍尤其是重要干部的威望和影响无疑是相当重要的。既要有诸葛亮之才、之谋，更需要诸葛亮之呕心沥血、尽责尽力的精神境界。

2. 国际理解教育与中国"和"的哲学

（1）哲学是对"思想的思想"

教育哲学的反思与批判功能就是对教育问题所蕴含的前提予以反思，也就是对教育问题的"前提"进行否定性的思考，或者是把"前提"作为"问题"予以追究和审讯。发挥教育哲学的批判功能不是对教育现实的彻底否定，而是在观念、精神活动层面形成一种制约或导向，在这个意义上批判也就是一种建议和建设，引导教育实践健康发展。

作为美国 20 世纪教育的关键性人物，杜威的出现不仅拯救了迂腐的美国教育，而且他的实用主义哲学也成为美国的一种民族主义精神。杜威的教育思想，归结起来大致有三：一是"教育即生长"，教育人的过程就是培育人的过程，因此他反对教育上的教条与刻板，鼓励启迪式教育。二是"教育者如同旅游向导"，教育历程本身已具发展个体禀赋的圆满意义，教育的目标只是作为导向和指引。三是"教育要为国家打造栋梁之才"。杜威认为，教育不仅能传递知识，而且更能培养出一个对国家、社会负责的人，一个能够担当重任的有用之才。杜威不仅是一个严谨的学者，更是一位开明的思想家，他的学问中包含着对他国文化的宽容和理解。

（2）人类社会的文化是人迈入世界的方式

就文化发展而言，"和"是精神，差异是力量，充满和谐精神的"不同"是"和"的创造，是原事物的超越，亦是实现"和"的追求的内容。

文化上的"和而不同"就是要将对"一"的追求和对"多"的创造结合在一起。一个民族文化的发展有赖于对世界文化发展趋势的把握，这是对"一"的追求；同时，一个民族文化的发展也有赖于有扬弃地吸收其他民族的优秀文化，主动完善自己民族的特质，不断创新，创造出新的既不同于其他民族文化、又在自己文化特质的基础上使自己民族文化有新的发展，这是"多"的创造。

科学思维运行在经验环境和形而上学环境之间的成分示意图：

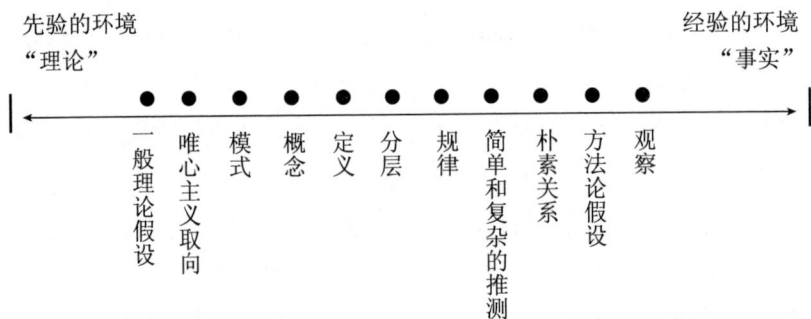

先验的环境 "理论"　　　　　　　　　　　　　　　　　　　经验的环境 "事实"

一般理论假设　唯心主义取向　模式　概念　定义　分层　规律　简单和复杂的推测　朴素关系　方法论假设　观察

一个民族文化的发展要立足于自我，失去自我就没有发展，没有"和"，只有同一；同时，各种不同文化的发展需要相互交往和沟通，需要互相学习和交流。否则，一个民族固步自封或自我中心，其文化无法进步和更新。这里就有一个坚守自我、开放交流、积极吸纳的"和"，"和而不同"是知行合一，更是一种行动。

（三）生活在感恩的世界

"平常心是道"。善用其心就是用大智慧觉悟人生，善待一切就是用大慈悲奉献人生。做事的八字方针：感恩、包容、分享、结缘。以感恩的心面对世界，以包容的心和谐你我他，以分享的心回报社会，以结缘的心成就事业。

1. 习惯的差距就是成绩的差距

习惯真是一种顽强而巨大的力量，它可以主宰人的一生。因此，人从幼年起就应该通过教育培养一种良好的习惯。——培根

（1）亲其师，信其道

一个学生同时面对的各学科教师，长短不齐，在所难免。所以学生要学习好，除了老师努力提高能力水平、适应学生外，学生更要尊重老师、适应老师，并学会欣赏自己的老师。

学习层次越高，自学的意义越重要。目前我国的高考为选拔有学习潜能的学生，对考生的自学能力有较高的要求。

生活在感恩的世界里：

感激伤害你的人，因为他磨炼了你的心志。

感激欺骗你的人，因为他增进了你的见识。

感激鞭打你的人，因为他消除了你的业障。

感激遗弃你的人，因为他教导了你应自立。

感激绊倒你的人，因为他强化了你的能力。

感激斥责你的人，因为他助长了你的定慧。

感激所有使你坚定成就的人！

尊重错误、拥抱失败、享受困苦、正视委屈，都该成为孩子成长中的必修课。只有遍尝人生百味的孩子，才能适应能力强、经得起风雨，在多彩人生中懂得珍惜何谓幸福与甜蜜。

（2）观察被称为学习的"门户"和打开智慧的"天窗"

每位学生都应当学会观察，逐步养成观察意识，学会恰当的观察方法，养成良好的观察习惯，培养敏锐的观察能力。观察事物，提出问题，思考问题，回答问题，一般要求达到：有根据、有条理、符合逻辑。

例：铅笔——带着决心进入世界。

——你将来能做很多大事，但是有一个前提，就是你不能盲目自由，你要允许被一只手握住；

——你可能经常会感受到刀削般的疼痛，但是这些痛苦是必须的，它会使你成为一只真的铅笔；

——不要过于固执，要承认你犯的错误，并且勇于改正它；

——不管穿上什么样的外衣，你要清楚一点，你最重要的部分在里面；

——在你走过的任何地方，都必须留下不可磨灭的痕迹，不管是什么状态，

你必须写下去。

兴趣是人生持续发展的内在动力，所以要尽可能给孩子创造条件，扩大舞台，走出校门，接触更多的事物，寻找到兴趣点。舞台有多大，梦就有多大，事业就有多大，把孩子带到一个宽广的舞台里，让他有未来的梦。

（3）学校有围墙，教育无边界，对孩子的教育无处不在

知道事物应该是什么样，说明你是聪明的人；知道事物实际是什么样，说明你是有经验的人；知道怎样使事物变得更好，说明你是有才能的人。

育人是学校的根本任务。教师重在学习方法上的引领，要让学生在探究过程中掌握每个专题的核心概念，逐步形成独立的、开放的、科学的价值取向。每学习一个专题，要把分散在各章中的知识点连成线、辅以面、结成网，使学到的知识系统化、规律化、结构化，这样运用起来才能联想畅通、思维活跃。

问题意识是思维的动力，是创新精神的基石。培养创新精神，应始于问题意识。然而问题意识不是天生的，它也需要培养和激发。想一题多变，促使思维发散。做完习题后，要从五个层次反思：

第一，怎样做出来的？想解题采用的方法；

第二，为什么这样做？想解题依据的原理；

第三，为什么想到这种方法？想解题的思路；

第四，有无其他方法？哪种方法更好？想多种途径，培养求异思维；

第五，能否变通一下而变成另一问题？

2. 母鸡哲学的启示

通过活动，使理解、尊重、合作等理念自然地浸润到了他们内心的深处。鸡与蛋原是没有的，作为一种后来的表现，再去讨论先后已经没有意义。哲学的启示在于伟大的起源。

（1）母鸡的处世哲学

一部分人成功后，自己不宣扬，而是通过别人来宣扬自己，这也算是母鸡处世哲学的曲解。当然，还有一部分人，有了成就后选择的是让自己的情绪冷却，理性地看待自己的成就。这种与母鸡处世哲学相悖离的理论往往出自于有大家风范的人的思想。多少名家直到苍苍暮年的时候，才肯现身在世人面前，那种风度、那种气质、那种博学、那种平和的人生理念是常人无法比拟和效仿的。

感悟："只有忠于事实，才能忠于真理。"——周恩来

存在就是因为价值创造，淘汰就是因为价值丧失。过去的价值不代表未来的地位，只有努力地证明自己存在的价值，提升价值的含金量，才能在人才济济的

浪潮中站稳脚跟。

（2）大师们的思维方式：疑问是思维的导火索

唐代诗人王勃，是在睡觉中构思诗文的，他称此为"打腹稿"。

诗仙李白，思维离不开美酒，总是一边饮酒，一边构思美妙的诗句。

诗人杨大年，善于一边下棋，一边构思，他认为棋声之中妙诗生。

文学家苏东坡，常在竹子下思考，他所居之处必有竹，他将竹视为灵感的伙伴。

清代小说家蒲松龄，喜欢在与人闲聊之中构思，听路人谈天说地，因而酝酿出《聊斋志异》。

"民族魂"鲁迅先生，一有空便坐在桌前闭目养神，一边深深地吸烟，一边静静地思考。

每个人都有自己擅长的思维方式。唯物辩证法告诉我们：世界上的事物虽然都有矛盾，但每个事物的具体矛盾具有各自的特点，即特殊性。正因为事物这种矛盾的特殊性，才导致世界上的事物千差万别。可以这么说，世界上没有两片完全相同的叶子，也没有两个完全相同的人，更没有两个人的思考方式是完全一样的，文学大师们独特的思考方式从一个侧面说明事物矛盾的特殊性。

三、实现培养"中国人·世界心"的目标

中国人，有黄土高坡孕育出的黄色皮肤，有黑土地滋养出的黑色头发，有黑宝石般炯炯有神的黑色眼睛。中国人，有着一颗炙热的中国心。无论是在抵抗外来入侵还是当我们有了灾难的时候，中国人就会把团结一心的情结发挥得淋漓尽致。

（一）伟大人物的出现，伟大哲学智慧的产生，皆与动乱的环境有密切关系。

在动荡时代，人们常会对"天经地义"的道理、对社会的固有结构和既定价值产生疑惑，激起怀疑和创造精神。社会问题往往与教育问题息息相关，"国家衰亡在于人才匮乏，人才匮乏在于教育不振"。人们总是试图从教育入手解决社会问题，把教育作为解决社会问题的重要手段，在此过程中必然会涌现出一大批教育思想家、教育改革家等。

1. 全球公民的核心要素和基本特征

全球公民社会的出现，要求公民须超越国家身份，形成一种新的身份——全球公民。"全球公民社会是指存在于家庭、国家和市场之间，在国家的社会、政治和经济限制之外运作的观念、价值、制度、组织、网络和个人领域。"

全球公民的核心要素和基本特征：

第一，意识到更广阔的世界和自己作为全球公民的角色；

第二，尊重和价值多元；

第三，了解世界的经济、政治、社会、文化、技术和环境的运作机制；

第四，对社会不公平感到愤怒，具有社会公平正义感；

第五，在从地方到全球的范围内，积极参与和贡献于社区；

第六，为世界可持续发展做出努力；

第七，对自己的行为负责任。

2. 加拿大和法国的公民教育特色

（1）加拿大的公民教育中蕴含了"多维公民"的概念，认为公民主要有四个维度：

个人维。强调个人应具备的公民伦理，并做出相应的行为，能够对自己的意见、感情和行动负责；

社会维。公民是社会存在物，必须同其他人在各种情景中相互作用，参加公共辩论，参与公共生活，促进以有效民主为基础的文明社会的形成；

时间维。公民在面对当前关注的问题时，不要忽略现在与过去和将来的联系；要具有丰富的历史知识，要形成思考现在的行为对将来会产生影响的意识；

空间维。公民是当地的、整个地区的、国家的和全球的成员。

（2）法国的公民教育以传统深厚而著称

法国学校公民教育的架构可以概括为三大要点：民主国家的基本价值观和法律知识，各种国家的政治制度以及法国在国际事务中的地位和作用。基于法国教育中重视学术的传统，学校更倾向于以分科的形式开展公民教育，并将幼儿园至高中三年级划分为 10 个阶段，分设不同的教学内容和目标，循序渐进，鼓励教师采用差异教学法。新世纪以来，新的公民资格教育大纲则更强调以辩论法教学的方式开展公民教育。

3. 中国基础教育改革的十大趋势

趋势 1：科学化。强化教育与教学改革的科学背景，强化教育科学研究的地位与作用，提倡向科学要质量、向方法要效率。

趋势 2：人文化。教育学生关心人类、关心社会、关心未来，培养学生的人文关怀精神。

趋势 3：综合化。在学校体制、教育内容与方法方面更好地体现综合性，达到教育的最优化效果。

趋势 4：心理化。教育注重培养以健全人格为核心的心理素质，使教育活动深入到学生的心理世界。

趋势 5：信息化。培养学生的信息意识和信息处理能力，更好地利用网络教育资源。

趋势 6：国际化。加强外语教育与国际理解教育，发展教育在国际经济与文化交流中的作用。

趋势 7：个性化。学校有特色、学生有特长、教师有风格，发现学生的独特性，尊重学生的独创性。

趋势 8：民主化。教育处理好公平与效率的关系，培养师生的民主意识与民主精神，让公民参与教育决策，让教师参与学校管理。

趋势 9：法制化。通过教育法规有效地推动和保障整个国家教育事业的发展，使教育行为更为规范与完善。

趋势 10：终身化。将教育贯穿于人生从摇篮到坟墓的全过程，进一步加大教育的灵活性、开放性。

（二）寻求平衡点：脱离本国实际的"全球公民"教育以及忽视全球共同问题的"国民"培养都是片面的。

20 世纪两次世界大战，都是狭隘的国家主义的产物。在国家主义的教育理念中，现代国家公民的首要素养就是民族意识和爱国主义；其次还应培养公民的权利义务意识；最后培养公民的民主法制意识。

1. 国家主义的引入与培养国家公民

全球教育就是国际教育界为应对全球化时代的挑战而开创的一种教育理念和实践。

第一，全球教育作为一种理念和实践在美国、英国和日本等国有四十多年的历程。美国全球教育从课程理念和课程目标上来看，有全球本位、国家本位和个体本位三种价值取向，体现出理论家、政府政策和教师之间在教育目标上的冲突与整合。美国全球教育反映出美国人对美国的世界主导地位的认同。

第二，全球教育是对传统的国家主义和世界主义的教育观念的超越。在国家主义的视野下，教育的主要任务就是实现个体的政治化和社会化，培养爱国主义和民族观念、现代权利义务和民主法治观念。世界主义理想下的世界公民超越本土、家乡和国家认同，以地球公民或世界公民自居。而全球教育则是对这两种传统的超越，主张培养具有全球化素养的国家公民。

第三，我国公民教育开始拓展视野，公民全球意识和全球化素养的培养开始浮出水面。全球教育理念在我国教育政策和基础教育新课程标准中得到了较好的体现和贯彻。在高校思想政治理论课中，目标泛政治化、内容狭窄、方法单一、偏重理论灌输、局限于国家视野等弊端制约着全球意识和全球化素养的培养。

第四，从全球教育的目标上来看，需要整合公民个体的多重身份认同，使个体在社区、国家和全球多层面上具备相应的认知、技能和价值观，以成功地扮演"多元身份的公民"角色。

2. 争取世界各国对中国梦的理解和支持

纽约联合国总部中国厅里悬挂着两幅中国绘画作品——《互动的世界》和《共同的家园》。联合国秘书长潘基文评价，这两幅画折射出中国在世界和平发展中的重要作用。"中国人民怕的就是动荡，求的就是稳定，盼的就是天下太平。"

坚持正确义利观。把握人类利益和价值的通约性，在国与国关系中寻找最大公约数。这是智者的思虑，也是时代的命题。做到义利兼顾，讲信义、重情义、扬正义、树道义。坚持不干涉别国内政，尊重各国人民自主选择的发展道路和社会制度，坚持通过对话协商以和平方式解决国家间的分歧和争端，反对动辄诉诸武力或以武力相威胁。要坚决维护国家统一，妥善处理好领土岛屿争端。

要争取世界各国对中国梦的理解和支持。中国梦是和平、发展、合作、共赢之梦，追求的是中国人民的福祉，也是各国人民共同的福祉。打造周边命运共同体，秉持亲诚惠容的周边外交理念，坚持与邻为善、以邻为伴，坚持睦邻、安邻、富邻，深化同周边国家互利合作和互联互通。要切实运筹好大国关系，构建健康稳定的大国关系框架，扩大同发展中大国的合作。

3. 开展国际理解教育注意处理好以下关系

民族文化与世界文化的关系。国际理解教育的培养目标是使学生既有国际视野又有本土情怀，而民族文化是基础。

国际理解教育与国家教学大纲的关系。国际理解教育是学校日常教学的补充而不是替代。

国际理解教育与外语教学的关系。外语教学有助于提高学生跨文化对话交流的能力，但是国际理解教育并不仅仅是外语教学。

国际教育发展趋势：

趋势1：加大教育投入，倡导多元融资合理分配。

教育投入是世界各国教育发展的前提保障。为明确2015年后国际教育发展的方向，实现"全民教育"的国际承诺，联合国教科文组织提出到2030年所有国家都必须确保教育经费占国内生产总值（GDP）的4%～6%，或至少占公共经费的 15％～20％。

趋势 2：重视教育质量，提倡 21 世纪核心技能。

联合国教科文组织《2012 全民教育全球监测报告》提出所有年轻人都需要具备三类主要技能：基本技能、可转移技能、技术与职业能力。教育可以从这三方面入手，培养和提高青年的各项技能，从而拉近教育和工作的距离。"技能已成为 21 世纪经济的全球货币"，人们可以使用他们的资格和能力作为"通用货币"，在不同的国家和工作之间自由流动。

趋势 3：强化科学监测，鼓励全方位系统评估。

没有评价就没有改革，教育评价对世界各国的教育改革都至关重要。2012年，世界银行《2020 年教育战略：全民学习》，实现"全民教育"向"全民学习"的转变。

趋势 4：关注师资短缺，建立未来教师专业标准。

教师必须精通自己所教的科目，善于采用不同的方法使学生获得最好的学习成果；需要深入了解学习的发生机制；需要高度协作的工作方式，形成专业团体和网络来进行合作；需要获得强大的技术技能，优化数字资源在教学中的利用，并使用信息管理系统来跟踪学生的学习等。

趋势 5：直面教育公平，倡导包容性教育。

包容性教育，又称为"全纳教育"，源于受教育是基本人权这一重要思想。"全纳教育"从特殊教育领域延伸至来自不同社会、不同家庭、不同文化、不同需求的儿童如何在一个具有强大"包容性"的教育体系中成长。因此，包容性教育既是教育公平问题，也是教育质量问题。

总之，国际理解是现代人的综合素质的有机组成部分，是迈向素质教育的重要步骤。

（三）国际化意识、国际化宣传对一个城市的国际化推进的影响

城市发展的经验表明：一个发展中的城市可以通过国际化战略迅速赶超发达城市，走到国际舞台的前沿，"国际化"已成为城市现代化发展的一个新阶段、新动力和新趋势。

1. 中国的教育必须把适应国际化的需要作为改革的一个基本坐标

世界是多元的，是由不同民族、文化、宗教、历史、种族和社会制度构成的，只有相互理解和尊重才符合和适应时代的要求。摒弃民族中心主义和文化霸权既是一个民族必要的文化心态，也是每个人基本的文化素养。这在很大程度上成为各国教育改革的目标选择。

中国的教育必须把适应国际化的需要作为改革的一个基本坐标。改变观念，积极地把中国的教育融入世界体系，实现与世界其他国家在教育制度、标准等方面的沟通和协调。只有融入，才能发挥对这个体系的改造作用，才能从这个体系中获得自身需要的利益。这需要有制度创新的勇气和智慧。吸收世界一切优秀的教育经验，包括观念、制度、内容和措施，是实现中国教育现代化、培养具有世界一流水平的人才所必需的，也是落实科教兴国战略，实现中华民族伟大复兴所需要的。

培养具有中国根意识的国际人。民族文化、地区特色、多样性对形成富有活力的人类社会至关重要。在这个过程中，需要充分估计到新文化殖民主义可能产生的负面影响，加强中华民族文化传统及其价值体系的现代建构。探索和形成具有中国特色的教育，这既是保持民族文化传统和教育传统的需要，也是对国际化时代世界教育生态多样性的贡献。

2. 加强教育合作培养国际化人才

独特的富于魅力的文化品格、城市形象和市民人文素质是全球关注的中心，当代世界城市之间的博弈根本上是文化原创力的较量、是创意或创造力的较量，创意构成了一个城市的核心竞争力。文化的繁荣将成为中国城市建设的重要指标，当然也是国际化城市的充分必要条件。

（1）开放性是国际化城市的重要特征

在政府之外，社会组织越来越广泛地发挥出民间交流与合作的独特功能，成为体现城市开放性与包容度的载体。

"凡是有利于人类进步的文明成果，都应该吸收借鉴，为我所用，向世界一流城市看齐，勇于突破固有思维，以更加宽广的视野、开放的思维为引领新一轮的改革开放提供保障。"

一个具有世界品牌的城市将带来巨大的向心力、吸引力，信息流、资金流、物资流、人才流，带来时尚消费、创意潮流，引领地区乃至世界的经济文化趋势。

（2）拉高学习标杆

我国人口总体人文素养不高，缺乏国际化人才。知识群体又偏重于技术技能，领导干部多"工程师"，少思想家、"规划师"。应全面提高市民的人文素养，构建人文城市，培育现代市民社会。

强化教育机制。将显性教育与隐性教育相结合，通过营造城市人文环境，学习人文知识，在全社会倡导人文关怀，形成人文教育和体验环境。

强化示范机制。通过多样化的宣传手段使先进典型的高尚情操和人文情怀成为社会的共同财富。

在社会管理中体现人文精神。经济社会的管理方式是人文精神外化的重要形式，不同的管理方式体现了管理者不同的价值取向。要形成科学发展的大智慧、关心国家和城市的大感情、超越个人"小我"的大关怀等城市品性。

（3）大力加强教育国际化建设

提升基础教育国际化水平。积极引进国际优质教育资源，开展国际合作办学，加快国际学校建设，支持与海外学校建立友好学校。注重引进和培养具有双语教学能力的教师，引进先进的高中教育国际课程，拓展学生国际视野，拓宽留学和升学渠道，培养具有扎实的知识能力基础、人文底蕴和责任感的公民。

推进高等教育、职业教育和成人教育国际化。积极引进境内外知名大学，鼓励外国机构、中外企业设立来华留学奖学金，吸引国外人员到华高等院校留学，鼓励优秀留学生毕业后留华工作。建设一批国际一流的具有中国特色的高水平研究型大学。

结语　社会和谐：在求同存异中生存与发展

和谐与和平都基于一个"和"字。和谐是和平之上的一种更高、更美的境地，包括人与自然的和谐、人与人的和谐，以及个体人自身的和谐。

"各美其美，美人之美，美美与共，天下大同"。如果人们真的做到"美美与共"，也就是在欣赏本民族文明的同时，也能欣赏、尊重其他民族的文明，那么，地球上不同文化、不同民族、不同国家之间就达到了一种和谐，就会出现持久而稳定的"和而不同"。

一、相互依存：世界靠冷静和智慧来维持

人生在世，物质是基础，精神是支柱。作为一个中国人，谁不感到自己的脊梁因毛泽东而挺直了？试问在一百多年的历史中，有谁能让一个积贫积弱的国家在国际上得到如此的尊重？

（一）毛泽东：中国人的"脊梁"

毛泽东的一生，是挺起脊梁进行战斗的一生，是永不向强权和邪恶势力低头的一生。在他的领导下，1949 年中国人民终于"从此站起来了"！中国人民从此挺起了脊梁，尊严地立于大国之林，告别了屈辱挨打的时代。毛泽东留给中国人民的遗产：骨气、志气、勇气、才气、士气、正气、王气。

1. 历史上的帝国多在捍卫国家战略底线中崛起，在无节制地突破其战略极限中败亡。

毛泽东说："以斗争求团结团结存，以退让求团结则团结亡"。毛泽东同志告诫中国人民不要做超级大国，不要称霸世界，所以才有新中国可持续的高速发展；明治天皇告诉日本国民要征服整个亚洲，要称霸世界，结果却使日本不仅成了世界唯一经历核打击的国家，其近代"成就"也随之灰飞烟灭。

2. 相互依存被视为"现代国际体系的根本特征"

"相互依存论"的基本内容：

·强调国家之间的相互易摧性和敏感性。虽然美国和苏联是世界军事上最强的国家，但是它们却也是最脆弱的，在核时代条件下互为"人质"；

·国家所面临的许多问题趋于全球化，即类似能源、人口、环境、粮食、裁军、发展等问题已成为"全球性问题"，单靠个别国家的努力已无法解决；

·"高级政治"（指国家利益、国家安全、军事战略等）逐步向"低级政治"（指经济发展、人口与粮食问题、社会福利等）过渡；

·各国再也不能闭关锁国，越来越多的国家实行对外开放政策，缓和与开放占据国际关系的主导地位；

·随着缓和形势的发展，国际合作的趋势逐步超过国际冲突的趋势；

·武力在解决国际争端上的作用日益减弱；

·谈判逐步取代冷战，均势逐步取代遏制；

·研究对象从第一世界和第二世界国家转向第一世界和第三世界国家以及跨国组织；

·主张在国际体系中以平等关系取代等级制；

·相互依存的趋势将对国家主权和民族利益起溶解作用，推动全人类利益的形成，最终将成为通向未来没有国界的世界。

（二）世界靠冲动和热情来改变，靠冷静和智慧来维持

中国守住基业用"和"文化处理好与周边国家的关系，靠提高"软实力"富民强国。

1. 增强政治认同

政治认同作为反映民心向背的"晴雨表"，具有主动性、发展性、包容性和总体性四个基本特征，所涉及的根本问题是制度的正当性、执政的合法性、民族的统一性和国家的延续性。政治认同是指人们在社会政治实践活动过程中，对社会政治制度、政治体制、政治价值观念以及政治权力运作方式产生的一种肯定、接纳、赞同的情感体验，它反映着人们的价值选择和价值判断，体现着人们在社会政治生活中的利益诉求。

增强道路认同。道路正确与否关系党的命脉，关系国家前途、民族命运和人民福祉。历史证明，资本主义道路在中国行不通，苏联模式的社会主义也无法有效推进中国社会的发展。

增强制度认同。任何一种制度的确立、延续和有效实施，离不开广大民众对其肯定、接纳和信任。只有民众在内心深处建立起对自己所属国家、民族或组织制度的强烈归属感和信任感，制度本身所具有的维持社会政治稳定和支撑社会发展的功能才能有效发挥。

增强理论认同。一种理论能否真正有效发挥其先导作用，很大程度上取决于

广大社会成员的理论认同，即民众对该思想或理论体系持有的肯定、赞许、接纳的态度，以及不放弃、不偏离、始终不渝遵循的坚定信念。它是国家或民族统一思想、凝聚共识、实现社会发展的思想基础，事关国家命运和民族前途。

增强价值观认同。价值认同是政治认同的核心。它可以为政治制度或政治体系的合法性提供理论和道义上的诠释，也能够为公民政治认同的实现提供精神支撑和情感归属。因此，国家或民族是否建立起为广大民众普遍接受和认同的核心价值观，直接影响其社会凝聚力和向心力，影响民众对其所属国家或民族社会制度的认可与信任。

2. 一个成功强大的民族必定具备自身的梦想，有了梦想才有追求，有了追求才有力量。

秉承陶行知先生"教育为公"的理想观，通过发展公民教育塑造政治认同。国家的正式教育体系具有传播公民观念，培育公民的国家认同感与归属感的功能。通过统一的教育，可以塑造有共同文化、共同价值观、共同语言的公民。"所谓公民教育，顾名思义，就是关于公民生活方式、社会规范、文化习惯和价值观养成的教育。在某种意义上，公民教育首先是国家认同的教育。"

（三）持续发展：点燃复兴中华的火焰

国际理解教育把全球问题作为主要问题，以跨国、多元文化和国际协作为特征，通过提升公民的知识素养、立场、能力，目的是为了共同生活在地球村的教育理念，推动国际理解教育的发展也是建设和谐社会的基础。

1. 一个民族，只要文化延续、精神不垮，便是守住了自强之根基

"如果人类要在 21 世纪生存下去，必须上溯 2500 多年前去吸收中国以儒家思想为代表的不朽文化。""文化是一个民族最真实的性格，是一个民族骨子里流淌的血液。"

被誉为"宇宙之王"的著名物理学家霍金认为，因为人类的贪婪、自私的本性，地球已经不能再容纳人类，他要求人类开辟新的星际空间，移民其他星球。他说我们也许只有二百年时间了。这句话听起来像一句玩笑话，但我们也感到这不是危言耸听。为此，我们应重视可持续发展的教育。

第一，可持续发展就要面向共同未来、增进国际理解、形成广泛共识。

第二，可持续发展教育是国际教育的突出主题，是中国教育的重要使命。

第三，中国的可持续发展主要体现在参与教育决策、融入教育过程、促进学校发展、开展国际交流等方面。

第四，国际理解教育就要学会尊重人类、学会文化沟通、学会和平共处、推

动共同发展。

可持续发展教育是以培养可持续发展价值观为核心的教育，是着眼于人的可持续发展、社会可持续发展的大教育观和整体性育人模式。坚持可持续发展教育应从促进人和社会的可持续发展两个层面进一步确立当代教育的时代功能；超越一般优质教育的质量标准，将可持续发展确定为学校发展的最高标尺；把培养可持续学习能力作为教学模式改革实验的重要目标；以可持续发展价值观为指导培养青少年形成新的生活方式和社会责任感。教育应为促进人的可持续发展服务，为促进社会、经济、环境与文化的可持续发展服务。

2. 文化赖教育而传承延续，教育因文化而持重丰富

以天下为己任——理想，使命，价值。"复兴民族文化，吾辈当以天下为己任。"以天下为己任，是中国传统文化重要的价值观念和人生追求。

敢为天下先——激情，理智，创新。"教育振兴民族文化，吾等敢为天下之先。"古人云："有志者志在天下，有智者智得天下，有志斯有智，敢为天下先。"有人说："在竞争日趋激烈的教育中，唯一持久的优势，就是你有能力比你的竞争对手学习得更快。"

奥林匹克精神——"和平、友谊、进步"。奥林匹克运动之所以具有如此强大的生命力，如此隆重盛大的规模且经久不衰，根本原因就在于其中所体现的奥林匹克精神以及浓浓的文化因素——"和平、友谊、进步"，作为奥林匹克宗旨的高度概括，它不仅是奥林匹克运动会最基本的出发点，而且也是奥林匹克精神的重要内涵。奥林匹克精神早已成为人类文化发展的结晶和宝贵的精神财富，全世界团结、友谊、和平、进步的象征。奥林匹克运动已经不仅仅是体育比赛，更成为一个动态发展的开放的世界性文化体系。

二、和谐世界：民主、和睦、公正、包容

和谐社会是人类孜孜以求的一种美好社会，"民主法治、公平正义、诚信友爱、充满活力、安定有序、人与自然和谐相处"是和谐社会的主要内容。

（一）物以类聚，人以群分

马克思在《政治经济学批判》中，连续用好几个"全面""自由"，即"和谐"来描绘高级社会形态。

1. 中国构建和谐社会的总目标

目标：扩大社会中间层，减少低收入贫困群体，理顺收入分配秩序，严厉打击腐败和非法致富，加大政府转移支付力度，把扩大就业作为发展的重要目标，

努力改善社会关系和劳动关系，正确处理新形势下的各种社会矛盾，建立更加幸福、公正、和谐、节约和充满活力的全面小康社会。

社会主义和谐社会的含义：

含义1：个人自身的和谐；

含义2：人与人之间的和谐；

含义3：社会各系统、各阶层之间的和谐；

含义4：个人、社会与自然之间的和谐；

含义5：整个国家与外部世界的和谐。

2. 和谐社会的基本特征

民主法治。社会民主得到充分发扬，依法治国的基本方略得到切实落实，各方面积极因素得到广泛调动；

公平正义。社会各方面的利益关系得到妥善协调，人民内部矛盾和其他社会矛盾得到正确处理，社会公平和正义得到切实维护和实现；

诚信友爱。全社会互帮互助、诚实守信，全体人民平等友爱、融洽相处；

充满活力。能够使一切有利于社会进步的创造愿望得到尊重，创造活动得到支持，创造才能得到发挥，创造成果才能得到肯定；

安定有序。社会组织机制健全，社会管理完善，社会秩序良好，人民群众安居乐业，社会保持安定团结；

人与自然和谐相处。生产发展，生活富裕，生态良好。

这些基本特征是相互联系、相互作用的，既包括社会关系的和谐，也包括人与自然关系的和谐，体现了民主与法治的统一、公平与效率的统一、活力与秩序的统一、科学与人文的统一、人与自然的统一。

（二）胡锦涛提出"四力"

努力使我国在政治上更有"影响力"、经济上更有"竞争力"、形象上更有"亲和力"、道义上更有"感召力"。而增强这"四力""扩大对外交流"都需要人来完成，对此教育肩负着义不容辞的责任与使命。

1. 和谐世界是指民主、和睦、公正、包容的世界

"和谐社会"是各类社会资源互相促进而又互相制衡的经纬交织的公民社会。民族、宗教、党派、阶层四者，是国家的重要社会资源。和谐社会应当给各类人谋取一定的物质利益，提供生存与发展的条件，从而把各类社会资源联合起来，形成合力。

"和谐世界"理论的本质是求同存异、互利共赢、共享太平。和谐世界的基

本特征主要有三点：多极性，即坚持多边主义，实现共同安全；互利性，即坚持互利合作，实现共同繁荣；包容性，即坚持包容精神，共建和谐世界。

和谐世界是指民主、和睦、公正、包容的世界。"和谐社会"与"和谐世界"这两个概念，前者是"治国"，后者是"平天下"，但就内在联系看，"和谐世界"是"和谐社会"的延伸。在经济全球化条件下，中国的前途命运日益紧密地同世界的前途命运联系在一起，中国的发展离不开世界。胡锦涛提出"和谐世界"的主张，表达了中国坚持走和平发展道路的决心。

2. 践行社会核心价值观

中国梦，价值魂。努力建设中华民族的共有精神家园，积极培育和践行社会核心价值观，是实现中国梦的价值观建设基础工程。十八大提出的"三个倡导"的 24 字社会核心价值观，是马克思主义与社会现代化建设相结合的产物，与中国特色社会发展要求相契合，与中华优秀传统文化和人类文明优秀成果相承接，是凝聚全党全社会价值共识做出的重要论断。

24 字社会核心价值观：

富强、民主、文明、和谐，自由、平等、公正、法治，爱国、敬业、诚信、友善。分 3 个层面：

富强、民主、文明、和谐，是国家层面的价值目标；

自由、平等、公正、法治，是社会层面的价值取向；

爱国、敬业、诚信、友善，是公民个人层面的价值准则。

例：中国社科 2014 年《社会蓝皮书》调查显示：社会公众认可度最高的"好社会"标准中，平等、民主、公正、文明、富强、和谐六种价值理念排名居前。

（三）在"秩序"中寻求"活力"

秩序与活力是社会政治稳定的两个基本维度。改革需要稳定的社会政治环境，但改革本身又可能引发社会政治的不稳定。我国的改革发展已进入深水区，只有从优化国家控制的角度实现社会政治稳定，既维护社会秩序又增加社会活力，才能为中国继续深化改革提供稳定和谐的社会环境。

1. 使人的主观意志服从于规则和价值体系

要实现社会阶层之间的和谐，美国社会学家塔尔科特·帕森斯在《社会行动的结构》中指出，社会系统中不同的要素在各种不同的条件下被理性所吸纳用以解决社会问题。他认为，正是规范把行动和社会秩序结构了起来，使人的主观意志服从于规则和价值体系。"正是因为社会的规范因素，使得实际社会总体上处于相对和谐的状态而不是战争状态。"

行为规范。中国有句古话：不以规矩，无以成方圆。社会的规矩，就是人们社会行为的准则。社会行为规范的内容是很广泛的，有风俗、法律、纪律等。

思想的和谐包括思考问题能够坚持辩证、全面、发展、联系的观点，而不是禁止地、片面地、孤立地看问题；能够理性地处理一切问题而不是采取各种极端的办法；能够从容面对各种问题并保持良好心态。

2. 每个人的自由发展是一切人的自由发展的条件

马克思在《共产党宣言》中明确指出："代替那存在着阶级和阶级对立的资产阶级旧社会的，将是这样一个联合体，在那里，每个人的自由发展是一切人的自由发展的条件。"

中国现阶段正处于转型时期，在缺乏完善的"规范因素"的时候，不和谐便会出现。所以，不论是从现实上看，还是从理论上讲，要消除这些不和谐，关键还是要从制度入手。人类社会是不断从低级向高级发展的历史过程。建立平等、互助、协调的和谐社会，一直是人类的美好追求。当今世界，和平是发展的主流。人类的文明在不断取代邪恶与战争，人们向往民主自由、和睦相处，反对战争，建立一个和谐世界已经是世界人类历史的发展潮流。和谐中国将按照科学发展观的理论为积极构建和谐世界而努力奋斗！

三、合作共赢：大家不同，大家都好

在新的历史条件下，"和衷共济"是中国如何对待自己的发展、如何与各国扩大合作的价值选择，是中国与世界的共济之道、共赢之道。

（一）国际理解教育成为培养世界公民的教育使命和重要课题

国际理解教育的核心是培养具有国际视野、国际交往能力和国际合作能力的一代公民。各个国家也相当重视将国际理解教育提高到国家战略发展的层面，并加以资金投入和法律上的保证。

1. 开放的中国将与世界共存

中国道路的理念：共存与共赢。所谓共存，就是承认差异性的存在，在平等的基础上，每个主体国家、地区、公司、个人等都有选择适合自己发展方式的自由。所谓共赢，就是在共存的基础上，主体之间的合作方式，争取各自更长远的利益。共存与共赢是互为因果的。只有共赢才能确保和平的共存。中国的和平崛起，无不是得益于其核心理念——共存与共赢。

和衷共济，中国与世界的共存之道。和衷共济是一种超越时间与空间的智

慧、价值和理想。"和衷"是凝聚、提升发自内心的共识，就是人类同心协力地追求"和平、和谐"；"共济"就是共同承担责任，共同面对挑战，共同抓住机遇。全球化时代需要超越意识形态障碍、共同应对全球发展的难题。当今世界"地球村"已越来越紧密地连结成"命运共同体"。中国的发展问题要在世界范围内才能得到解决，世界的问题也必须有中国的参与才能解决。中国需要与各国同舟共济，这不是中国的"龙舟"，而是全人类的"诺亚方舟"。

2. 让世界了解中国：走向和谐

中国传统文化中，"和合"思想博大精深，无论是"和"还是"合"，都不是强调绝对的"同一"，而是"和而不同"，即指有差异、有特性的事物和谐共处。中国的"和谐世界"其主旨是创造"普遍发展、共同繁荣与持久和平的"世界，这与《联合国宪章》等普遍性国际组织的宗旨完全一致。是对联合国精神和原则的丰富和贡献。

"和谐世界"实际上从"全球治理"的角度指出了如何面对全球化挑战、管理全球化的思路：

第一，和平、公平、有效和民主的多边主义。中国理解的多边主义不是空洞的，而是内容充实的。中国加强了"共同安全"的概念，坚持把联合国当作全球安全机制的核心。

第二，通过开放、公平、非歧视的多边贸易体制促进共同发展。

第三，文明、文化、制度的相互尊重、相互包容、相互理解。

第四，通过改革加强联合国。联合国不可替代，是应对全球挑战的主体。改革后的联合国一定会有力、有效地应对全球威胁。

第五，积极促进和保障人权，使人人享有平等追求全面发展的机会和权利。

（二）大家不同，大家都好

北欧国家的社会，所秉持的就是"唯有大家都好，社会才会好""大气成就大器""大家不同，大家都好"。

1. 强化中国特色的道路认同，是中国历史发展的必然趋势，也是中国各族人民的必然选择。

强化祖国的认同，就是要深刻认识到，伟大的祖国自古以来就是一个统一的多民族国家，各民族共同缔造了伟大的祖国，共同捍卫了祖国的统一。

强化中华民族的认同，就是要深刻认识到，中华民族是 56 个民族相互依存、共同发展凝聚而成的。

强化中华文化的认同，就是要深刻认识到，伟大的祖国是世界上历史悠久的文明古国，在历史发展的长河中，智慧、勤劳、勇敢地创造了千古流芳的中华民族，各民族都为创造可持续发展的中华文化做出了贡献。

2. 国家好、民族好、大家才会好

萨达姆死了，并没有找到大规模杀伤性武器。如今，爆炸、袭击、派教冲突不断。卡扎菲死了，利比亚人民幸福了吗？如今，遍地废墟，重建遥遥无期。穆巴拉克的下台，给埃及的民主带来了和谐吗？如今，示威游行不断。这究竟是社会的进步还是倒退，这难道就是有的人鼓吹的人权高于主权的进步和普世价值的文明？

"国家好，民族好，大家才会好。"这句话质朴简明，思想含量却很厚重，道出了古往今来的历史和现实所昭示的一个真理。

《孟子·尽心上》说："孔子登东山而小鲁，登泰山而小天下。"所登愈高，则所见愈广，所视之对象亦愈见其小。孟子的意思是眼界高的人志大，眼界小的人则心小，用今天比较流行的说法，是"心有多大，舞台就有多大"。

（三）你是天下第一，也要天下第二来帮助

思想境界就是质量。黑格尔说："精神的伟大和力量是不可小视的。那隐蔽着的宇宙本质自身并没有力量足以抗拒求知的勇气。对于勇毅的求职者，只能揭开他的秘密，将他的财富和奥秘公开给他，让他享受。"

1. 赢得人心者赢天下

孟子说："桀和纣失去了天下，是因为失去了人民；失去人民，是由于失去了民心。得天下有办法：得到人民，就能得到天下了；得人民有办法：赢得民心，就能得到人民了；得民心有办法：他们想要的，就给他们积聚起来，他们厌恶的，不加给他们，如此罢了。

（1）赢在尊重和理解上

人类是自然之子，群体心理规律也是自然规律的影子。儒家提出了"格物、致知、正心、诚意、修身、齐家、治国、平天下"，即入世的"八正道"。"为天地立心、为生民立命、为往圣继绝学、为万世开太平"。用通俗的说法，就是掌握规律、满足需求、发展科学、建设和谐社会。

《孙子兵法》讲："攻心为上，攻城为下。心战为上，兵战为下。"古往今来，无数事例证明：人心向背，决定成败。在商场如战场的企业界同样是得人心者得天下。如果你要在激烈的市场竞争中，永远立于不败之地，做强做大企业，就必须设法赢得人心。"得人心者得天下，赢人心者赢市场"。

例：歌词《得人心者得天下》。

数英雄，论成败，

古今谁能说明白。

千秋功罪任评说，

海雨天风独往来。

一心要江山图治垂青史，

也难说身后骂名滚滚来。

（2）历史和现实都证明，人心向背，是决定一个政党、一个政权兴亡的根本性因素。

民心是最大的政治。牢记兴邦亡国的经验教训，通过不断地加强党风廉政建设促使执政能力的提高，实现党风优良、政风廉洁，以此来赢得人心、坐稳江山。

世界上最复杂的事情莫过于"人事"，领导者最头疼的工作莫过于"管人"。在组织中，无论是管人、管事、管钱还是管发展，其本质都是"人"的问题，人管到位了，领导自然就成功了。毛泽东不管是治军、治国、治党都深谙此道理，那就是治人。得人心者得天下，毛泽东与广大底层百姓站在一起，争取最广大民众的支持，最后才一步步得以成功。毛泽东在个人情感上、价值观上，表现出最鲜明的特征，就是始终站在最广大的弱势群体一边。其本人就来自平民、代表平民，为了弱势群体的社会公正而奋斗了一生。

2. 用热血复兴中华

复兴中华，从我做起。"即使你是天下第一，也要天下第二来帮助。"每个人都有长处与短处，可能这方面属于你的强项而另一方面却是你的弱项，天下没有十全十美，如果盯着别人的短处、弱项来逞你的长处与强项，排挤、藐视他人，那你最终会成为孤家寡人。学会合作，学会取长补短，才是我们需要的管理文化。

在孔子看来，民生问题必定呈现三个层次：庶、富、教。其中，教育是民生的最高层次，也必须是最后才能达到的层次。教育生态理论认为，"和而不同，止于至善""大家不同，大家都好"。历史给我们启迪：一个走向世界的民族，必须要自尊、自信、自强。未来在召唤我们，一个走向世界的民族，必须胸怀宽广、博采众长，才能以昂然身姿走向世界。

追求和平是人类的事业。中国将高举和平、发展、合作的旗帜，在国际社会中发挥负责任的大国作用。坚持以人为本，实现全面、协调、可持续发展。我们呼唤和平，希望通过世界各国人民的共同努力，让所有的家庭免于战火的威胁，让所有的孩子都能在和平的阳光下茁壮成长。

思考题

一、探索与研究

1. 64 学时：高中学生拓展型国际理解教育课程建构与开发研究

2. 多元·共存：成人教育中渗透国际理解教育的实践研究

3. PISA 测试：评价内容的探索与相应测试工具的开发研究

4. 学校国际理解教育学科校本课程建设的路径研究

5. 智慧教育：优化城乡学习型社区的学习教育体系研究

6. 学校国际理解教育课程评价体系的建构与研究

7. 学校可持续发展的创意设计研究

8. 和谐教育：建立在学生能力点分析基础上的课程开发研究

9. 高中思想政治课程标准中的全球教育研究

10. 中小学校长（教师）国际理解教育培训教材的开发与研究

二、沉思与建构

1. 教育真谛："独立之思想，自由之精神"

2. 交流·理解·融合：让教育植根于"和平文化"之中

3. 做有"根"的教育：让教育家精神根植于每个教育人的心底

4. 睡狮已醒：走"中国式"智慧教育之路

参考文献

[1] 陶华坤：《教育家——思想的接生婆》，中国言实出版社，2015 年 3 月。

[2] 陶华坤：《都市教育》，中国言实出版社，2014 年 9 月。

[3] 陶华坤：《"质量－效益"型教育》，电子科技大学出版社，2014 年 1 月。

[4] 陶华坤：《区域教育发展战略与运行机制》，人民日报出版社，2005 年 3 月。

[5] 陶华坤：《走进名校：建构以学为基点的组织新模式》，团结出版社，2013
  年 3 月。

[6] 陶华坤：《学校教育力》，内蒙古人民出版社，2010 年 6 月。

[7] 陶华坤：《校长谈治校》，团结出版社，1997 年 8 月。

[8] 陶华坤：《校长发展学》，国际炎黄出版社，2002 年 12 月。

[9] 陶华坤：《"规范＋特色"办学模式》，天马图书出版社，2000 年 10 月。

[10] 陶华坤：《新教育"学校全面质量管理"》，北京艺术与科学电子出版社，
  2008 年 8 月。

[11] 陶华坤：《校魂》，安徽人民出版社，1996 年 6 月。

[12] 陶华坤：《电视剧本——校魂》，南方出版社，1998 年 10 月。

[13] 陶西平：《大家不同大家都好》，教育科学出版社，2012 年 11 月。

[14] 陶行知：《教育的真谛》，长江文艺出版社，2013 年 9 月。

[15] 陶行知：《中国教育改造》，上海亚东图书馆，1928 年 4 月。

[16] 崔允漷、冯生尧：《谁赢得高中谁就赢得人才》，华东师范大学出版社，
  2013 年 2 月。

[17] 联合国教科文组织总部：《教育：财富蕴藏其中》，教育科学出版社，1996
  年 12 月。

[18] 钟启泉：地球市民论与课程，外国教育资料，1996 年 8 月。

[19] 翟艳芳、李太平：全球教育的理念与实践，高等教育研究，2013 年第

5 期。

[20] 张萌：示范性高中办学国际化研究，华东师范大学，2011 年 4 月。

[21] 教育研究，2014 年 1～12 期。

[22] 人民教育，2014 年 1～24 期。

[23] 世界教育信息，2014 年 1～24 期。

[24] 全球教育展望，2014 年 1～12 期。

[25] 教育发展研究，2014 年 1～24 期。

[26]《中国教育报》

[27] 人民网